Antígona, Intriga e Enigma

Coleção Estudos
Dirigida por J. Guinsburg

Equipe de realização – Tradução: Kathrin H. Rosenfield; Edição de texto: Luís Fernando Pereira; Revisão: Marcio Honorio de Godoy; Sobrecapa: Sergio Kon; Produção: Produção: Ricardo W. Neves, Sergio Kon, Elen Durando, Luiz Henrique Soares e Lia N. Marques.

Kathrin H. Rosenfield

ANTÍGONA, INTRIGA E ENIGMA
SÓFOCLES LIDO POR HÖLDERLIN

Título do original em inglês:
Antigone: Sophocles' Art, Hölderlin's Insight
Copyright © Kathrin H. Rosenfield

CIP-Brasil. Catalogação na Publicação
Sindicato Nacional dos Editores de Livros, RJ

R726a
    Rosenfield, Kathrin H.
    Antígona, intriga e enigma : Sófocles lido por Hölderlin /
Kathrin H. Rosenfield. - 1. ed. - São Paulo : Perspectiva, 2016.
    224 p. : il. ; 23 cm. (Estudos ; 342)

    Tradução de: Antigone : Sophocles' art, Hölderlin's insight
    Inclui bibliografia
    ISBN 978-85-273-1069-7

    1. Hölderlin, Friedrich, 1770-1843. 2. Tradução e interpretação. 3. Estética. 4. Teatro grego (Tragédia). 5. Sófocles – Antígona. I. Título. II. Série.

16-35755
                          CDD: 193
                          CDU: 1(43)

23/08/2016   26/08/2016

Direitos reservados em língua portuguesa à
EDITORA PERSPECTIVA S.A.

Av. Brigadeiro Luís Antônio, 3025
01401-000 São Paulo SP Brasil
Telefax: (011) 3885-8388
www.editoraperspectiva.com.br

2016

Sumário

Agradecimento xi
Prefácio a Esta Edição............................... xv

LER UM CLÁSSICO COM NOVOS OLHOS xix

A Razão Ateniense e Seus Avessos Arcaicos xix
O *Status* de Antígona no Mito e na Tradução
de Hölderlin xxii
Laços de Família – Mais Complicados do Que
se Pensa – E Duas Tentativas de Purificação xxvi
Uma Nova "Lógica Poética" Para o Conflito
dos Protagonistas: Antígona e Creonte........... xxxi
Os Desafios de uma Antiga Maldição: Creonte,
Hêmon e Tirésias xxxiii
Uma Tragédia em Cinco "Atos" xxxvi
A Lucidez Trágica de um Tradutor Pioneiro xl

1. PRIMEIRO ATO 1
As Uniões Inusitadas do Prólogo................... 1

Santidade e Crime, Piedade e Baixeza. 7
Antígona "Crua" e "Tempestuosa":
Duplo de Édipo Mais do Que de Ismênia. 10
A Guerra de Tebas à Luz do Sol. 12
Segunda Estrofe: Agressor e Agredido
se Sacrificam Para o Bem de Tebas 20
Terceira Estrofe: Do Enfrentamento Marcial
à União Erótica e Báquica. 25
A Proclamação de Creonte. 28
Um Diálogo Longo (Demais) Entre o Rei
e Seu Guarda 33
O Retorno do Guarda Com Antígona. 36

2. SEGUNDO ATO. 39

Das "Maravilhas do Homem" aos Ardis
Formidáveis da Argumentação 39
Pollá Tà Deiná – O Hino das Maravilhas
ou dos Aspectos Inquietantes do Homem? 39
Temores Rondam o Homem "Assombroso"
(*Ungeheuer*). 42
Antígona e Creonte: Figuras-Duplos
de um Mesmo Conflito Insolúvel 50
Quem Reina no Palácio de Tebas?
Dois Protagonistas Reivindicando
o Palácio Como "Meu Lar". 52
Os Elos Trágicos Entre Antígona e Creonte. 58
Os Perigosos Giros, Deslizes e Torções
da Linguagem. 60

3. A BELEZA DE ANTÍGONA SEGUNDO
HÖLDERLIN. 63

A Beleza e o Sentido Vivo, o Segredo
Incalculável da Arte. 67
Antígona: Amiga-e-Inimiga da Cidade,
Filha e "Rainha" de Tebas 74

Antígona e a "Crueza" das Serpentes. 77

4. TERCEIRO ATO. 81

Como Superar o Convencional Desgosto
Com Creonte?. 82
Creonte, Antígona e Hêmon:
Os Princípios da Tirania e do Governo Legítimo 88
Amores 98
Antígona Entre o Autoengendramento
e o Autoconhecimento 100
Um Fim Suspenso Entre
Crueza Extrema e Beleza Sublime
(Sobre os Versos A 905-920, AH 939-952). 104

5. TRANSIÇÃO DO TERCEIRO PARA O QUARTO ATO –
OS PARADOXOS DE "ANTÍGONA" ATRAVÉS
DOS OLHOS DE HÖLDERLIN. 107

Do Ponto de Vista "Torto" ao Princípio da Leitura
e da Tradução Hölderliniana 113

6. QUARTO ATO 119

A Última Demanda de Antígona. 119
Tirésias. 122

7. QUINTO ATO. 131

8. RITMO, LINGUAGEM E TEMPO
DA TRAGÉDIA. 137

A Concepção do Ritmo, da Linguagem
e do Tempo nas "Observações" de Hölderlin. 138
Ritmo e "Sentido Vivo" 144
Tempo Físico e Tempo Trágico: O Subtexto
Aristotélico 149
O Conflito Trágico Como Ritmo
Atlético de Corpos. 154

A GENEALOGIA E OS MITOS TEBANOS 159

Os Labdácidas: A Linhagem dos Soberanos de Tebas 161
Creonte e Hêmon: Descendentes de Uma Linhagem
de Regentes e Conselheiros do Trono 163

Glossário 165

Siglas e Bibliografia 169

Agradecimentos

Este livro surgiu de um diálogo com inúmeros colegas e amigos. Seus comentários, críticas e objeções foram um estímulo indispensável para prosseguir numa abordagem que diverge do consenso crítico acerca das traduções de Hölderlin. Tenho uma dívida de gratidão com todos aqueles que me ajudaram a desconstruir a ideia da suposta infidelidade do poeta alemão com relação aos textos originais de Sófocles. O auxílio deles foi crucial para o sucesso da pesquisa e para a publicação dos resultados, que ganharam visibilidade em diversas etapas, versões e línguas.

As trocas de ideias com Lawrence Flores Pereira, durante o processo de tradução de *Antígone* para a encenação que realizamos com Luciano Alabarse, em 2004 e 2005, me encorajaram a sustentar a hipótese de trabalho nas discussões iniciais com filólogos europeus e norte-americanos. A vivacidade da poesia popular e da música brasileiras e a sobrevivência da poesia oral no sertão e na literatura foram estímulos tão poderosos quanto os desafios filológicos ainda não resolvidos envolvendo os textos de Sófocles e de Hölderlin. A relação visceral do país com o ritmo e os cortejos dançantes me ajudaram a compreender melhor as ideias de Hölderlin sobre a "lógica poética" inscrita no ritmo dos versos e das sequências da peça – visão inovadora que está no fundo de seu trabalho poético-tradutório. Agradeço, em particular, a Michael Franz e Glenn Most, cujas críticas positivas ajudaram a fortalecer a tese da versão hölderliniana como tradução fiel ao original. Foram eles também que me abriram portas para inúmeras discussões em contextos bem diversos – europeus, norte-americanos e brasileiros.

Apresentei uma primeira versão da pesquisa no colóquio A Atualidade do Trágico, realizado em 2000. Desde então, as trocas com Michael Franz, Glenn Most, H.U. Gumbrecht, Ludwig Pfeiffer, René Major e Jacques Derrida me estimularam a escrever artigos e palestras em inglês, alemão e francês. Agradeço às suas críticas produtivas e fundamentais para o progresso dos ensaios posteriores. Fico particularmente grata pela generosidade de Charles B. Duff, que traduziu a versão francesa para o inglês, e a Neil Hertz, que se empenhou para concretizar publicação do livro norte-americano *Antigone: Sophocles' Art – Hölderlin's Insights*. Ambos me estimularam a continuar a pesquisa com o segundo ensaio sobre a tradução hölderliniana de *Édipo Rei* (*Oedipus Rex: The Story of a Palace Intrigue*). Graças a eles tive oportunidades de discutir minhas pesquisas em ciclos de palestras e encontros com pesquisadores norte-americanos. Agradeço pelos convites de Neil Hertz, Charles Segal e Matthew Roller, da Universidade Hopkins; a Pietro Pucci, Jeffrey Rusten e Frederick Ahl, anfitriões em Cornell; a John Hamilton, que me recebeu em Harvard; a Eckart Förster, que me recebeu na Universidade de Munique; a Thomas Pfau e Peter Euben, que me receberam na Universidade Duke; a Edwin Gentzler e Daphne Patai, que organizaram palestras na Universidade de Massachusetts.

Last, but not least, expresso minha gratidão às instituições e aos colegas brasileiros. Em primeiro lugar, à Casa Guilherme de Almeida e a Simone Homem de Mello, que se empenharam na publicação deste livro. Ao CNPq e à Capes, que apoiaram esta pesquisa ao longo de vários anos. Minha gratidão vai também aos meus colegas do Departamento de Filosofia da UFRGS e ao Pronex, que viabilizaram a publicação da pesquisa inicial, no ano 2000. Lembro com imensa gratidão de um grande grupo de amigos e colegas que me alimentaram com conselhos, ideias e oportunidades de discussão – Claire Mitsotakis, Haroldo de Campos, Trajano Vieira, J.A.A. Torrano, Susana Kampff Lages e Johannes Kretschmer, Marco Zingano, Balthazar Barbosa, Francisco Marshall, Ronaldes de Melo e Souza, Christian Werner, José Pertille, Itanajara Neves e muitos outros. Estes foram imprescindíveis em minha jornada, auxiliando-me a desenveredar a labiríntica complexidade do texto grego e da versão hölderliniana.

A Elaine Barros Indrusiak, minha colega generosa, agradeço pela cuidadosa revisão do ensaio aqui apresentado.

Mais que uma tradução, o presente livro é uma reformulação das versões francesa e norte-americana, e uma síntese das discussões que esses ensaios suscitaram na comunidade científica. Assim sendo, apresentamos aspectos novos, não contemplados nas versões anteriores, como, por exemplo, a subdivisão em cinco atos do texto grego.

Prefácio a Esta Edição

Não fosse um clichê imitar títulos como o *Código Da Vinci*, este ensaio poderia se chamar *O Código de Sófocles*, ou, pelo menos, um código possível a revelar como certas sutilezas ficcionais poderiam ter ressoado nas mentes dos contemporâneos de Sófocles. As tragédias estão entre as primeiras obras nas quais podemos rastrear o uso deliberado, embora muito discreto, de anacronismos que enriquecem os velhos mitos ancestrais com referências da atualidade política e social da época clássica. Impactado pelas mudanças dramáticas do seu próprio tempo – a Revolução Francesa e o Terror –, Hölderlin foi muito sensível aos ardis poéticos que permitiram a Sófocles reconfigurar narrativas milenares de tal modo que pudessem voltar a ser vivazes e interessantes para as mentes esclarecidas da "modernidade clássica". É essa postura, contrária ao preconceito das ideias e verdades eternas dos gregos, que transforma as traduções hölderlinianas de Sófocles em um acesso privilegiado ao espírito do grande trágico. Sua tradução de *Antígona* evidencia uma incomum familiaridade com o sutil hibridismo que a lenda arcaica assumiu na versão trágica de Sófocles: o imaginário ancestral de reis e heróis micênicos está recheado de referências implícitas às práticas atuais da pólis democrática e com evocações altamente irônicas às vozes dos poetas, historiadores e políticos que marcaram o imaginário do século v a.C.

Apesar disso, as traduções de Hölderlin continuam a ser consideradas versões dúbias das tragédias de Sófocles. De um lado, são admiradas como recriações geniais; de outro, descartadas como intervenções indevidas que alterariam completamente o original. Os maiores especialistas afirmam que a leitura hölderliniana seria incompatível com o espírito do autor clássico – e isso apesar de algumas demonstrações críticas que evidenciaram, em certas estranhezas pontuais, uma pioneira fidelidade ao original. O capítulo de Haroldo de Campos sobre "A Palavra Vermelha de Hölderlin" é um dos exemplos desse resgate, que infelizmente se limita a um único par de versos no início da peça. O presente ensaio retoma esse esforço em escala maior, mostrando as conexões significativas entre estranhezas pontuais. Mostra que aparentes alterações fazem parte de estruturas metafóricas e imaginárias maiores que se esclarecem quando o leitor nota as conexões entre as passagens estranhas. Esse trabalho de reconstituição do método tradutório – voltado para os elos entre ritmo, som e sentido das palavras e metáforas – evidencia não somente uma tradução "genial" (no sentido de idiossincrático, barroco, subjetivo), mas uma verdadeira transcriação que é ao mesmo tempo inovadora e fiel ao original. Basta perceber a sensibilidade hölderliniana com relação aos tons e modos da enunciação. Atento ao *ritmo* da fala tanto quanto ao *conteúdo*, o poeta alemão capta as sugestões que transformam o solene drama ético em uma história de intrigas e de suspense – um suspense que tanto cabe ao imaginário clássico dos amigos e contemporâneos de Sófocles como à nossa estética moderna dos mistérios criminais encobertos por duplos sentidos, mentiras e elisões. Como os dramas modernos, também as tragédias têm um segundo plano. O heroísmo e os ideais cívicos que nos apresentam são minados por irônicas alusões aos segredos ocultados no palácio de Tebas. Hölderlin foi o primeiro tradutor que tomou coragem de realçar o tom mais "selvagem" e violento que reina nas zonas de sombra de beleza clássica. Sua tradução nos obriga a prestar atenção a uma crueza que parece contradizer nossa imagem tradicional da heroína, mas que pertence, mesmo assim, ao espírito de Sófocles.

Hölderlin revela o paradoxo trágico de *Antígona* (e de seu autor, Sófocles). Para além da superfície idealizada, ambos autores acrescentam traços sombrios nas entrelinhas de seus ardilosos versos. Assim, Antígona é mais que um modelo de retidão e coragem. Cumprir o dever moral nas circunstâncias labirínticas de Tebas requer uma princesa "crua" (*wild*), uma heroína intempestiva digna do pai. Hölderlin via esse detalhe, porque vivia de corpo e alma nos mitos que mostram essas cruezas e durezas. Por isso, a tradução do poeta alemão pode permitir-se certas alterações ousadas, que recuperam a densidade política e genealógica do imaginário mítico. Um dos exemplos mais chamativos é a passagem na qual Hölderlin dá a Antígona o título de "Rainha", onde o texto grego fala da "última descendente da casa de reis". Realçando sua relevância para o bom governo da cidade, Hölderlin dá muito mais complexidade à sua ação, introduzindo matizes interessantes na visão idealizada, e um tanto plana e sentimental, que prevalece até hoje. Muitos críticos pensaram que esse tipo de alteração frequente nas versões hölderlinianas termina por trair o espírito de Sófocles. Nosso ensaio argumenta o contrário: a aparente modernização da peça apenas realça o que havia de moderno e selvagem *no imaginário clássico*. Antígona não é a virgem vitimada de um *exemplum* medieval. Ela é uma heroína trágica e uma adversária perigosa para Creonte[1].

Pesa contra a versão do poeta alemão um consenso de *experts* e o hábito mental que congelou os protagonistas dessa tragédia como símbolos do bem e do mal. Justificar a visão de Hölderlin significa que o texto grego deixa espaço para releituras, mostrando em que sentido o poeta e tradutor alemão tem razão quando modifica a imagem tradicional de *Antígona* e do seu enredo dramático. Hölderlin foi, em todos os sentidos, precoce e pioneiro. Deu espaço para o que há de não racional no "triunfo da razão grega", antecipando livros como *Os Gregos e o Irracional*[2]. Contemplou o realismo com que a tragédia frisa

---

1   Meio século antes de Nietzsche e um século e meio antes da antropologia estrutural, Hölderlin mudou o ponto de vista a partir do qual devemos contemplar os gregos, reconhecendo nas estranhezas da cultura antiga o inquietante e estranho da própria.
2   Cf. E.R. Dodds, *The Greeks and the Irrational*.

XVIII ANTÍGONA, INTRIGA E ENIGMA

os jogos de poder, os cálculos e os estratagemas dos governantes – alusões essas que receberam atenção crítica apenas na segunda metade do século xx[3]. As inovações do poeta alemão situam-se em vários planos, pois além do sentido ético, ele vê as rivalidades entre o velho clã monárquico e o novo espaço político da pólis, que, em princípio, ofereceria espaço para os méritos de um novo líder como Creonte. A sensibilidade poética de Hölderlin, sempre atenta aos sentidos implícitos, revela as múltiplas dimensões da peça, seu teor moral, político e psicológico desenhando-se em grande parte na intensidade e na coloração, no sabor e na aura.

Hölderlin não limita sua leitura ao motivo ético, mas realça, de imediato, as implicações *políticas* da ação: a posição que Antígona ocupa na ordem sucessória é perigosa para a cidade e para a linhagem de Creonte. O perigo aflora apenas nas *tonalidades e atmosferas* sugeridas pelo tecido metafórico, e Hölderlin é um dos raros tradutores a escutar e interpretar as inflexões da voz. Quem segue seu olhar, descobrirá, logo abaixo do primeiro plano da ação, o clima *psicológico* opressivo: os traumas silenciados e as violências ocultadas que assombram os palácios da velha aristocracia guerreira. O poeta adivinha os cálculos sorrateiros que movem as personagens e lê, nas ardilosas sugestões do texto grego, quais poderiam ser exatamente os secretos pavores de Antígona, de Creonte e do Coro. Esse "adivinhar" poético não consiste em projeções arbitrárias. Hölderlin deixa-se guiar pela sua afinação com o pensamento mítico e trágico, e oferece uma leitura de grande precisão histórica, que antecipa de modo especulativo conhecimentos antropológicos que vieram à baila somente na segunda metade do século xx.

---

3 Cf. B. Knox, *The Heroic Temper*. Knox abordou a transição das velhas monarquias oligárquicas para as "tiranias" dos líderes democráticos, isto é, dos governos baseados no valor (como a casa dos labdácidas, à qual pertence Antígona) ou no sucesso momentâneo (Creonte, o conselheiro, que procura assumir o trono).

Ler um Clássico
Com Novos Olhos

A RAZÃO ATENIENSE E SEUS AVESSOS ARCAICOS

Uma das coisas mais difíceis é quebrar velhos hábitos. Por que mudaríamos a imagem de Antígona, a heroína piedosa que sepulta o irmão e paga esse gesto louvável com a vida? Talvez porque Friedrich Hölderlin propôs exatamente isso. Há dois séculos, ele empenhou suas proverbiais afinidades com os trágicos para superar a imagem da tocante mártir cristã e desvelar, enfim, uma heroína *grega*. Sua tradução tentou devolver vivacidade (*Lebendigkeit*) a essa personagem enigmática, fazendo sentir novamente seus interesses mundanos, seu orgulho de princesa e seus estranhos desejos contraditórios[1]. Contradições não são incompatíveis com a beleza trágica. Elas são, antes, a própria marca do texto poético de Sófocles. Esse oferece tramas

---

1. Ver infra Siglas e Bibliografia, p. 169. O presente livro citará os versos traduzidos para o português da *Antígona* de Sófocles com a sigla (A), seguida do número do verso; a sigla (AH), seguida do número do verso se refere à tradução hölderliniana de *Antígona*, que altera a numeração dos versos.
Para maior aprofundamento, recomendamos a consulta da edição de *Antígone* (Rio de Janeiro; Topbooks, 2006) com tradução de Lawrence Flores Pereira e notas de nossa autoria, que comentam, verso a verso, as divergências interpretativas consideráveis que distinguem a versão hölderliniana das demais.

XX ANTÍGONA, INTRIGA E ENIGMA

bem mais complicadas que os conflitos alegóricos do bem e do mal, da moralidade incorruptível face a leis arbitrárias. O jovem poeta alemão considerava que os ideais éticos e racionais dos seus contemporâneos simplificavam a complexidade literária grega; e tudo indica que essa suspeita é válida ainda para muitos dos nossos contemporâneos. Quantos leitores e críticos não fazem pouco caso da riqueza poética!? Uma obra-prima como *Antígona*, para eles, tem que fazer o serviço do velho sofá confortável, sobre o qual ruminamos nossos conceitos (e preconceitos) mais corriqueiros.

Até hoje há, na verdade, poucas leituras que ultrapassam as fórmulas contra as quais Hölderlin se revoltava: Antígona, a santa; Antígona, a rebelde que enfrenta o tirano; Antígona, a mulher jovem que ousa questionar a lei do velho patriarca. A maioria das leituras não passa de modulações da visão de Goethe e de Hegel, atualizadas à luz dos acontecimentos mais ou menos recentes – Antígona vira o emblema da resistência ao fascismo em Brecht ou Anouilh, ou encarna o luto das mães da Praça de Maio. Segundo Lacan, admiramos nela a pulsão de morte, o desejo na sua potência máxima. Nada mais natural, pois são essas as questões que nos tocam e que se repetem sem parar na história humana. Mas as projeções e adaptações que sintetizam essa história em fórmulas políticas e éticas, religiosas ou psicanalíticas pouco nos dizem sobre uma questão vital – como ler a peça de Sófocles? Como apreciar sua singular sutileza? Como sentir a "suprema ironia" que Winnington-Ingram elogia no mais trágico dos trágicos[2]?

Uma tragédia não é um provérbio nem um mito oral. De Ésquilo a Sófocles e Eurípedes, jogos intertextuais refinam o sentido, torcendo as referências e diversificando as implicações. Pela primeira vez, os autores da pólis clássica produzem um texto *escrito* para um olhar mais reflexivo que agora pode reler a peça saboreando as sutilezas irônicas *depois* do espetáculo, ou sem espetáculo. Hölderlin movia-se com incomum facilidade nesse labirinto de referências poéticas e míticas, e percebia como ninguém as diferenças entre os imaginários grego e cristão. Ele sabia que não era fácil reaver as riquezas

2 Cf. R.P. Winnington-Ingram, *Sophocles*, p. 116-118.

LER UM CLÁSSICO COM NOVOS OLHOS

da trama sofocliana na tradução; mais difícil ainda, torná-las plausíveis para leitores de uma cultura e época totalmente diferentes. Mesmo assim, considerava importante refletir sobre essas diferenças. Logo abaixo do verniz racional e moral da poesia trágica, ele viu estranhezas e arcaísmos – detalhes muitas vezes deixados de lado por outros leitores – que lhe pareciam ser relevantes para a compreensão dessa tragédia e da condição trágica do homem. Afinal, o diabo mora nos detalhes.

Tradutor pioneiro, Hölderlin captou intuitivamente a insólita lógica do pensamento mítico e adotou-a como a "lógica poética" – uma ousadia para uma época que só queria saber da razão dos gregos. Em vez de rejeitar as aparentes incongruências das narrativas míticas, ele se esforça por encontrar a "conexão superior" que lhes dê sentido. Muito antes de Nietzsche e Lévi-Strauss, Hölderlin compreendeu que a "lógica poética" (*poetische Logik*) é difusa porque esboça possíveis conexões entre esferas da vida e da sociabilidade: os costumes da caça e da guerra chocam-se com os raciocínios da vida pacífica e ordenada pelas leis da pólis. Mas as novas conquistas jurídicas, dignas de mitos triunfantes, não deixam de ferir leis inscritas nos relatos e costumes mais arcaicos. Como nenhum outro tradutor, Hölderlin compreendeu as harmonias e dissonâncias entre essas camadas de imaginários bastante heterogêneos. Ele foi o primeiro a decifrar um possível sentido desse desajuste entre as estruturas míticas arcaicas e as formas modernas do pensamento clássico, cívico e racional da pólis grega. Não trata a tragédia como uma alegoria atemporal, mas como um drama específico da história social – um conflito com relevância política e familiar, ética e psicológica. Um século antes do surgimento da sociocrítica, Hölderlin encontra na tragédia o nó górdio que articula os dilemas do Estado (democrático) com os mitos da fundação heroica da civilização. Sua leitura de Sófocles não realça apenas o brilho da razão humana, mas a razão posta à prova pela origem (monstruosa) de Tebas. Sua versão nos põe em contato com as irônicas ponderações do poeta ateniense acerca da arriscada jornada que leva o homem da desordem à ordem, do caos à cultura, da selvageria hobbesiana à comunidade e a uma democracia sempre ameaçada pelo retorno do fundo monstruoso do qual emergiu. A fim de

XXII ANTÍGONA, INTRIGA E ENIGMA

trazer à tona as diversas dimensões política, jurídica e mítica desse drama ético, Hölderlin mostra como Sófocles entrelaça elementos de sua própria cultura, os costumes do seu tempo e dos seus contemporâneos, com narrativas muito antigas da lenda tebana. O poeta alemão conhecia bem essas narrativas graças à sua incomum familiaridade com a poesia e os mitos gregos, e essa afinidade resultou numa extraordinária antecipação de *outra* forma de pensamento, que somente a antropologia do século xx iria desvendar e reconhecer. Esse faro mitopoético lhe permite identificar a situação pessoal e política bastante singular na qual se encontram os protagonistas desde o início da peça. A guerra de Tebas terminou com a morte dos dois irmãos que disputavam o trono, deixando Antígona e Ismênia como as últimas sobreviventes da linhagem. A lógica dos mitos tebanos costuma colocar Creonte e sua linhagem na posição subordinada aos reis hereditários do trono, e Hölderlin é um dos raros tradutores a levar em consideração essa distinção importante do pensamento mítico. Ele confere a Antígona a altivez de uma "Rainha" e acentua uma série de detalhes que realçam a rivalidade genealógica entre o tio (da linhagem dos conselheiros) e a sobrinha (descendente direta da linhagem dos reis de Tebas). No início da peça, Antígona refere-se ao "bom Creonte" como um general, ou um regente que exerce o comando em função de uma improvável série de acidentes. Mas, em seguida, Creonte se afirma: em sua primeira manhã no poder, tenta estabelecer sua família como uma nova dinastia real[3].

O *STATUS* DE ANTÍGONA NO MITO E NA TRADUÇÃO DE HÖLDERLIN

Quem poderia impedir um general vitorioso de assumir o trono? Poucos leitores viram Antígona como uma rival política de Creonte. Tanto mais interessante é observar como Hölderlin representa seu repúdio contra essa manobra do seu tio. Antígona é a filha mais velha do último rei, Édipo, e a herdeira simbólica da dinastia legítima, dos labdácidas. Nesse contexto, o nome de

3 Cf. Vian, *Les Origines de Thèbes*, p. 187-193.

Antí-gona – "em lugar de" ou "contra" (*anti*) a descendência legítima (*gone*) – assume um sentido bastante específico: Antígona irá lutar pelos direitos da família real – pela sua família – contra a usurpação de Creonte. Hölderlin traz à tona esse conflito no qual Antígona não é apenas uma jovem qualquer que enfrenta a proibição do enterro com piedade exemplar. Ela é uma princesa, a última de sua linhagem, que se coloca entre o usurpador e a coroa.

A plateia ateniense de Sófocles compreendia o que estava em jogo porque esses mitos, costumes e leis formavam a trama do seu mundo. Eles sabiam o que nós temos que aprender em livros eruditos. Por exemplo, que a Atenas do século v a.C. tinha uma lei para amparar a filha de um soberano na posição de Antígona. Sófocles não precisava enfatizar esse aspecto, e seu texto não o enfatiza (certamente para evitar um anacronismo[4]: afinal, as leis e os costumes da pólis clássica são bem mais recentes e modernos que os mitos dos tempos dos labdácidas). Por isso, Sófocles apresenta Antígona simplesmente como uma jovem prestes a se casar com Hêmon, filho de Creonte. Mesmo assim, os espectadores sem dúvida imaginavam o estatuto dessa noiva. Ainda mais que uma série de atitudes e posturas no Prólogo colocam Antígona na posição de uma filha *epíklêros*, isto é, que "segue o *klêros* (legado) de seu pai"[5]. Sob a lei ateniense, Antígona não seria apenas uma jovem noiva; ela é uma *epíklêros*, termo jurídico que significa algo mais que "herdeira". Uma *epíklêros* estava sujeita a regras de casamento exclusivas, e seu filho dava continuidade à linhagem de seu avô materno. O pai biológico desse futuro rei não passava de um instrumento para garantir a continuidade da linhagem de Antígona. Hölderlin percebeu como nenhum outro tradutor que essa é a chave da peça[6]. Em sua tradução, o corifeu e as canções do Coro deixam claro que o povo de Tebas espera que ela, a *epíklêros*,

---

4   Cf. P.E. Easterling, Anachronism in Greek Tragedy, *Journal of Hellenic Studies*, n. 105, p. 3-9; B. Knox, *Oedipus at Thebes*, p. 61.

5   Sobre o *status* legal de uma filha *epíklêros*, cf. J.-P. Vernant, *Mythe et pensée chez les Grecs*, v. I, p. 144.

6   A questão da situação legal do noivado foi pouco comentada pela crítica, que parte do pressuposto de um noivado normal. Conhecemos apenas um único artigo que se coloca a questão de saber se Antígona e Hêmon seriam noivos normais ou se Hêmon se uniria a uma *epíklêros*. Cf. P. Roussel, Les Fiançailles d'Hêmon et d'Antigone, *Revue des études grecques*, n. xxxv, p. 66–82.

garanta a sucessão legítima, que um filho seu dê continuidade à linhagem dos labdácidas, a linhagem de Édipo. Hölderlin traz isso à tona com infinita sutileza de nuances, de coisas ditas e não ditas, de forma que *sua* plateia, muito distante da Atenas de Sófocles, possa ao menos sentir os ecos longínquos desse inquietante imbróglio político entre Antígona e Creonte. Ele fez tudo para tornar palpáveis as emoções e ameaças de uma luta que ocorre em dois planos: familiar e político, público e privado. A questão é: qual dinastia irá governar Tebas? Antes de vermos em detalhe esse enredo fascinante da tradução hölderliniana, acrescentemos apenas algumas observações sobre a estratégia tradutória do poeta.

A abordagem de Hölderlin na tradução de *Antígona* é incomum, talvez única; ela tem repercussões em muitos outros aspectos da tragédia e das tragédias em geral. Hölderlin leva sua análise para além dos limites do discurso. Ele escuta alusões remotas e ecos tênues. Ainda mais notável, confere grande peso interpretativo a gestos não verbais e a movimentos da alma expressos em inflexões da voz, no tom e no ritmo da declamação. Ele vê na intensidade íntima (*das Innige*), isto é, na energia não verbal que reverbera no que é dito, o alicerce estético da experiência e do conhecimento. Essa intensidade íntima sustenta e funde, por completo, as representações, o sentimento e o raciocínio, ela é a condição lógica e o "princípio das distinções em que pensamos e vivemos"[7]. Essa energia espiritual e psíquica gera as metáforas poéticas e Hölderlin concebe a tragédia como uma "*metáfora* da intuição intelectual"[8]. Com isto, o poeta confere à experiência estética um papel privilegiado: mais ampla que conceitos e argumentos, acessível apenas na experiência carregada de tonalidades e afetos da tragédia.

Hölderlin testa essa abordagem em suas traduções de Píndaro e de Sófocles. Com *Antígona,* procura apresentar a tragédia como um todo estético em que o ritmo do pensamento e da representação, a tonalidade, a coloração e a atmosfera

7 Cf. F. Hölderlin, *Sämtliche Werke*, StA, v. VI, p. 211, 223.

8 Na concepção de Kant, a intuição intelectual é característica do pensar de Deus, e o pensar divino é imediatamente ato: faz ser. Cf. Kant, *Kritik der reinen Vernunft*, B 72. Cf. também os comentários de J. Schmidt em Hölderlin, DKV, v. 2, p. 1232 ; DKV, v. 2, p. 502 (sobre o fragmento Urteil und Sein), DKV, v. 2, p. 533 (sobre Über die Verfahrungsweise des poetischen Geistes).

(*Stimmung*) verbais garantem a coerência dos diálogos contraditórios e de suas divergências com os cantos corais[9]. A ordem de Hölderlin não é exclusivamente discursiva e lógica; sua coerência não é a coerência do mero argumento formal. Em vez disso, se vale de percepções poéticas e de técnicas estéticas para estabelecer uma "conexão mais infinita", que não depende pontualmente da tradução correta de uma palavra ou frase em particular. Ele valoriza a fluidez e uma espécie de *sfumato* poético. Os significantes isolados valem menos do que as relações dinâmicas entre eles; o que importa é a rede de conexões que capta a densidade do texto sofocleano. Seu método nos dá acesso a um surpreendente palimpsesto de significações comprimidas na riqueza das nuances tonais. Esses matizes sobredeterminam os argumentos, flexibilizando, refratando e multiplicando seus sentidos ao extremo.

Mais à vontade que ninguém na poesia e nos mitos da antiguidade, o poeta alemão intui a diferença e a estranheza da heroína grega – seu desafio, seu amor e seu ódio – no rendilhado de oscilações e nuances da ação trágica. O (in)sucesso de sua tradução é inerente à recusa de simplificar e arredondar o texto para torná-lo mais imediatamente compreensível. Isso não é um defeito, é a essência de seu método literário, e nos permite (auxiliados que somos hoje pela antropologia histórica) compreender o drama genealógico e moral que está em jogo para as personagens. A "singularidade" e a "solidão" da heroína foram enfatizadas por todos os críticos. Mas ao invés de ver esses traços como fraqueza cívica ou psicológica, Hölderlin lhes devolve seu duplo sentido trágico: a ação de Antígona é ao mesmo tempo excessiva e falha, ela nasce de motivos subjetivos e de obrigações objetivas. O fato de a heroína desempenhar, desde a morte dos dois irmãos, o papel simbólico e legal da *epíklêros* tem implicações simultaneamente privadas e políticas. O Coro fala, de forma alusiva, do sentido dessa instituição que assegura a sobrevivência da linhagem real, para além e apesar da morte dos patriarcas: os anciãos chamam Antígona de "a última raiz" da árvore

---

9   Cf. D. Henrich, *Der Grund im Bewusstsein*, p. 519.

genealógica, eles depositam nela a "esperança que iluminará o palácio de Édipo" (AH 620s., A 599s.).

Essa esperança pela continuidade da casa de Lábdaco obviamente faz de Antígona uma rival de Creonte no nível político. O tratamento sutil de certas relações espaciais e temporais na tradução de Hölderlin reforça a ideia de que Antígona poderia ser mais do que apenas uma jovem pronta para o casamento, e que o título de "Rainha" que Hölderlin (não Sófocles) lhe atribui (AH 978, A 941) é uma realidade para ela.

LAÇOS DE FAMÍLIA –
MAIS COMPLICADOS DO QUE SE PENSA –
E DUAS TENTATIVAS DE PURIFICAÇÃO

Quando Hölderlin fala da "lógica poética" em *Antígona*, ele se refere à articulação da peça em vários níveis, o que garante a cada uma das personagens principais ao menos duas histórias. Em seu nível mais óbvio, a peça trata do enterro de Polinices e do gesto piedoso com que Antígona se sacrifica para cumprir o rito. Entretanto, o texto sugere que os irmãos se mataram e ao mesmo tempo se suicidaram. Como tratar seus corpos após a morte, ainda mais tendo essas mortes a conotação do suicídio? O argumento de Antígona apoia-se no costume religioso: seu irmão deve ser enterrado porque é um membro da família, um *philos*, amigo-parente, e os parentes têm a obrigação religiosa de sepultá-lo. Creonte pensa na realidade política: para a ordem política, Polinices é o emblema do caos e do miasma (a guerra civil e o fratricídio). Como tal, ele não pode ser honrado e deve ser abandonado insepulto. No entanto, Sófocles não apresenta esses argumentos de forma explícita e inequívoca. Mestre da ironia, ele apresenta os argumentos dos protagonistas em giros retóricos ardilosos, repletos de reverberações e não ditos que evocam inúmeras referências a práticas políticas e míticas. Assim, o leitor (e o espectador) assistem a duas histórias entrelaçadas, a duas visões bastante díspares do mesmo conflito.

Antígona fala com emoção de seu vínculo (*philía*) com Polinices; sua fala é normalmente traduzida por: "Amado irmão, eu, tua irmã amorosa, serei enterrada contigo." Essa tradução capta o primeiro sentido de *philía*: o parentesco. Mas isso é apenas *um* sentido da história, porque as conotações de suas palavras suscitam um sentido erótico: "Amado, eu me deitarei contigo como uma amante." E é assim, de fato, que Ismênia entende as palavras da irmã, repreendendo-a pelo "calor" excessivo. Surge a vaga suspeita de que, talvez, Antígona compartilhe as tendências incestuosas de sua estirpe.

Quanto a Creonte, ele também é bem mais passional do que se costuma pensar. Ele explica seu decreto pela necessidade de distinguir entre amigos e inimigos da cidade, o que soa razoável e comedido. E, num certo sentido, essa distinção é razoável, sobretudo numa cidade onde o incesto anulou as diferenças básicas. Mas ele usa o argumento sensato para um silogismo extremado que contraria diversas práticas religiosas. Pois se ambos irmãos causaram o miasma, ele teria a obrigação de enterrá-los em locais longe da cidade. Embora estigmatize ambos irmãos como "suicidas mútuos", ele decreta honras públicas para Etéocles – algo inconcebível para um suicida na Grécia – e uma igualmente inconcebível humilhação pública para Polinices. O tratamento de Polinices é desnecessário, considerando que a prática grega previa o enterro de inimigos e rebeldes: eles não eram enterrados com honras públicas, mas seus corpos eram deixados do lado de fora dos muros da cidade, onde seus parentes podiam reclamá-los e enterrá-los de forma discreta e sem monumentos funerários. É mais do que estranho que o Creonte de Sófocles (que tem reputação de homem moderado – Tirésias o elogia nesse sentido) não tenha optado pelo caminho mais fácil, permitindo que os parentes de Polinices o enterrassem em observância à religião e aos costumes. Ele sabe que seu decreto irá provocar um conflito insolúvel, uma vez que as irmãs de Polinices têm a obrigação religiosa de enterrá-lo.

Essa estranha veemência, em um homem normalmente pacífico e diplomático, sugere que também ele tem uma segunda história, uma série de motivos que ele não expressa explicitamente. Seu decreto talvez vise menos Polinices ou um inimigo público qualquer. Ele se parece mais com uma armadilha para as irmãs, que são condenadas a cometer um crime, seja o que for que façam: respeitando o decreto, elas se desqualificariam no registro religioso (elas têm a obrigação religiosa de enterrar o morto); desobedecendo, no cívico (pela desobediência ao decreto).

Pode parecer estranho, até mesmo incompreensível, que um estadista afável trame um plano diabólico contra suas próprias sobrinhas. Mas Creonte tem razões bastante plausíveis, e até razoáveis, no âmbito público e no privado, para desejar a morte de Antígona. Como governante, ele se colocou o dever de livrar a cidade do miasma dos labdácidas. Como pai, procura proteger Hêmon do fatal noivado com Antígona, que perenizaria a relação incestuosa com os labdácidas e levaria à extinção a linhagem de Oclasos, de si próprio e de seu filho. No tempo altamente condensado do drama, a lei do *epiclerado* obrigou-o a arranjar o noivado de Hêmon com a filha de Édipo – pois um noivado *normal* jamais se concretizaria com uma princesa fruto de incesto[10]. A aliança inaudita e inconveniente é a consequência da imprevisível morte de ambos irmãos, que transformou Antígona em uma *epíklêros*, uma herdeira. O Coro compreende o que isso significa e a enaltece como "a última raiz" da linhagem de Édipo. Mas essa continuidade da linhagem real dos labdácidas é a perspectiva pavorosa que Creonte mais teme. Eis a razão: "o casamento do parente masculino mais próximo [Hêmon] com a *epíklêros* [Antígona] é uma obrigação religiosa imposta ao parente e o submete a uma severa renúncia. O filho desse casamento, pela lei, não dá continuidade à linhagem de seu pai, mas à de seu avô materno[...] a filha da casa real é, na verdade, legalmente, seu próprio pai"[11].

Creonte é um pai angustiado. Teme a iminente ruína de sua linhagem em decorrência do casamento de Hêmon com a *epíklêros*, pois o marido de uma *epíklêros* não é um rei, nem um *pater familias*; ele é muito menos que um Príncipe Consorte, não passa de um instrumento subordinado à sua esposa. Creonte tem não apenas pavor do incesto e um horror

---

10 Em *Édipo Rei*, v. 1465-1470, Édipo implora a Creonte para que acolha as filhas, pois sabe que ninguém mais na cidade as acolheria.

11 Cf. J.-P. Vernant, op. cit., v. II, p. 144-146: o autor explica o termo *epí-klêros* como "[a filha] que segue o *klêros* de seu pai". O epiclerado tem por função assegurar a perenidade da casa (*oikos*) paterna. "No matrimônio *epíklêros*, a esposa, enquanto filha da casa, é o lar paterno." Para mais esclarecimentos, cf. também a enciclopédia de A. Pauly; G. Wissowa, *Paulys Realenzyklopädie*, verbete "Epiklerat".

tipicamente grego da subordinação do homem à mulher, como dão a entender suas recomendações para que seu filho escolha uma mulher mais apropriada (A 650-680; AH 683-705). Além disso, ele teme também a extinção de sua própria família. Ele acaba de perder seu primogênito, Meneceu, que se sacrificou para o bem de Tebas na noite anterior, e Hêmon é, portanto, a última esperança de *sua* linhagem. Quando a peça abre, Creonte encontra-se numa situação radicalmente nova, desesperadora para ele como pai, e motivo de um forte ressentimento – suficiente para o seu decreto drástico que quase empurra as irmãs a uma transgressão (o que coloca a questão de se o decreto não seria, talvez, um ardil intencional).

Mas sua ação não pode ser diminuída, como se envolvesse apenas interesses subjetivos relacionados ao âmbito privado da família. Existem também outras razões – mais objetivas, nobres e cívicas – que levam Creonte a agir de modo tão drástico. Uma de suas principais apreensões é a mais recente poluição dos labdácidas e do solo tebano em decorrência do casamento incestuoso entre Édipo e Jocasta. Ele não é o único a preocupar-se com isso: já no Prólogo, Ismênia fala do incesto como vergonha que arruinou a casa real e a confina na vergonha. Creonte compartilha esse mesmo pensamento quando fala da necessidade de pôr fim aos miasmas provocados pelos irmãos que não souberam evitar a *hybris*, abatendo-se – um ao outro e a si mesmos – como se fossem monstruosos amigos-inimigos: mais próximos dos *spartoi* dos primórdios do que da humanidade da pólis. Não só Creonte, também Ismênia sente-se envergonhada com a maldição do incesto que se perpetua nas perversas relações dos filhos de Édipo e Jocasta. Prefere esconder-se no palácio, pois sabe que muitos outros referem-se a ela e a seus irmãos como "filhos inúteis" que provocam "o riso de nossos inimigos" (A 645-647). A retórica de Creonte não encontra dificuldade em convencer os anciãos de um fato inegável: Etéocles e Polinices quase provocaram um desastre irreparável – a destruição de sua cidade natal! O modo horrendo de seu combate é mais que um fratricídio: aproxima-se do endocanibalismo, misturando a hostilidade entre irmãos com o desejo incestuoso de união excessiva dos membros da mesma família, desejo ambíguo e perigosamente instável que termina na autodestruição. Nessas circunstâncias, não é difícil convencer os anciãos de que a linhagem de Creonte tem a vantagem de dar a Tebas governantes impolutos.

Mas Antígona é um obstáculo jurídico. Por isso, Creonte carrega seu argumento com tons ameaçadores, salientando que os descendentes do casamento incestuoso não trouxeram – e não trarão – nada além de novos miasmas. Nas entrelinhas aparece o perigo iminente: ela também carrega a poluição que trouxe caos e morte à cidade, e seu casamento com Hêmon, se realizado, só irá piorar as coisas. Como filha da irmã de Creonte, Jocasta, e do filho de Jocasta, Édipo, Antígona é uma parente mais próxima de Creonte do que de seu próprio pai-irmão.

O perigo da recaída na selvageria ronda as grandes famílias de Tebas, particularmente na casa real. De acordo com os mitos cívicos, os labdácidas descendem dos *spartoi* (homens semeados), monstros que brotaram dos dentes de dragão que Cadmo, o fundador, semeou no solo. Na sua desmedida ilimitada, esses monstros exterminaram-se uns aos outros (com exceção de cinco deles) em um combate insano. E a tara monstruosa sobrevive nas linhagens das grandes famílias tebanas, que ora usam esse ânimo feroz para salvar a cidade (sacrifício de Meneceu), ora dão livre curso aos impulsos caóticos, ameaçando a sobrevida da cidade com crimes inomináveis: incesto, fratricídio, filicídio. O mútuo assassinato coloca Etéocles e Polinices nessa última categoria, pelo menos na apresentação de Creonte. Os mitos do ciclo tebano giram em torno da diferença entre selvageria e civilização, e os poderosos de Tebas, descendentes de selvagens extremados, sempre estão ameaçados pelo risco de regredir, de involuir de volta para a selvageria – a não ser que transformem a audácia desmedida em gestos heroicos de autossacrifício pelo bem da cidade (como veremos na apresentação da mesma situação pelo Coro).

A tragédia apresenta uma visão ambígua do legado envenenado dos labdácidas, e essa visão tanto dá razão ao entendimento de Creonte como ao do Coro, embora os dois se contradigam. Os anciãos ainda expressam a esperança de que a morte dos irmãos poderia ser interpretada como um duplo sacrifício que livrou a cidade da desmedida dos homens de bronze monstruosos. Mas Creonte introduz uma opinião contrária, insistindo sobre o miasma; logo em seguida, ele irá insinuar que Antígona não está isenta da fatal desmedida. E mesmo os que a amam e a admiram concordam que ela tem uma série de semelhanças – inquietantes e maravilhosas (*deîna*) – com seu pai (A379-383 e AH 471 s.). Até mesmo Ismênia, no Prólogo, teme esse lado selvagem da irmã e expressa vergonha pelos miasmas de sua família (A e AH 20, 88). É claro que Antígona despreza o medo da irmã quando essa teme que a maldição atingirá a todos os que lhe forem fiéis (A e AH 57 s.). Embora Ismênia seja, ela mesma, filha de Édipo, seus temores não são diferentes dos argumentos do mensageiro em *Édipo Rei* (1224 s.), que aconselha o povo de Tebas a banir todos os descendentes da linhagem poluída. Não é difícil entender como Creonte pode apresentar seu decreto (e seu desgosto pelos labdácidas) como um bem para todos os tebanos. Todos teriam interesse em impedir o noivado de Hêmon com a jovem princesa cujo casamento dará continuidade ao governo – caótico – dos labdácidas.

Com maestria ímpar, o arranjo poético de Sófocles nos faz sentir que, na vida e na ação, há sempre diferentes visões, razões e possibilidades que se misturam numa nebulosa cheia de potencialidades imprevisíveis. A esperança do Coro talvez teria aberto um caminho mais sábio e viável. Mas o argumento de Creonte não foi mera imposição: baseou-se em medos compartilhados pelos próprios anciãos. Cada argumento isolado abrange apenas *um* raciocínio, e a "lógica poética" é "bela" porque permite pelo menos por um momento ganhar distância das convicções e razões isoladas, vendo as (im)possibilidades trágicas da vida numa perspectiva mais ampla.

UMA NOVA "LÓGICA POÉTICA" PARA O CONFLITO DOS PROTAGONISTAS: ANTÍGONA E CREONTE

As múltiplas perspectivas e os argumentos díspares que se entrelaçam nessa tragédia levantam problemas éticos complexos. Eles justificam plenamente a ideia que Hölderlin fazia da "lógica poética", de um "pensamento" *sui generis* que caminha, à revelia da consciência imediata, no rendilhado das metáforas, nas polissemias e ambiguidades do texto poético. A tradução hölderliniana revela inúmeros ângulos e sentidos da peça, o que impede leituras unilaterais – por exemplo, um entendimento simplificado que quisesse reduzir essa tragédia à simples oposição entre família (Antígona) e Estado (Creonte). Quem lança mão dessa fórmula, que Hegel cunhou na *A Fenomenologia do Espírito*, terá de levar em consideração o complemento que o filósofo lhe acrescenta. Amigo de Hölderlin e apaixonado como este pela sutileza do pensamento das tragédias, ele sabia bem que o teatro clássico era bem mais exigente para o espírito, a sensibilidade e o intelecto que o *exemplum* medieval e o drama barroco cristãos. O conflito trágico, diz Hegel, é verdadeiro e ético apenas quando ambos heróis perseguem – com honestidade e sinceridade – alvos relevantes para a família e para o Estado[12]. Quando fala do problema da honestidade sincera, em uma passagem acerca da diferença entre a razão que faz a lei e a razão que a põe à prova, Hegel não justifica a tirania, mas sem dúvida tem em mente a complexidade que se desenha no entendimento hölderliniano do conflito – nos esforços inicialmente sinceros dos dois protagonistas que, ambos, tentam despoluir a cidade. Embora possa haver uma conotação maquiavélica no decreto de Creonte, não se pode negar que ele tem também boas e honestas razões para se opor a Antígona.

A observação de Hegel pode ajudar a iluminar um aspecto pouco observado da peça: a convicção sincera e contagiante com que Creonte impõe seu decreto. Os anciãos de Tebas, que amam Antígona e os labdácidas, não suspeitam que ele use a astúcia de um déspota maquiavélico, mas imediatamente recuam e aceitam seus argumentos como sensatos. E, no final da peça, Creonte tampouco mostra o sangue frio de um déspota vivido. Ele é, sem dúvida, um cidadão médio, não um herói audacioso, mas ele faz um esforço sincero para despoluir a cidade, para consolidar um governo legítimo, para ao menos garantir a ordem pública e salvar a cidade – e sua família – do caos legado pelos labdácidas.

O desafio que enfrenta é de grandes proporções. A poluição, o miasma, a sombra de mais um casamento incestuoso (pois Hêmon e Antígona têm elos consanguíneos excessivos),

---

12 Cf. G.F.W. Hegel, *Phänomenologie des Geistes*, p. 320; *Fenomenologia*, p. 301 s. (as duas edições serão citadas doravante com as respectivas siglas Ph e F).

pairam sobre a dúbia vitória na qual a cidade perdeu seu governante legítimo. A luta bizarra dos irmãos pode ser vista ou como um sacrifício redentor, ou como uma derrisão grotesca da vida e da guerra civilizadas. O que se pode fazer nessa ambígua situação? Creonte acredita que impedir o casamento de seu filho com a herdeira de Édipo é uma condição para assegurar o futuro. Se esse casamento ocorrer, a amaldiçoada casa dos labdácidas seguirá governando Tebas, com consequências nefastas incalculáveis. Além disso, o casamento, na verdade, irá piorar a situação; Hêmon e Antígona são, eles mesmos, parentes próximos – tão exageradamente próximos que faltam nomes para seu grau de parentesco. Nenhum pai haveria de desejar tal casamento para seu filho. Nenhum governante poderia permitir que uma união tão nefasta ameaçasse a paz da cidade. Sófocles pontua o pensamento (implícito) de Creonte com excepcional sutileza. Todas as suas preocupações – encontrar a causa da aflição da cidade, conduzi-la a um caminho de paz e estabilidade, garantir um bom casamento para seu filho, fundar uma família – o conduzem ao mesmo ponto: o casamento de Hêmon com Antígona não deve acontecer. Ele precisa livrar Tebas da linhagem amaldiçoada de Édipo, pois essa família trouxe nada além de guerra e pestilência. A fria obstinação de Creonte é o duro "sacrilégio tirânico" de um governante desesperado que não vê outro meio de restabelecer uma ordem civilizada para a vida de seu povo[13].

OS DESAFIOS DE UMA ANTIGA MALDIÇÃO: CREONTE, HÊMON E TIRÉSIAS

O que pode ser dito a favor de Creonte? É claro que o rigor do decreto é um tanto repugnante. Por outro lado, não é insensato seu juízo a respeito da série interminável de miasmas que

---

13 Cf. Hegel, *Phänomenologie des Geistes,* p. 319; *Fenomenologia* p. 300 s., sobre o paradoxo da ação trágica: nela a honestidade heroica coincide com a insolência tirânica e o atentado sacrílego à lei inabalável: "O fato [é] que dar-a-lei e pôr-à-prova-a-lei revelaram-se nulos [pois esses gestos alteram o que deveria permanecer constante. Isto], significa que ambos [gestos de Creonte e Ismênia], tomados isoladamente, são apenas momentos insustentáveis da consciência ética."

atingiram a casa real dos labdácidas. O Coro deixa-se convencer com rapidez e parece quase aprovar a transferência do trono para a linhagem do regente. Essa manobra faria de Creonte um "tirano", mas os atenienses não desaprovavam, automaticamente, a tirania. Para eles, "tirania" não tem o sentido moderno, pejorativo, do poder brutal e ilegítimo de um impostor; na época clássica, a tirania era uma forma de poder democrática ou semidemocrática, um poder não herdado, mas conquistado por meio de "esforço e mérito individuais"[14]. Do modo como Creonte é apresentado por Sófocles, parece disposto a estabelecer sua tirania dessa forma positiva: pretende fundar uma nova dinastia para purificar Tebas do miasma da família de Édipo. Infelizmente, como Hölderlin e Hegel observaram, Creonte e Antígona estão condenados a fazer tentativas – igualmente honestas, e igualmente insustentáveis – de purificar a cidade. A diferença entre as trajetórias das duas personagens reside não em suas metas fundamentais, mas nas diferentes relações que estabelecem (ou deixam de estabelecer) com a cadeia de causalidade que os antigos chamavam de Destino e Necessidade.

A principal tarefa de Creonte é purificar o miasma separando "amigos" de "inimigos", "bons" de "maus". Uma tarefa nada fácil em uma cidade cujos governantes descendem de monstros! Na verdade, no ciclo dos mitos tebanos, Tebas oscila sempre entre conquistas gloriosas e desastres, a desordem está sempre prestes a irromper. É a tara que as famílias nobres dessa cidade – tanto a de Creonte quanto a de Édipo – herdaram dos *spartoi*: um pendor de involuir em vez de evoluir. Os casamentos humanos asseguram a ordem do tempo e do espaço (gerações, graus de parentesco e distinções sociais). Mas os "semeados" desconhecem a união ritual humana entre pai e mãe, eles foram plantados na mãe-terra e nasceram sem pai, como híbridos monstruosos. A consagração ritual não pode faltar na vida humana – é ela que assegura a ordem dentro da família, depois, entre amigos e, finalmente, entre concidadãos. Essa humanidade falta aos *spartoi*; eles contradizem a ordem humana com sua orgia de extermínio coletivo. Nos mitos tebanos, a fraqueza básica desses monstros sem família irrompe, de

14 B. Knox, *Word and Action*, p. 91.

tempos em tempos, fazendo "involuir" as gerações e a transmissão regrada do poder de uma geração de governantes para a próxima. Édipo não reconheceu seu pai, o matou e tomou seu lugar – ponto a partir do qual a ordem temporal das gerações começa a progredir e regredir ao mesmo tempo. Édipo é filho e marido de Jocasta, Antígona é filha e neta de Jocasta, além de ser irmã de seu próprio pai. As identidades de Etéocles e de Polinices são igualmente confusas; de acordo com Sófocles, cada um mata o outro e a si mesmo. Onde não há uma linha clara entre o "eu" e o "outro", entre fratricídio e suicídio, todas as palavras – amor, amizade e alianças políticas – perdem o sentido e sentimentos amorosos invertem-se em rivalidade, ódio e matança com preocupante rapidez.

Como se essas confusões não bastassem, o mito fez de Tirésias o emblema dos curtos-circuitos tebanos. Tirésias tem o dom de aparecer a cada momento crucial do ciclo tebano – de Cadmo e da fundação até a destruição da cidade. Sua vida estranha, fora dos limites de tempo, espaço e gênero (no mito, o vate muda também de sexo), ele é o emblema da anormalidade – maravilhosa e terrível – de Tebas. Todos os tebanos fazem jus a uma palavra que Sófocles atribui a Polinices: eles são *amphílogos*, ambíguos ou duplos, todos eles são algo mais e algo menos do que eles próprios. Todas as categorias se expandem e contraem incontrolavelmente. Mães são esposas, filhas, irmãs.

Eis o mote que nos leva a Hêmon. Ele é um jovem em uma situação difícil. Embora o Coro enalteça a heroína como a última raiz dos labdácidas, Hêmon não deveria esquecer o fato de que ela é mais que uma prima. Além disso, casar-se com ela poria fim às suas chances de fundar sua própria família e de ter uma descendência. Estranhamente, ele não compartilha das inquietudes (justificadas) de seu pai – muito pelo contrário, entoa hinos de louvor à noiva que o pai acaba de condenar. Canta seu feito com o fervor e a convicção das donzelas que costumavam cantar a glória dos heróis vitoriosos na batalha. Seu louvor enfático à noiva confirma e assume a inversão de papéis que Creonte teme (com certa razão): é Antígona quem está no papel forte, viril, de heroína-rainha; o noivo se coloca na posição subordinada – mero auxiliar cuja função se reduz, segundo a instituição do epiclerado, a servi-la na missão de produzir um herdeiro para

Édipo. Em vez de se revoltar contra essa tarefa que todo homem da Antiguidade assumiria com repugnância, ele a acolhe com entusiasmo. Para o horror de seu pai, Hêmon sacrificaria tudo por seu amor a Antígona – o amor paterno, a sobrevida de sua própria linhagem, a lealdade a Creonte, contra quem arremessa sua espada; depois do parricídio malogrado, ele se joga contra a espada, num suicídio que Sófocles chama de "consumação de seu casamento". Seu amor pode parecer nobre e tocante para leitores românticos, mas sua trajetória era, para Aristóteles, o exemplo de uma ação repugnante, indigna do heroísmo que provoca os sentimentos trágicos[15] – na perspectiva mítica, ela é mais uma escalada dos infortúnios tebanos, com suas (des)uniões cada vez mais caóticas e antinaturais.

É fácil perceber por que Creonte deseja romper o noivado de seu filho, assim como é fácil compreender seu choque diante da recusa de Hêmon em se deixar convencer. Creonte visivelmente não contava com tamanha insensatez passional e o consenso cívico ateniense sem dúvida lhe dava razão, avesso que era a qualquer vínculo passional de um homem com sua noiva ou esposa. Sua preocupação era a de encontrar uma estratégia para burlar a lei que o obrigava a casar Hêmon com Antígona. Embora não haja evidência direta, o decreto aviltante para os labdácidas era a trama ardilosa para apanhar Antígona. Veremos que essa suspeita se comprovará no estranho diálogo de Creonte com um de seus guardas.

UMA TRAGÉDIA EM CINCO "ATOS"

Entre as alterações hölderlinianas pouco comentadas, está o recorte dos episódios e hinos em cinco atos (subdivididos em cenas). O rearranjo procura pontuar certas relações entre os diálogos e os cantos corais. Assim, o "Primeiro Ato" reúne o Prólogo, o hino ao Sol, a proclamação do decreto por Creonte e o primeiro diálogo com o Guarda. A alteração formal permite

---

15 Segundo Aristóteles, o gesto de Hêmon inspira repugnância, não temor e piedade trágicas. Cf. as duas menções de atos "repulsivos" e incompatíveis com a elevação trágica na *Poética*, 1452 b 28 e 1454 a 2. Nesse último trecho, Hêmon é explicitamente mencionado.

compreender a leitura e o entendimento de Hölderlin, seu modo de aproximar-se do sentido da peça e do espírito de Sófocles.

As quatro primeiras cenas do Primeiro Ato têm, de fato, certa unidade, pois justapõem os desentendimentos ainda implícitos: as diversas personagens da peça expressam visões totalmente díspares da mesma situação, apressando-se, na calada da noite, a pôr em movimento estratégias diametralmente opostas. Enquanto Creonte prepara seu decreto, Antígona já convoca a irmã para opô-lo e assegurar o enterro; e ao passo que o Coro considera a morte dos irmãos como um sacrifício expiatório (no hino ao Sol), Creonte avalia essas mortes como um novo miasma. As opiniões do Guarda e do Coro com relação ao enterro oscilam – ora eles concordam com a proibição, ora discordam. Essa discordância, ora tácita, ora aflorando com mais nitidez, porém nunca explicada ao longo do primeiro ato, coloca o problema de saber como e por que os habitantes da mesma cidade podem ter visões tão distintas que eclodirão em conflito aberto no segundo ato. Como já vimos, a situação depois do fratri-suicídio é ambígua e intrinsecamente contraditória: há, de um lado, os privilégios monárquicos dos labdácidas e da filha *epíklêros*; de outro, a dubiedade desses direitos devido aos miasmas (incesto, fratricídio). Hölderlin captou intuitivamente as tonalidades, os gestos e as sugestões que configuram esse drama submerso. Ele torna difícil para o Coro posicionar-se, de modo que os anciãos oscilam – com "fria imparcialidade" segundo Hölderlin – entre Creonte e Antígona.

Por isso, Hölderlin inicia o "Segundo Ato" com o hino *pollá tà deiná*: com tons ambíguos entre esperança e desconfiança, o Coro entoa uma ruminação sobre os truques e maquinações "assombrosos" que levaram a humanidade a construir e governar cidades. A introdução não poderia ser mais adequada para os diálogos subsequentes, nos quais os dois protagonistas disputam mutuamente esse privilégio. A última cena, com a condenação de Ismênia, deixa entrever que as sinceras boas intenções de Creonte talvez tenham uma conotação assombrosa, esboçando um (in)voluntário ardil.

O "Terceiro Ato" – a parte central dos cinco – reúne, de modo muito sugestivo, o hino sobre a ruína iminente do homem com o infeliz diálogo entre Creonte e Hêmon, na primeira metade desse ato; tudo se passa como se o hino anunciasse que o encontro inicialmente amigável entre pai e filho terminará em ameaças de assassinato e/ou suicídio. Na segunda metade do ato, o hino a Eros conecta a alusão ao enraivecido Hêmon com o canto lutuoso de Antígona. Hölderlin reduplica e desdobra o nome do grande *daimon* Eros em "Espírito de amor" e "Espírito da paz", encaixando entre os dois a paradoxal afirmação de Eros estar "sempre em combate". Essa leitura salienta a instabilidade de Eros – ele pode tanto lançar um protagonista na atrocidade, como inspirar uma atitude intensa, amorosa e surpreendentemente pacífica à heroína.

O "Quarto Ato" recorta a última lamentação da heroína no terceiro episódio, e assim pontua melhor o contraste entre a intensidade dessas palavras e a "fria imparcialidade" do Coro. Os anciãos respondem ao luto de Antígona com um canto que evoca Dânae, Licurgo e os Fineidas, colocando o sofrimento da heroína à distância, considerando o seu destino com "fria imparcialidade". A segunda cena é o diálogo entre Creonte e Tirésias, a terceira, as tergiversações confusas de Creonte que recua de sua obstinada recusa de enterrar Polinices e de liberar Antígona.

O Quinto e último Ato inicia com um hino profundamente paradoxal, que expressa os sentimentos contraditórios do Coro. Os anciãos dirigem-se com esperançosa desesperança a Dioniso; o padroeiro de Tebas é invocado como a força que tanto pode salvar, como levar à perda a cidade. O Coro já parece pressentir essa última possibilidade, que se verifica no relato do mensageiro anunciando as mortes de Antígona, Hêmon e Eurídice, e a tragédia termina com o longo lamento de Creonte.

Surge aqui, pela primeira vez, a ideia de uma recriação tradutória, isto é, de uma tentativa de reaver o espírito e a vivacidade do original numa outra língua e cultura. Hölderlin não se dá a liberdade de um Voltaire ou de muitos outros tradutores do barroco e do iluminismo. Procura realmente o sabor e o sentido do original, embora isso o obrigue a captar a alteridade grega na recomposição de tons, ritmos, alusões e atmosferas – através de um rendilhado de relações mais importantes do que o sentido pontual das palavras e frases. Hölderlin traduz-e-reescreve as estruturas polifônicas que se imbricam e se correspondem no equilíbrio global. Sua admiração por Schiller não o cega ao ponto de esquecer os desacordos com seu mentor (e com muitos dos seus contemporâneos) no que diz respeito à Grécia antiga. Hölderlin não divide o gosto neoclássico de sua época; sua leitura não se limita a escolher, de maneira eclética, alguns emblemas, temas nobres ou belas imagens ao gosto do público de Weimar. Na terceira parte de suas *Observações Sobre Antígona*, o poeta afirma insistentemente que procura a vivacidade e o espírito da *outra* cultura, a alteridade às vezes até selvagem na "violência inexorável dos diálogos e dos coros" gregos[16].

A sensibilidade pelo jogo entre micro e macroestruturas do texto permite a Hölderlin captar virtualidades latentes do original: sentidos possíveis que emergem das relações recíprocas entre as partes – por exemplo, a diferença entre as paixões ardentes dos diálogos e a "fria imparcialidade" do Coro que nunca julga nem condena Creonte, mas tampouco se coloca do lado da heroína. Ele apenas mantém o equilíbrio precário entre os dois protagonistas. Outro exemplo dessa filigrana é a indiferença mais que estranha de Tirésias a respeito de Antígona. É um detalhe pouco comentado que o vate não se opõe à condenação de Antígona, apenas denuncia o modo como ela foi executada. E em geral é notável a perspicácia com a qual Hölderlin integra, na sua leitura e interpretação, as sugestões míticas dos hinos, a multiplicidade de narrativas às quais os cantos do Coro se referem com rápidas alusões. É esse rico referencial que determina o ponto de vista a partir do qual Hölderlin aproxima-se do sentido dessa tragédia, deixando aflorar as atmosferas que lhes correspondem.

Muitos sentidos dessa tradução revelam-se graças às modulações de tom – elas surgem dos contrastes do esperançoso e do sinistro, do otimismo triunfante e da inquietude do desamparo, da serenidade e da violência passional. É desse jogo que depende a beleza da heroína, que oscila perigosamente entre posturas piedosas e escandalosas. Ele enriquece o mistério desse caráter, acrescentando inúmeros matizes à sua grandeza ética. Hölderlin procura essa articulação rítmica das partes dissonantes num todo harmonioso, e suas *Observações* sobre o

---

16 F. Hölderlin, FA, v. 16, p. 419.

XL · ANTÍGONA, INTRIGA E ENIGMA

ritmo e a lógica poética constituem um primeiro esboço rápido para uma futura teoria do trágico.

A LUCIDEZ TRÁGICA
DE UM TRADUTOR PIONEIRO

As traduções das tragédias de Sófocles fazem parte da vida trágica do jovem poeta, cujo nome tornou-se sinônimo do "espírito dos gregos". Entusiasmado pela beleza das traduções de Homero por H. Voss (o pai do crítico de mesmo nome que iria ridicularizá-lo pelas suas versões), ele investiu na releitura de Sófocles toda a sua sensibilidade poética e toda a sua perspicácia teórica[17]. A recepção negativa pelo *establishment* de Weimar liderado por Schiller e Goethe destruiu a esperança de mediar uma visão mais "vivaz" da Grécia antiga, e parece ter precipitado a queda de Hölderlin na loucura. Voss julga as traduções com aparente objetividade imparcial, porém do alto dos preconceitos, hoje risíveis, de sua época. Defende, por exemplo, a convicção de os poetas trágicos serem exemplos de um pensamento "claro" e "racional", que se expressaria através das "figuras divinas determinadas com nitidez" e inteligíveis para o "senso comum"[18]. Quem conhece as sutis complicações do pensamento mítico, reveladas pela antropologia moderna, só pode dar de ombros diante de tais pretensões ingênuas.

Do ponto de vista prático, entretanto, foi um erro trágico do jovem poeta contrariar essa visão estreita da tragédia. A abordagem revolucionária lhe custou reconhecimento e apoio na cena literária, por sublinhar, mais de meio século antes de Nietzsche, a imensa distância que separa a mentalidade cristã (e civil-burguesa) da lógica da poesia clássica, que é tributária ainda de um imaginário mítico arcaico[19]. A descoberta dos resíduos míticos

---

17 Há inúmeros trabalhos sobre esse ponto, entre eles os de Heidegger e Adorno, Dieter Henrich e K. Düsing, M. Franz e B. Böschenstein, E. Förster, U. Gaier e W. Binder (cf. bibliografia).
18 As resenhas de Voss (pai e filho) foram reproduzidas na edição de Frankfurt das obras de Hölderlin, FA, v. 16, p. 20-25.
19 Quanto às estruturas imaginárias arcaicas e sua continuidade na época clássica, cf. os trabalhos de J.- P. Vernant e F. Vian, P. Vidal Naquet e M. Détienne, que citaremos frequentemente.

correndo nas entrelinhas da razão clássica chocou os adeptos do classicismo de Weimar, pouco dispostos a refletir sobre a situação sempre "torta" das traduções, que precisam navegar entre línguas, culturas e épocas – como alerta Hölderlin nas suas *Observações* (AA, 3, 921). Sua versão enfrenta com lucidez o dilema de estarmos "condenados a utilizar as categorias da nossa cultura para examinar os fenômenos de uma civilização alheia"[20], e o poeta sabe que a fidelidade ao original recupera-se apenas na "conexão superior", que medeia entre línguas e visões particulares. Por isso, não teme alterações superficiais, desde que essas realcem sentidos relevantes do original.

---

20 C. Calame, *Thésée et l'imaginaire athénien*, p. 17.

1. Primeiro Ato

Prólogo (A 1-99, AH 1-102)
Párodo (A 100-154, AH 102-160)
Proclamação de Creonte (A 155-222, AH 161-230)
Primeiro Relato do Guarda (A 223-331)

AS UNIÕES INUSITADAS DO PRÓLOGO

Antígona e Ismênia reúnem-se na escuridão antes do alvorecer. As irmãs não têm tempo para sentimentalidades – uma está desesperada, a outra arde para executar um plano perigoso. Hölderlin sentiu como ninguém que uma triste história as acuou num beco que tornou esquisitos seus laços afetivos e familiares. Sua tradução assinala o desafio implícito da situação trágica com a alusão literal à comunidade de "cabeça" (*Gemeinsamschwesterliches... Haupt*), que realça uma forma de união íntima que é exclusiva da língua grega (o dual).

Declinando a opção convencional – o verso quase obrigatório "Ismênia, irmã do mesmo sangue!", ele inicia com audácia inédita para a sua época, ressaltando uma relação nada convencional e nitidamente insólita entre as irmãs e os labdácidas: "Coisa comum-e-fraterna! Oh, cabeça de Ismênia!" É sem dúvida com deliberação que o poeta evita subsumir essa história trágica à "lei do sangue" e ao "direito natural", como faz a maioria dos leitores ainda hoje. Diferentemente do caráter do drama barroco cristão, o herói trágico está sempre enredado numa série de "princípios" que tornam sua conduta desconcertante e paradoxal. O estranho verso hölderliniano lembra-nos do fato de que nosso imaginário cristão, cívico e democrático perdeu a noção das diversas formas de união que afloram nas inúmeras narrativas míticas com as quais o poeta trágico forra sua história. Os mitos da Grécia antiga estão repletos dos mais esquisitos sentimentos de pertencimento – Tântalo procura expressar seu pertencimento à raça divina servindo o próprio filho como prato principal num banquete; a zoofilia de Pasífae sem dúvida expressa algum obscuro desejo de transcendência subumana que a uniria a poderosos *daímones*; e também a pedofilia homossexual de Laio recebe diferentes explicações nos diversos mitos. O cristianismo forjou uma consciência interiorizada e individualizada que dá conta, a seu modo, da infinita multiplicidade de motivos dos comportamentos anormais e pecaminosos. Mas as narrativas cristãs introduziram padrões ideais mais definidos, rejeitando o rico realismo mítico e estigmatizando o prazer da representação das faces obscuras dos deuses e *daímones*, isto é, das forças do submundo telúrico. Assim, perdeu-se também uma sensibilidade perceptiva e inteligente pelas formas de expressão do imaginário grego que distingue entre amizades e alianças mediadas por ritos cívicos e "fusões" mais imediatas e potencialmente perigosas. Não fazem mais parte do nosso ideário mitos como os de Tântalo, ou das três Górgonas que dispõem de um só olho e de um dente fatal para cumprir sua função de dilacerar os transgressores das leis que protegem os mais atávicos vínculos familiares. Daí a superficialidade de nossas leituras cristãs que veem somente o gesto piedoso de Antígona, sem perceber as ressonâncias magníficas e inquietantes de seu afã.

Nas interpretações da maioria dos leitores, entre eles muitos filósofos e juristas, o desafio obstinado de Antígona exemplificaria a afirmação da lei divina e do direito natural – sem as sombras dos laços excessivos que ela reivindica para os seus familiares, a não ser que adotemos a leitura psicanalítica que enfatiza os elos monstruosos entre os labdácidas, vendo em Antígona a encarnação da pulsão de morte. Mas seja qual for a opção, ela quase sempre vem de fora – as diferentes escolas já sabem o que procuram na tragédia de Sófocles e o encontram sem se importar muito com as sutilezas do texto grego. Por isso,

PRIMEIRO ATO

nossas traduções começam sempre da mesma maneira, com a evocação um tanto sentimental dos sagrados laços de família: "Tu és meu sangue, minha irmã, Ismênia, minha querida." Ora, a "Coisa comum-e-fraterna!" (*Gemeinsamschwesterliches*) de Hölderlin realça a estranheza ainda não definida, suspensa como uma nebulosa, pairando entre o sentimento lícito e são e uma comunidade mais íntima – um Eros que põe em perigo o *koinón* (coisa comum). A formulação alude ao elo excessivo dos parentes unidos pelo incesto – tara que remonta ao legado dos antepassados nascidos da terra, dos *spartoí*.

A língua grega tem formas de dizer modos de pertencimento que não existem nas línguas modernas: um plural-dual da língua grega, que aqui assinala um modo mais intenso e inexorável de unidade que o plural normal. No uso que Sófocles faz do dual nessa tragédia, essa intensidade está perigosamente próxima do excesso, da *hybris*. Em grego, o dual expressa a associação e a afinidade íntimas entre dois seres que se confundem devido a uma função, uma origem ou outra circunstância que torna o vínculo indissolúvel[1]. Sófocles o usa estrategicamente. Em alguns momentos, ele faz sentir o afã herdado do pai, com as conotações do pendor incestuoso. Antígona dirige-se à irmã como se ambas fossem uma só coisa ou um mesmo princípio (A 1 s.). Mas há também outros momentos, nos quais ela se singulariza, como se respondesse por outras formas de alianças e pactos (A e AH 31 s.). O texto joga constantemente com essa oscilação entre o dual, que estabelece uma espécie de indiferença entre dois termos, e o plural, que distingue e diferencia os termos associados[2]. Hölderlin percebeu e interpretou essas nuanças do dual e do plural e, na impossibilidade de traduzi-las, ele as transformou em tonalidades dos sentimentos psicológicos e morais que unem – mas também distinguem – as irmãs e os irmãos labdácidas.

---

1   Cf. J. Humbert, *Syntaxe grecque*, p. 15-18, para uma caracterização do número dual, que a língua grega conservou durante muito tempo ao lado do singular e do plural e que lhe permite designar a afinidade íntima que une duas coisas individuais (um par de mãos ou pés, por exemplo), unidade situada além dos opostos.

2   Cf. as diversas ocorrências em *Antígona*, por exemplo nos versos A 13-14, 21, 55-57, 143-146, 264, 557-558, 561, 770, 989, 1345.

A mesma união reaparecerá também no hino ao Sol (*parodos*), como marco distintivo da relação – desumana, talvez sagrada, mas claramente sub ou sobre-humana – entre os irmãos fratricidas. Hölderlin recupera, de maneira magistral, os matizes semânticos de Sófocles, ao verter as insinuações inquietantes do original (as sombras do incesto) com artifícios sintáticos e imagens estranhas. Em vez de opor Etéocles e Polinices, sua tradução sugere que ambos são unidos como um monstro duplo (ou dual) que, simultaneamente, ergue-se acima de Tebas e, no verso seguinte, transforma-se na própria cidade agredida (A e AH 117-119). Veremos, na análise detalhada dessa passagem no Hino ao Sol, que o *agressor e o agredido são o mesmo* (*dual*): a "goela da cidade de sete portas" parece devorar-se ela mesma através do duplo assassinato/suicídio dos irmãos – eles ameaçam a cidade caótica como agressores-e-agredidos, amigos-amantes-inimigos; mas eles também a salvam ao sacrificar-se um ao outro e a si mesmos.

Mas nem todas as relações são incestuosas nessa tragédia, e Sófocles não usa sempre o dual. Antígona passa do dual para o plural, e também o Coro e Creonte referem-se aos fratricidas ora pelo plural, ora pelo dual. Essa oscilação do número (fusional ou diferencial) começa a fazer sentido e expressa intenções específicas dos protagonistas. Vejamos o início do Prólogo, onde Antígona evoca sucessivamente a comunidade íntima que a une à sua irmã (dual) e, depois, sublinha seu estatuto à parte, distanciando-se da irmã através de formulações que a singularizam. Ela diz, por exemplo:

> Aquilo [o decreto], dizem, o *bom* Creonte anuncia para ti
> E para mim, pois eu falo também de *mim*
> (AH 31 s.)

Há dois detalhes com os quais Antígona se singulariza agora. Primeiro o tom um tanto condescendente que visa colocar o "bom Creonte" no seu lugar: para a princesa da casa real, ele sempre será apenas um conselheiro do trono. Além disso, ela está agora na posição da *epíklêros* – ela "é o lar" do palácio, no sentido forte, ontológico[3]. Esse "detalhe" a distingue também de

---

3 Cf. J.-P. Vernant, *Mythe et pensée chez les Grecs*, v. II, p. 144.

PRIMEIRO ATO

sua irmã. Antes mesmo de Ismênia opor-se ao enterro, Sófocles já assinala que existe uma diferença entre as duas irmãs, que Antígona concebe a si mesma simultaneamente como unida à irmã e como distinta dela. Em que consiste essa diferença, sobre o que ela repousa? Antígona expressa de modo intuitivo que ela é, e não tem medo de ser, membro da família (incestuosa) de Édipo; mas, ao mesmo tempo, se mostra preparada para uma função cívica e política – ela sabe que é filha *epíklêros* e assume como sua a função simbólica de "Rainha" da cidade, ou seja, de uma ordem que requer distinções sociais e alianças políticas rompendo, para o bem da pólis, a endogenia da família. Antígona oscila entre a afirmação da comunidade arcaica e fusional da estirpe (a cabeça de Ismênia figurando enquanto *pars pro toto*, o todo das duas irmãs unidas) e um outro tipo de comunidade: a que estabelece a ação política. Exige que Ismênia prove ser "bem-nascida", que ela pertença de direito à nobre linhagem dos labdácidas:

> E já tu terás de provar,
> Se és bem-nascida, [ou] se és má entre os bons.
> (A 37 s., AH 39-40)

A comunidade depende, portanto, ao longo do prólogo, da adesão a uma ação: Ismênia é irmã, boa/bem-nascida e querida apenas se ela agir em conformidade com um sentimento de adesão ditado por práticas ancestrais. A união entre as irmãs depende, no meio do prólogo, do cumprimento do costume sagrado do enterro.

Wolfgang Schadewaldt captou toda a envergadura da intuição hölderliniana e ele a incorpora na sua tradução, modulando-a com uma formulação não menos estranha à do poeta:

> [Cabeça] comum, da própria irmã, oh cabeça de Ismênia!
>
> *Gemeinsames, der eignen Schwester, o Ismenes Haupt!*[4]

A fórmula assindética acentua a sugestão hölderliniana segundo a qual as irmãs são membros-apêndices de uma mesma "coisa comum" (*koinón*), figurada pela "cabeça" – um pouco como se compartilhassem uma mesma função – tal como

---

4   Sophokles, *Antigone*, v. 1 s. Trad. de W. Schadewaldt.

6   ANTÍGONA, INTRIGA E ENIGMA

ocorre no mito das três Górgonas já mencionado. No caso de Antígona, a "cabeça" comum deve raciocinar e comandar uma ação que restabeleça a comunidade, a honra e a retidão atingidas pelo decreto, pela lei de exceção de um general. Esse apelo à união verterá rapidamente na separação, quando Antígona rejeita a atitude indecisa e medrosa de sua irmã, ameaçando-a de seu ódio e do ódio do morto.

A violência tradutora de Hölderlin mostra, desde os primeiros versos, que o discurso de Antígona é extraordinariamente complexo, que a heroína não raciocina, como muitas vezes foi dito, de maneira simples e "obstinada" a partir da única "lei do sangue", mas que ela passa de um aspecto a outro, oscilando num delicado equilíbrio entre posições extremas. O sangue é invocado quando se trata dos parentes mortos, e quando Antígona fala da fatal tara "fraterna" que herdou dos antepassados. Quando ela se refere à ação por vir, ou a Creonte, entretanto, se singulariza e sai da união fusional com os familiares, como se assumisse, sozinha, a luta pelo palácio e a ordem da cidade. Ela se propõe a assegurar a sacralidade do trono e do fogo-lar[5], pois é ela mesma que encarna esse lar cujo centro é o altar de Zeus. Eis o lugar nevrálgico da luta política e genealógica que se trama nessa peça. Nele, opõem-se os dois protagonistas, que reivindicam como *seu* o palácio.

Para sublinhar esta problemática do lar e do palácio enquanto espaço simbólico da cidade e do governo legítimo, a tradução de Hölderlin introduz duas pequenas alterações: Antígona invoca o deus protetor de *sua* casa como "*Meu* Zeus ... *Aqui na casa*", enquanto Creonte declara que Antígona ofendeu "o deus de *meu* lar", desprezando a hospitalidade de *sua* casa (A 450 e 487, AH 467 e 507).

Antígona, é claro, tem dois títulos de legitimidade: o palácio de Tebas é *seu* porque pertenceu aos seus antepassados e – também e sobretudo – porque ela é a filha *epíklêros*, o que significa, para o direito grego clássico, que ela "é o lar". Nesse sentido, suas falas intempestivas e indignadas não são tão "selvagens" (*wild*) e idiossincráticas como muitas vezes se diz. Na tradução de Hölderlin, ela tem mais uma altivez principesca, segura de si,

---

5   Fogo que permanece aceso no centro da casa.

PRIMEIRO ATO

digna de uma heroína que intuiu toda a envergadura de sua ação. O poeta alemão captou melhor que ninguém as implicações privadas e públicas, morais e políticas de sua ação. E apesar dos tons inquietantes, ela consegue transmitir essa segurança à irmã. Não é um acaso que as palavras de Ismênia no final do Prólogo têm um tom bem diferente do desespero envergonhado inicial. O horror que ela sentira diante do desafio de Antígona dá lugar à confiança serena, a um sentimento mais objetivo e público de amizade:

> Se assim te parece, vá. Saiba, porém, que embora
> Fales insensata, és amável, digna de ser amada.[6]

Em outras palavras, Ismênia diz que o tom e a maneira de falar de Antígona dizem mais do que o conteúdo rebelde de suas palavras. Contra sua própria convicção racional, Ismênia percebe a beleza do ato insensato e fatal de sua irmã.

As alterações introduzidas por Hölderlin sobrepõem, camada por camada, as virtualidades semânticas que a riqueza do texto grego sugere. É uma leitura verdadeiramente inédita, que exige, a cada linha e a cada palavra, que o leitor pare para escutar diferentemente, que ele reflita e compare os diversos modos possíveis de dizer os versos. Sua versão não oferece um texto fácil, nem agradável, pelo menos em um primeiro momento. Trata-se mais de uma estranha "educação sentimental", de um convite a separar-se de um conjunto de convenções imaginárias e intelectuais da modernidade, dos nossos juízos e preconceitos – entre eles está o pressuposto de certa unidade do caráter. A figura heroica, entretanto, não se conforma a essa coerência caracterológica; reúne qualidades e defeitos contraditórios.

SANTIDADE E CRIME, PIEDADE E BAIXEZA

Qual é o sentido e o valor da ação de Antígona? Por que ela rejeita o conselho de respeitar o decreto dizendo: "Realizarei o sagrado [através da] baixeza criminosa"? A fórmula *hósia*

---

6   O texto grego diz de maneira literal: "amável aos amados/parentes" (A 99). Hölderlin salienta o paradoxo: o plano insensato aos olhos de Ismênia mesmo assim inspira confiança pelo tom da fala de Antígona (AH 100).

8 ANTÍGONA, INTRIGA E ENIGMA

panoûrgesasa (A 74) não afirma bem o dever da piedade funerária, mas associa, em um paradoxo, a piedade e o crime: expressa a associação contraditória da nobreza mais elevada com a vilania escandalosa. "Fazer toda e qualquer coisa" traz à tona a degradação repugnante da pessoa capaz de qualquer crime (*panoûrgos*) e contradiz de modo violento a nobreza do gesto piedoso, a sacralidade absoluta (*hósios*). Bernard Knox salienta esse aspecto vulgarmente escandaloso do crime de quem ousa qualquer coisa (*panoûrgos*) e como ele contrasta com a pretensa sacralidade do gesto de Antígona

A tradução habitual – crime – apaga a violência da palavra grega; um "crime" pode ser magnífico de algum modo, mas *panoûrgos* tem uma forte conotação de desprezo e aviltamento – implica trapaça, ardis de baixo calão, falta de escrúpulos. Com essa palavra, Antígona evoca de modo antecipatório o pior de tudo o que seu mundo poderia dizer para condenar sua ação: evidencia o mesmo orgulho displicente que a levou a sublinhar a base legal, o direito constitucional que sustentam o poder de Creonte, em vez de se justificar chamando-o de "tirano". Ao mesmo tempo, no entanto, ela associa esse termo com um outro, *hósia*, indicando algo no domínio do divino em oposição ao humano.[7]

Essa tensão da fórmula grega é difícil de traduzir, e Hölderlin renuncia a uma recuperação pontual. As conotações chocantes da expressão são deslocadas para o tom e a atitude – por exemplo, as conotações excessivamente eróticas de dois versos (um anterior, o outro subsequente) – nos quais Antígona enfatiza o desejo quase passional de deitar com o irmão:

> *Lieb werd'ich bei ihm liegen, dem Lieben,*
> *Wenn Heiligs ich vollbracht.* (AH 75-76)

> Amada, deitarei com ele o amado,
> Quando tiver cumprido o sagrado.

A sugestão erótica da redundância sonora do "lieb-lieg--Lieb" (amada-deitar-amado) é registrada pela irmã como uma nota falsa, quase necrófila. Ismênia observa, com um acento de

---

7 B. Knox, *The Heroic Temper*, p. 93.

PRIMEIRO ATO

reproche, que sua irmã é demasiadamente calorosa em relação aos "frios" (mortos):

Ardente tua alma sofre pelos frios. (AH 90)

A insinuação de algum pendor necrófilo e incestuoso pelo irmão provoca em Antígona um violento movimento emocional, e a heroína coloca-se agora inteiramente do lado dos mortos. Ela afirma saber a quem deve agradar mais e empurra assim sua irmã a explicitar sua preocupação em relação à mistura de representações, sentimentos e raciocínios *inadequados*. Hölderlin, em vez de utilizar a fórmula mais neutra do texto grego – "tu procuras o *impossível*" –, traduz a objeção de Ismênia no registro moral: "tu tentas coisas inconvenientes" e "não se deve perseguir coisas inconvenientes" (AH 92 e 94). Modificando ligeiramente o acento da expressão neutra – o impossível torna-se o inconveniente –, ele recupera a conotação moral que o texto grego alojava na expressão dos versos que falavam da ação "santamente criminosa" ou "piedosamente vil" (AH 75-76).

São as nuanças precisas da expressão e as permanentes modulações de tom que fazem sentir, na tradução alemã, as múltiplas facetas da atitude da heroína. A revolta de uma princesa humilhada e o amor de uma irmã, a paixão pelo(s) morto(s) e a amizade política que a liga ainda aos vivos, a loucura incestuosa e a piedade religiosa são apenas alguns dos aspectos, verdadeiras tonalidades afetivas, que se desdobram na ação da heroína. O leque dessa gama de tons começa com a afirmação enfática da comunidade familiar (*koinón*); ele se modula depois numa diversidade de tons que assinalam o recuo, o medo, a vergonha e a resistência de parte de Ismênia, a determinação e a nobreza, mas também a paixão aviltante, a irritação e a indignação por parte de Antígona. Na tradução hölderliniana, são as palavras de Ismênia que desenvolvem os enigmas implícitos que Sófocles comprimiu em fórmulas difíceis de traduzir. A atitude apreensiva da irmã ilumina o que permanece obscuro nas formulações gregas. Hölderlin faz de Ismênia o arauto que anuncia as armadilhas da ação trágica.

ANTÍGONA "CRUA" E "TEMPESTUOSA": DUPLO DE ÉDIPO MAIS DO QUE DE ISMÊNIA

Desde o início, Ismênia sente que sua irmã é possuída por um humor *tempestuoso e violento* – um humor que tinge suas palavras com tonalidades sombrias. A fórmula grega *kalkhaínous épos* evoca a cor sombria do céu antes da tempestade[8]. Hölderlin recupera a expressão com o "vermelho" passional do nosso imaginário moderno: "Tu pareces tingir tua palavra de vermelho" (AH 21), diz Ismênia, inquieta ao ver sua irmã transformar-se em um ser passional e "selvagem". É com toda razão que Hölderlin não traduz de maneira idiomática (e plana): "De que se trata? Algo te atormenta, é claro" (A 20), pois a interpelação de Ismênia expressa claramente o estado passional violento de Antígona: "[moça] selvagem" (AH 49) que põe sua vida em risco. As expressões de Ismênia evidenciam as nuanças cromáticas do temperamento heroico suspenso entre paixões sagradas e vis. A sensibilidade hölderliniana para as coisas concretas – sons e cores, locais e momentos do dia, odores e texturas, movimentos e posições – assinala correspondências que se ajustam progressivamente em configurações significantes. Ele estabelece uma continuidade de imagens e metáforas que ligam a ameaça "vermelha" – isto é, selvagem, passional e intempestiva – do prólogo (*kalkhaínous épos*) ao transe ébrio e báquico (*purphóros, bakchikós*) dos irmãos no primeiro canto coral e à memória de Édipo, evocada pelo Coro como tão "cru" e "intempestivo" quanto sua filha (AH 489 e 966-967).

A guerra fratricida será descrita, ao longo da *parodos*, como um movimento mais que violento – selvagem, delirante, arrasador como a tempestade "púrpura" ou "ébrio de amor", "possuído-delirante", "báquico"; o excesso selvagem dos guerreiros "ávidos de sangue" torna-se visível no "brilho das grandes línguas". Esse brilho evoca tanto a desmedida normal de uma linguagem arrogante, quanto a violência concretamente "vermelha de sangue" da "goela de sete portas" (Tebas), a língua e as mandíbulas da progenitura dessa cidade devoradora. Unidos em excesso, eles se rejeitam, se amam odiando-se, e seus

---

8 Cf. H. de Campos, A Palavra Vermelha de Hölderlin, *A Arte no Horizonte do Provável*.

PRIMEIRO ATO

encontros vertem no dilaceramento mútuo. Esse modo de ser dos filhos de Édipo inscreve-se perfeitamente na tara "crua" e "intempestiva" do pai – herói maravilhoso e terrível que reergueu e perdeu novamente sua própria cidade e sua própria linhagem.

Hölderlin realça, na conversa entre irmãs, as oscilações ternas e hostis, tornando palpável a duplicidade infeliz da cidade de Tebas e de sua linhagem real. Ambas são minadas por um "estrangeiro de dentro", por uma dimensão obscura que, simultaneamente, une e divide, apazigua e torna selvagem. Ela está à mercê de seu deus protetor, o ambíguo e estranho Dioniso, que pode curar e reerguer tanto quanto empurrar ao delírio, ao dilaceramento e ao caos. A riqueza das nuanças que Hölderlin imprime a esse primeiro diálogo – sempre, de novo, delicado e feroz, terno e selvagem, sutil e brutal – suspende a ação de Antígona numa zona de ambiguidade muito claramente circunscrita. Ela compreende mais do que ninguém as reservas de sua irmã e o perigo da "baixeza" que ameaça seu gesto piedoso. Por isso mesmo, ativa sua impulsividade para poder encarar os riscos de sua ação. Eis a fonte das estranhas inversões dos seus sentimentos em relação à irmã, das reviravoltas momentâneas da amizade/comunidade em ódio e divisão. Antígona recusa os raciocínios sinuosos que Ismênia expõe – não porque não poderia compreendê-los, mas porque ela parece tê-los (pre)visto todos. Se ela se permitisse raciocinar desse modo, mergulharia infalivelmente na indecisão, na fragilidade de corpo e espírito que torna indeciso o Coro. Ela joga na ação corpo, alma e mente, repudiando a prudência de Ismênia quando diz:

> Fique quieta/secreta! Então poderei estar com [contigo e o morto].
> (AH 87)[9]

Essa prudência é odiosa para a heroína, cuja ação é sustentável somente graças a um esforço incomum, *excessivo* (no melhor dos sentidos). A irritação é perfeitamente compreensível no âmbito heroico. Antígona põe em risco sua vida para resgatar a honra de sua estirpe, ao passo que Ismênia sente vergonha pelos miasmas dos seus antepassados e se entrega, dócil,

9 Na tradução de Mazon: "Oculte [teu projeto] na sombra; eu te ajudarei."

12   ANTÍGONA, INTRIGA E ENIGMA

à lei do usurpador. Antígona diz "sim" para a morte e ameaça Ismênia com seu ódio[10]. Mas apenas para que Ismênia não se dessolidarize inteiramente da família. A heroína precisa que seu ato seja reconhecido como glorioso no mundo dos vivos e proíbe Ismênia de estigmatizar sua ação como "inconveniente" (AH 92 e 94): "eu te odiarei e o morto também te odiará, com razão" (AH 95-96)[11]. Hölderlin desenha com grande precisão a aposta da ação trágica nas suas relações complexas com o indivíduo e o Estado, a família e a cidade.

A GUERRA DE TEBAS À LUZ DO SOL

> *Rhythm. – I believe in an "absolute rhythm",*
> *a rhythm, that is, in poetry which corresponds*
> *exactly to the emotion or shade of emotion to be*
> *expressed. A man's rhythm must be interpretative,*
> *it will be, therefore, in the end, his own,*
> *uncounterfeiting, uncounterfeitable.*
>
> EZRA POUND, *Credo*[12]

O hino de entrada é entendido pela maioria dos leitores como um canto de vitória. Da vitória de Etéocles sobre Polinices, de Tebas sobre seus agressores de Argos. Mas na leitura de Hölderlin, os sentimentos do Coro (e dos demais protagonistas) são muito mais complexos. O poeta detecta, na ordenação rítmica de seu canto, um complicado rendilhado de emoções e raciocínios, que transformam inteiramente a interpretação convencional da primeira ode, ao mesmo tempo que confere

---

10 Trata-se de uma sugestão de J. Lacan (*Le Séminaire* VII: *L'Éthique dans la psychanalyse*, trad. bras., p. 396). Na n. 7, Lacan afirma: "Antígona disse tudo com esta palavra de ódio, que ela prefere de longe ao amor (v. 523, *symphileîn*)." A visão é endossada por N. Loraux, na sua Introdução a Sophocle, *Antigone*, p. VII-XIV, e no posfácio, La Main d'Antigone, p. 105-143.

11 Sobre linha de demarcação entre a vida ordinária e o excesso heroico, que exclui o herói da cidade, mas lhe dá uma outra vida na memória da comunidade, ver a morte de Aquiles analisada por Vernant, *Mythe et pensée chez les Grecs*, v. II, p. 70 s.

12 Ritmo. – Acredito num "ritmo absoluto", quero dizer, num ritmo que na poesia corresponde exatamente à emoção ou nuança de emoção que deve ser expressada. O ritmo de um homem deve ser interpretativo, e, assim, será o que esse homem é, sem disfarce e inimitável. (Tradução nossa.)

ao Coro e ao seu canto um papel dramático. Vejamos sua função de transição do Prólogo ao primeiro episódio (a entrada de Creonte anunciando seu plano de governo).

Antes do raiar do dia, Antígona já estava a par dos planos de Creonte. Com *élan* incomum, ela aproveitou o silêncio da madrugada para discutir o decreto com Ismênia. Os notáveis de Tebas, ao contrário, ainda nada sabem da proibição do enterro quando o sol levanta, e saúdam a divindade solar, dando voz à esperança de que a morte dos irmãos traga a paz para a cidade. Eles estão aliviados, é claro, de terem escapado de saque e incêndio, e procuram atenuar as conotações inquietantes do fratricídio. É claro que a matança entre parentes próximos é normalmente vista como um miasma assombroso – assombroso o suficiente para lançar em desabalada fuga o exército argivo – e, por isso, não faltam acentos de certa inquietude no canto dos anciãos. Em primeiro lugar, entretanto, eles cuidam para não acirrar as angústias de seus ouvintes, e terminam seu canto com conselhos piedosos, recomendando ritos para todos os deuses tebanos. Pouco suspeitam que Creonte, o general no comando, irá contrariar esses esforços de conciliação. Não é insignificante, portanto, que Hölderlin reúna esse ir-e-vir das opiniões no "primeiro ato" de sua tradução: o prólogo com as visões das irmãs, o primeiro hino com a visão do Coro (que vê a morte dos irmãos como benéfica), o discurso de Creonte (que contraria a visão do Coro), e seu diálogo com o guarda, no qual chama atenção que o rigor do general com a própria lei tem uma tendência estranha e unilateral. Hölderlin estende a ideia da ordenação rítmica dos microelementos (sons, sílabas, palavras) aos elementos mais complexos: às frases, às sequências de frases e aos pensamentos veiculados por esses elementos. Sua teoria do ritmo alerta que não é indiferente como lemos as sequências sucessivas e como concatenamos os pensamentos que essas sequências contêm. Há inúmeras possibilidades de ver e compreender as tensões, os contrastes e analogias *entre* as partes isoladas. Voltemos ao hino de entrada com essa ideia em mente.

O Coro entra, saúda o sol no horizonte, e assume o ponto de vista do olho solar, reivindicando o privilégio de uma perspectiva onisciente e certeira. Hölderlin traduz o termo grego que significa "pálpebra do dia" com o termo *Augenblick* (instante ou

14 ANTÍGONA, INTRIGA E ENIGMA

visão instantânea) – um termo que associa a ideia do momento especial com a do olhar do sol. Sófocles retoma o motivo mítico da guerra de Tebas, um tema bem conhecido desde os *Sete Contra Tebas,* de Ésquilo[13]. Lançando mão das ambiguidades de seu predecessor, ele intensifica os paradoxos, conferindo, a cada verso aparentemente simples, várias camadas de sentido. O enredo do hino torna-se bem mais complexo do que o relato da derrota da águia (Polinices) pelo dragão (Etéocles).

Já na estranha sintaxe que introduz o motivo da guerra dos irmãos, o poeta alemão aproveita todas as instabilidades do texto grego, que borra a nítida oposição entre o agressor argivo e as vítimas tebanas. Muitos filólogos anteriores e posteriores a Hölderlin evitaram essa nebulosidade, mas Hölderlin estende o mesmo véu sobre quem é quem: o pronome anônimo "ele" refere-se tanto aos guerreiros vindo de Argos, como aos tebanos. Assim, "ele" é tanto a águia Polinices, com as hostes aliadas que atacam de fora e de cima, como também o dragão, que representa a cidade de Tebas. O *enjambement* de um verso transforma o bico da águia, prestes a desferir o golpe mortal, em goela de dragão: a "mandíbula de sete portas" do dragão tebano. Os editores de Hölderlin consideram essa tradução como um erro por parte do poeta alemão. Mas, olhando com mais vagar, tudo isso parece ser intencional e justificado pelas sugestões do original. Ele usa o pronome pessoal deliberadamente para conferir a impressão de que os dois irmãos são um mesmo monstro híbrido. A águia de Polinices e a serpente de Etéocles confundem-se num dragão alado que se devora a si mesmo num rito religioso que aproxima o fratricídio da violência redentora dos homens de bronze no mito das cinco idades de Hesíodo[14].

Estaria Hölderlin interpretando o hino de modo excessivo, exagerando os detalhes selvagens? Muitos pensaram que sim. Mas eles não levaram em consideração a profunda familiaridade de Hölderlin com a cultura grega clássica. O público grego culto sem dúvida sentia as referências intertextuais ao drama

---

13 Cf. B. Mezzadri, Étéocle pris au piège du cercle, *Les Tragiques grecs, Revue Europe*, p. 235-241.
14 Sobre a o mito dos "homens de bronze", cf. J.-P Vernant, op. cit., v. II, p. 27. Sobre a guerra dos gigantes, cf. F. Vian, *Les Origines de Thèbes*, p. 1-16.

esquiliano e aos mitos da selvageria originária que antecedem Ésquilo e Sófocles. Além disso, Sófocles podia confiar ao seu texto escrito uma série de alusões que a simples audição talvez não teria captado; pois as tragédias da época clássica são as primeiras obras que foram também lidas e não só representadas no teatro. Assim sendo, Sófocles podia fazer um uso mais refinado dos paradoxos já presentes em Ésquilo, tornar mais densas as referências a Hesíodo, aprofundando sua significação e tornando-os ainda mais fascinantes e labirínticos. Ésquilo ressaltou, na luta dos irmãos, a ameaça do sacrilégio e a esperança de salvação. O Coro de Sófocles reutiliza esse motivo da transgressão assombrosa: seu Coro aposta que a morte dos irmãos representa um sacrifício expiatório – sub ou sobre-humano. A voz da autoridade e da experiência declara que os dois irmãos liberaram a cidade da loucura titânica que eles mesmos encarnam.

Hölderlin percebe claramente essas alusões do original. Ele vê o canto como a exaltação de um sacrifício dionisíaco que abole as identidades sociais distintas (diferenças entre categorias sociais, entre cidadãos e estranhos, entre governantes e governados). Leva às derradeiras consequências a indeterminação natural. Sua tradução procura reproduzir os detalhes formais do grego – o movimento delirante, o ritmo acelerado – que expressam o modo de ser desse deus e dos seus adeptos. O que reina no entusiasmo lírico do hino é a lógica dos mitos de Dioniso, cujo poder torna iguais todos os seres, unindo-os num mesmo cosmos.

A "lógica poética" de Hölderlin opera em três níveis: primeiro, em vez de nomear os irmãos, usa os pronomes pessoais ("ele", "este" – pronomes que, na tradução, desaparecem nas formas verbais); assim, confunde as identidades e dissolve a oposição nítida, evocando um guerreiro anônimo, que remete à categoria funcional do guerreiro, dos homens de bronze. Segundo, evoca o contexto báquico que falta em quase todas as traduções ainda hoje: na terceira estrofe, o guerreiro tomba e morre num estado de delírio que confunde e igualiza os irmãos sob o signo do deus Baco. Por último, ele diferencia os "sete" príncipes – os líderes plenamente humanos que irão governar Tebas após a guerra – da estranha natureza (sub e sobre-humana) dos dois irmãos. Esses últimos pertencem a

16 ANTÍGONA, INTRIGA E ENIGMA

uma categoria à parte, não mais propriamente humana, pois morreram na fusão delirante de um autossacrifício que consagrou sua transgressão violenta. Eis o párodo (com as alterações hölderlinianas em destaque):

HÖLDERLIN/SÓFOCLES: HINO AO SOL
(trad. Lawrence Flores Pereira)

> Raio solar, lume mais belo
> que jamais luziu sobre
> Tebas das Sete Portas,
> Luziste, enfim, ó cílios
> Do dourado dia, vindo por
> Sobre as águas do Dirce,
> Sobre o homem que apeou armado,
> O argivo do branco escudo,
> O prófugo em disparada
> Por ti coa aguda brida fustigado;
> *Ele* que, lançado por Polinices, após
> Dúbias contendas, contra nossas plagas,
> Qual águia guinchando
> Estrídula para terra, revoou
> Envolto em asa de alva neve,
> Com aprestos vários de guerra
> E crinas vibrando nos cascos. (100-116)

> E ao *pairar* sobre os tetos, [*stas* zum stehen kommen]
> Com lanças sanguinárias, a *goela*
> *Em volta se abrindo* das Sete Portas,
> Partiu, antes que as mandíbulas
> Com nosso sangue se encharcassem
> E com as tochas de Hefesto
> A coroa das torres se tomasse.
> E em torno ao dorso propagou-se *o estrondo*
> *De Ares ao inimigo, uma barreira*
> *Erguendo ao dragão.* (117-126)

> Mas cambaleia e cai no solo – *embriagado*
> *De amor*, aquele que, com hostes enfurecidas
> Vinha *báquico bufando*
> No verter dos ventos nefastos.
> Mas sua cota foi outra,
> E aos outros outra cota concede o *espírito da batalha*,
> Pois Zeus detesta as pompas da língua
> Grandíloqua, e quando os vê

Chegando no vagalhão sublime,
Soberbos retinindo de ouro,
Com raio os precipita, já no topo
Das torres
Prontos a gritar vitória. (127-133)

Sete chefes frente às sete portas,
Dispostos frente a frente deixaram
A Zeus afugentador um prêmio todo em bronze,
Salvo os dois malditos, que, gerados
Por mesmo pai e mesma mãe, ao erguerem
Contra si o dúbio poder das lanças, ganharam
Cada qual sua cota de uma morte em comum. (134-147)

Pois já que veio a tão renomada vitória,
Feliz com o júbilo de Tebas cheia de carros,
Após as batalhas
Recentes, que venha o esquecimento,
Vamos, com bailados noite adentro,
Até os templos dos deuses, e que Baco,
Abalando Tebas, nos preceda. (148-154)

O ritmo acelerado da versão hölderliniana vibra na primeira estrofe, que se precipita na antístrofe sem ponto nem parada. O Coro saúda o Sol e lhe atribui a vitória, vendo seus raios como a brida que domou o monstro destruidor, lançando-o na fuga. A palavra para brida (*oxyteró khalinói*) marca o fim da primeira frase. Hölderlin a torce de modo incomum. Na sua tradução, o Sol não é apenas um olho que vê o inimigo, mas o olhar do Sol se parece com uma força divina que retém o "guerreiro" como o cavaleiro domaria sua montaria. A divindade é apresentada como uma potência que decidiu subjugar a violência desmedida, ameaçando a cidade. E, de fato, a destruição que ameaçava Tebas não veio apenas do exterior, mas brotou de dentro da cidade, da discórdia entre os irmãos (e entre os seus ancestrais). Eis o que parece passar pela mente do Coro quando este se identifica com o olhar do Sol, interpretando a batalha da noite anterior através de um olho que tudo vê de um lugar privilegiado e isento.

Hölderlin continua sem ponto depois do primeiro período, sobrepondo um excesso de informação numa única frase de vinte linhas. Outras traduções quebram esse conteúdo em frases mais curtas. Essas versões são mais claras e fáceis de ler. Mas Hölderlin nos dá algo melhor que facilidade e clareza. À medida que suas imagens desabam sobre nós em cascatas de metáforas e metonímias paratáticas, o ritmo do canto coloca o ouvinte numa espécie de transe. É uma sensação extraordinária. A versão hölderliniana difere de modo surpreendente das traduções dos grandes filólogos, sua atmosfera consegue nos lançar para além de nós mesmos e para além do consenso que vê nesse hino nada além de um canto comemorativo da vitória do bem sobre o mal: Etéocles e o dragão, emblema da cidade, teria derrotado Polinices, a águia vinda de fora? Não – graças a Hölderlin, começamos a sentir (mais que entender) as obscuras sugestões do pensamento mítico. O poeta reativa uma tradição oral que fala, desde antes de Homero e Hesíodo, de coisas inquietantes e estranhas que acontecem nas famílias e na comunidade, e que põem em perigo o governo do Estado.

É preciso ver com mais vagar as sugestões e os ardis poéticos do texto grego que Hölderlin captou e que seus contemporâneos (e os nossos) preferiram ignorar. Ele percebe que a visão do Coro no hino de entrada contradiz a visão de Creonte no diálogo seguinte. Além disto, o canto oferece uma visão otimista, que contrasta de modo extremo com o desespero do êxodo no final da peça: a tragédia passa do júbilo da vitória para a angústia da morte iminente. No início, os anciãos de Tebas fazem um vigoroso e bem-sucedido esforço de superar o medo das catástrofes tebanas. Suas palavras inspiram a esperança de que os miasmas legados pelas gerações anteriores foram – *in extremis* – purificados. Vejamos os ardis retóricos que sustentam esse otimismo.

Ao borrar a visão polarizada, Hölderlin ressalta o ponto de vista sobre-humano – o Coro vê a guerra e o fratricídio, tão assustador para os familiares e os cidadãos, como se estivesse observando sob o ponto de vista do Sol: o cosmos e as criaturas são contemplados com a frieza distanciada dos imortais, que não julgam de acordo com critérios humanos. O momento que decide a sorte dos efêmeros é efêmero como o instante (*Augenblick*) do olhar do sol. O termo *Augenblick* (escolhido por Hölderlin no verso 102) evoca essa intervenção fatal do olhar solar dos imortais que fulgura ou salva os mortais – muitas vezes sem explicações morais humanamente compreensíveis.

O público ateniense sem dúvida sentia e entendia de imediato as ressonâncias míticas que vinculam esse hino não só às construções poéticas de Ésquilo, mas também aos mitos mais antigos, dos homens de bronze da *Teogonia* de Hesíodo, com o motivo da inexorável desmedida dos "nascidos da Terra" (*gêgeneís*) e dos "semeados" (*spartoí*). É importante notar as metáforas do cocheiro divino: o Sol parece ter segurado a brida dos guerreiros monstruosos, guiando, segundo o seu bem querer, águias, corcéis e dragões. A força dessas imagens confere ao relato da Guerra de Tebas a aura de um combate mítico divino – os irmãos labdácidas recebem o estatuto (sub-humano) de titãs ou homens de bronze, cujo brilho mágico evoca forças dos deuses e *daímones*: *khalkeos* é o termo com o qual Ismênia ressaltava que as palavras de Antígona tinham a força monstruosa do mar antes da tempestade; essa imagem retorna agora com a evocação da beleza assombrosa dos invencíveis homens de bronze. Na *Teogonia* de Hesíodo, essa potência "brilha como a constelação de estrelas no céu invernal"[15]. Os mitos recontam, das mais diversas maneiras, que esses monstros (e seus descendentes "semeados" ou "nascidos da terra") possuem um ímpeto desmedido e invencível. A ruína que sua *hybris* causa para os homens não pode ser eliminada, a não ser pelo combate suicida deles mesmos. É esse fratri-suicídio que é apresentado como o ritual que teve lugar na batalha do dia anterior.

Jean-Pierre Vernant submeteu o mito de Hesíodo a uma análise estrutural que explica a lógica do relato das cinco idades – de Ouro e Prata, às Idades de Bronze e dos Heróis, e à Idade de Ferro. O mito não conta uma sucessão linear do melhor para o pior, mas histórias de tensão e equilíbrio entre forças de ordem e desordem, de caos inovador e de estabilização hierárquica que mantêm a harmonia do cosmos. Nessa lógica, a desmedida monstruosa dos homens de bronze não é apenas um mal – dela brotam também os heróis. Já na *Teogonia*, não são os deuses olímpicos sozinhos que vencem os Titãs das entranhas da Terra. Sua arrogância estava prestes a esmagar os olímpicos – eles empilharam montanhas sobre montanhas para precipitar Zeus do seu trono. Apenas a ajuda de um dos

---

15 Hesiod, *Theogony*, v. 713-735; cf. a análise de J.-P Vernant, op. cit., v. I, p. 25.

20 ANTÍGONA, INTRIGA E ENIGMA

Titãs, o ardiloso Prometeu, permite escapar ao caos e instaurar a ordem do Olimpo. É Prometeu, como aliado-antagonista de Zeus, quem instaura a humanidade no seu espaço e numa relação de diferença e tensão para com os deuses.

Hölderlin estava tão à vontade na poesia e nos mitos gregos que viu claramente as alusões do primeiro hino ao mito do retorno da Idade de Ouro. Essa história mítica conta, em inúmeras variações, que o caos e a selvageria dos homens de bronze pode ser contido somente de dentro. Monstros heroicos precisam assumir o impulso ordenador que é fundamentalmente estranho à sua natureza selvagem. Eis o que acontece na segunda estrofe do hino de Sófocles.

SEGUNDA ESTROFE: AGRESSOR E AGREDIDO SE SACRIFICAM PARA O BEM DE TEBAS

Recuperando essa lógica mítica, Hölderlin apoia-se em estranhezas sugestivas do texto grego; ele as verte tal qual, constrangendo o pensamento convencional pela falta de dicotomias nítidas e oposições excludentes.

> E ao *pairar* sobre os tetos, [*stas* zum stehen kommen]
> Com lanças sanguinárias, a *goela*
> *Em volta se abrindo* das Sete Portas,
> Partiu, antes que as mandíbulas
> Com nosso sangue se encharcassem
> E com as tochas de Hefesto
> A coroa das torres se tomasse.

O verso A 116 começa com a imagem de um monstro que está prestes a desferir um lance fatal: "*Und über Palästen stand er...*" traduz Hölderlin, mas esse "ele" (er) não é apenas a águia Polinices que paira acima, abrindo o bico dilacerante. O anel de "lanças em volta" pertence, na estranha construção sintática do grego e da tradução hölderliniana, não só à águia, mas também ao dragão tebano. Além disso, a lança é o emblema de todas as famílias nobres de Tebas: feita de bronze e freixo, ela simboliza o vigor monstruoso dos *spartoí*, *gêgeneís* e dos homens de bronze. Um mesmo anel de lanças, mandíbulas, bicos dilacerantes mantém unidos os irmãos: a águia, "ao *pairar* sobre os tetos, mostrou-escancarou,... a *goela do dragão / Em volta se abrindo* das Sete Portas" (AH 117s.). O poeta alemão traduz o verbo grego "escancarando ao redor" (*amphikánon k´ykloi*) com o termo aparentemente incorreto *weisen* (mostrar, apontar). Mas, no uso alemão, esse verbo é muito maleável, permitindo usos transitivos e reflexivos que se revelam ideais para verter as sugestões do texto grego. *Weisen* pode significar mostrar-apontar um objeto ou uma ideia (*den Weg weisen, auf einen anderen hinweisen*); num primeiro momento, Polinices aponta para Etéocles. Mas, numa construção reflexiva (*sich ausweisen*), esse termo significa também mostrar-se, identificar-se, revelar-se. Na segunda estrofe do párodo, o verbo *weisen* (mostrar os dentes-escancarando a goela) ajuda a captar o movimento reversível de ataque-defesa que une e iguala Polinices e Etéocles:

Phonaisin   *amphikánon k´ykloi logkhais*   *heptápulon stóma*
Sanguinário   mostrando-escancarando lanças em volta   da goela de Sete Portas

A força destruidora de Polinices acima de Tebas é igual à de seu irmão – seu potencial sanguinário ameaça a sobrevida da cidade ordenada. Não há como salvá-la, a não ser através da mútua destruição, pela autodevoração da linhagem. Os irmão labdácidas são *spartoí* – monstros híbridos (águia, dragão, cavalos, centauros...) que se sacrificam um ao outro e a si mesmos. Cumprindo a longínqua promessa do mito de Hesíodo, sua mútua eliminação promete o fim do caos e o recomeço de uma nova idade de ouro.

A versão de Hölderlin é ousada e de modo algum aceita pela filologia até hoje. Até mesmo seu editor, Friedrich Beissner, nota que o poeta "introduz uma significação ambígua" na sua tradução devido a uma leitura errônea do verbo grego *amphikáno*[16]. "Mostrar" seria um termo errado para "escancarar", explica Beissner, pois "Polinices não mostra para a cidade ameaçada uma goela de sete portas, mas ameaça as sete portas da cidade, ao escancarar o bico"[17].

---

16   Cf. o verbete em H.G. Liddell; R. Scott, *Greek-English Lexicon;* F. Beissner, *Hölderlins Übersetzungen aus dem Griechischen*, n. 7. Cf., no mesmo sentido, o comentário sobre os versos 119-121 na edição de Stuttgart, StA, v. 5, p. 487.
17   Beissner (StA, v. 5, p. 487) opõe a versão de Hölderlin ao texto de Sófocles, cuja "ordenação lógica irreprochável" seria perturbada pelas relações errôneas▸

A crítica dos grandes conhecedores de Hölderlin e de Sófocles é notável, porque mostra quão decisivo é o consenso filológico engendrado ao longo de séculos de estabelecimento do texto. O tradutor alemão inova porque ousa abrir mão do correto em nome do sugestivo. Revela as insinuações que surgem no arranjo poético dos versos – metro, ritmo, *enjambement*, estrofes e posição do hino entre os diálogos. Todos esses detalhes têm um impacto sobre o sentido da sintaxe, evocando (bem mais que a frase fria) os pendores sanguinários que repousam nas fundações de toda cidade e que se reencarnam nos descendentes das linhagens mais ilustres.

O leitor moderno tende a esquecer o que estava ainda bem presente para os espectadores que viram as peças de Ésquilo (em particular, *Sete Contra Tebas*) e para leitores como Aristóteles: o fato de que Tebas foi fundada graças à aliança de seres humanos com monstros. Sua prosperidade é a dádiva de forças obscuras – Cadmo matou o dragão de Ares e semeou os dentes na Terra mãe. Os filhos de Cadmo casaram com os *spartoí* – os brotos sanguinários dessa semeadura e suas linhagens carregam para sempre o estigma dos dentes ávidos de sangue (*phonaisin*) do Dragão mítico. Suas lanças e armaduras de bronze pertencem, desde Hesíodo, aos emblemas da categoria mítica de "homens" não totalmente humanos, cuja potência ora salva, ora causa a perdição da cidade. Tebas carrega as marcas da mandíbula do Dragão, afinal, eles descendem de monstros que nada sabem da ordem patriarcal (nascidos que são da única Mãe Terra), nem do governo humano que impõe limites à força guerreira destruidora.

Para Aristóteles, esse horizonte mítico estava ainda tão presente e familiar que ele menciona, *en passant*, a marca distintiva das lanças tatuadas nos corpos dos descendentes tebanos dos *spartoí*, como exemplos de "signos de reconhecimento"[18]. Em momentos de perigo, as famílias nobres são obrigadas a sacrificar um membro destacado para apaziguar a ira do Dragão – o mais recente desses episódios é o sacrifício de Meneceu, o filho

---

▷ introduzidas por Hölderlin. G. Steiner, *Les Antigones*, p. 67-74, comenta no mesmo sentido.

18 Aristóteles, *Poética*, 1454 b 19.

PRIMEIRO ATO

mais velho de Creonte, que salvou Tebas da destruição ao pre-
cipitar-se de suas muralhas na cova do Dragão.

Por isso, o hino afasta os irmãos da humanidade normal
(os "sete" chefes que sacrificam a Zeus as armas conquistadas), aproximando sua luta de uma *theomachia* sem a qual os
"sete" não teriam sobrevivido. Os deuses do Olimpo e os que
pertencem às profundezas da terra têm um papel muito ativo
nessa guerra. Hefesto, Ares, Zeus e Dioniso transformam o
combate numa espécie de rito, e a morte estranha dos irmãos
apresenta-se como um sacrifício humano[19]. Os deuses fazem
o milagre de conter a *hybris* de Tebas – eis a razão pela qual
Hölderlin rejeita a oposição convencional de Etéocles e Polinices, do dragão e da águia, do bem e do mal. Contraria a
leitura normal que pressupõe a ideia da vitória do dragão sobre
a águia, o que obriga filólogos a comentários como este: a luta
era "difícil para o inimigo do dragão" (na tradução de Elizabeth
Wyckoff, A 122), isto é, para Polinices, a águia. Nada disso em
Hölderlin. O poeta alemão segue sem explicações o original,
cuja sintaxe imita a cavalgada delirante dos deuses e *daímones*.
Ares e Hefesto parecem cavalgar o próprio monstro da guerra,
possuindo e subjugando ambos irmãos cuja luta desmedida
ameaça a cidade civilizada.

Hölderlin capta uma sugestão do texto grego que amplia
a significação do "dragão" para além do monstro emblemático de Tebas. A batalha que Ares e Hefesto tramam contra ele
acrescenta conotações promíscuas à batalha na qual o monstro
tebano está engajado. Os aliados de Zeus não apenas comba-
tem o dragão, mas parecem envolvê-lo de modo quase sensual:

> E em torno ao dorso propagou-se *o estrondo*
> *De Ares ao inimigo, uma barreira*
> *Erguendo ao dragão.*
> (AH 124-126, A 123-125)[20]

Ares insinua-se na loucura da batalha com um gesto sensual
que colore o estrondo da guerra com as ambíguas tonalidades de

---

19 Cf. o comentário na edição de P. Mazon, *Antigone*, p. 126, n. 1.
20 A tradução de H.D.F Kitto, A 124-126: "Terrible clangor of arms repelled him,/
Driving him back, for hard it is / To strive with the sons of a Dragon."

24 ANTÍGONA, INTRIGA E ENIGMA

amor-e-ódio. Essa perversa associação dos contrários extremos lembra a loucura dos *spartoí*, que brotavam da mesma terra, unidos no pendor incestuoso e autofágico da destruição mútua e reflexiva. Esse pendor vinha se repetindo entre os descendentes desses monstros – começando pela endogenia dos labdácidas e terminando no fratri-suicídio de Polinices e Etéocles na noite anterior ao início da peça. A palavra alemã *Getümmel* capta não só o "estrondo" guerreiro de Ares, mas também o excessivo e insinuante contato corporal que evoca uma cópula monstruosa ("em torno do dorso propagou-se o estrondo/de Ares[...]"). Possuídos por Ares e Hefesto, os irmão se abraçam e entrelaçam com *hybris* sanguinária – lançando contra o mesmo (contra si-mesmos e a própria família) sua potência destruidora: os deuses parecem dirigir o pendor endógeno dos irmão unidos pelo excesso de amor-e-ódio, as tendências simultaneamente homossexuais, incestuosas e autofágicas dentro da mesma família como um "obstáculo" que contém o Dragão, isto é, a monstruosa desmedida da violência erotizada dos homens de bronze.

É um detalhe significativo que a fórmula grega "*pátagos Áreos, antipálo / dyskheíroma drákontos*" e a tradução correspondente de Hölderlin enfatizem o fato de que Ares e Hefesto intervêm como obstáculo, inibindo o dragão – ao contrário da maioria das traduções que atribuem ao dragão (enquanto emblema de Tebas) o poder de obstaculizar e impedir a vitória da águia (Polinices). *Antipálo* significa "o que contrabalança em valor e grandeza" – o que Hölderlin entende da seguinte maneira: os deuses usaram a *hybris* dos irmãos-*spartoí* como potência capaz de equilibrar o pendor monstruoso e autodestruidor.

Assim, Sófocles e Hölderlin intensificam o jogo de reciprocidade das trocas simbólicas dentro da família que se pervertem em reflexividade (incesto e endocanibalismo). Em Ésquilo, Capaneu era o herói portador de tocha (*purphóros*) que entoava o canto de vitória no mesmo momento em que é fulgurado por Zeus. Era um príncipe do exército de Argos, um "outro" com linhagem e identidade distintas dos labdácidas e das demais famílias tebanas. Em Sófocles, no entanto, o uso indefinido dos pronomes confunde todos os guerreiros, de tal modo que a transição da segunda para a terceira estrofe não passa da temática "Capaneu" para uma outra temática (a

PRIMEIRO ATO

queda dos irmãos fratricidas), mas emenda a imagem da possessão-cópula de Ares e Hefesto com "o guerreiro" na segunda estrofe e a imagem da queda-morte dos irmãos unidos numa só coisa. Intensificando essa lógica subliminar, Hölderlin decidiu torcer o sentido do atributo emblemático do "porta-tocha" interpretando-o como "ardor erótico" atribuído aos irmãos unidos num abraço mortífero.

TERCEIRA ESTROFE: DO ENFRENTAMENTO MARCIAL À UNIÃO ERÓTICA E BÁQUICA

Intensificando o tom exaltado do primeiro coro, Hölderlin ressaltou a loucura sagrada que tomou conta dos irmãos, empurrando-os para um destino maravilhoso e terrível (*deinos*). Na visão dos anciãos, os irmãos merecem essa aura trágica elevada, porque seu sacrifício promete a purificação e o retorno de uma nova idade de ouro para Tebas.

Os deuses se uniram sob a égide de Zeus, desviando as banais contendas humanas para um delírio divino que pôs fim à desordem caótica do "Dragão" tebano. O próprio Zeus, cansado da arrogância, atiça o guerreiro para uma derradeira caça selvagem[21]. A terceira estrofe marca o fim do galope frenético, o colapso num êxtase embriagado como se os irmãos se unissem num *thíasos* báquico:

> Mas cambaleia e cai no solo – *embriagado*
> *De amor*, aquele que, com hostes enfurecidas
> Vinha *báquico bufando*
> No verter dos ventos nefastos. (AH 138-141)

Há, nesse canto coral, um movimento incessante que lembra certos estados oníricos ou patológicos nos quais um indivíduo sente concretamente a fusão de todas as coisas do cosmos. Hölderlin tinge a luta marcial cada vez mais com conotações eróticas e báquicas. Recorre às sugestões sonoras e rítmicas de alguns verbos para evocar a fúria sufocante do delírio. Assim, *tantalotheís* é vertido por *hinunter taumelnd* (cambaleia, literalmente:

21 Cf. H. Jeanmaire, *Dionysos: Histoire du culte de Bacchus*, p. 281.

tontear para baixo); evoca a pesada respiração das narinas do cavalo "báquico bufando" (*hinschnob bacchantisch*). E Hölderlin introduz, com um lance ousado, a conotação do fogo erótico que atiça essa furiosa folia. Traduz *purphóros mainoména ch'yn ormâi* por "*liebestrunken... mit rasender Schar*": "embriagado de amor ...com hostes enfurecidas."

O poeta alemão conhecia suficientemente o grego para saber que "embriagado de amor" é uma tradução errada de *purphóros*, "porta-tocha"[22] – ou pelo menos uma sobreinterpretação ousada. Ele pode ter alvejado um esquecimento de Capaneu que se destaca como porta-tocha na tragédia de Ésquilo, porém permanece quase invisível e esquecido na de Sófocles. E Hölderlin tem boas razões para essa opção. *Purphóros* pode, em certas circunstâncias, referir-se ao fogo de Eros – uma potência hiperpresente nos mitos tebanos e nas tragédias de Sófocles. Na interpretação hölderliniana, Sófocles parece ter torcido as imagens de Ésquilo, para estas se encaixarem melhor no novo contexto da *hybris* incestuosa e autofágica, colocando-as num contexto híbrido – erótico-báquico – que deve reabrir o horizonte de uma reconciliação: função essa que cumpriam os ritos dionisíacos e a comunidade do *thíasos* com o fim de aliviar as tensões da pólis clássica[23].

Já mencionamos o ensaio de Nicole Loraux sobre a gramática peculiar de Sófocles, que acentua, nessa tragédia, a transformação da reciprocidade em reflexividade autodestruidora. A autora salienta que essa "gramática para fins trágicos" ressalta o desmoronamento das diferenças, o colapso num mesmo termo de inimigos (*ekhtrói*) e de amigos (*phíloi*) que se manifesta na oscilação constante do amor que é ao mesmo tempo ódio. Essa radical precariedade é em Tebas "a

---

22 Cf. Beissner comenta, na edição Sta 5, p. 487: "Embriagado de amor: o termo grego é normalmente traduzido de modo literal como incandescente ou trazedor de fogo."

23 Sobre esse sistema de ritos oficiais e marginais, Gernet; Boulanger, *Le Génie grec dans la religion*, p. 122 s.; A.J. Festugière, *Études de religion Grecque*, p. 110-113; J.-P. Vernant, *Mythe et pensée chez les Grecs*,v. 1, p. 81 s.; M. Détienne, *Dionysos mis à mort*, p. 152 s. O *thíasos* redefine e equilibra os limites demasiadamente rígidos estabelecidos pelos ritos oficiais da pólis. No *thíasos*, indivíduos de diferentes estratos sociais podem se unir (até mesmo escravos e mulheres), simbolizando a reconciliação com o cosmos natural através da massa indiferenciada que eles formam.

modalidade essencial das relações de família"[24]. Eis a brecha pela qual Eros se insinua na hostilidade marcial. O Coro dirá mais tarde que ele suscita a "violência entre parentes" (*neíkos xýnaimon*). E embora o Coro neste verso fale do amor entre Hêmon e Antígona, Loraux observa que há um outro sentido possível: "é possivel que, para além da intenção explícita do Coro, as palavras sugiram a fronteira no mínimo nebulosa entre Eros e Neikos na linhagem reinante de Tebas[25]".

Quando Antígona menciona mais tarde as "núpcias perigosas" (, AH 900, A 898) de Polinices, o verso de Sófocles pode ser tanto uma referência ao casamento do labdácida com a filha de Adrastus, seu novo aliado em Argos, como também uma evocação às bodas de sangue dos irmãos – que expiam de modo sanguinário a tara fatal e liberam a cidade de seu destino funesto[26].

Tebas é o lugar onde os pendores eróticos (casamentos) e destruidores (guerras) se misturam. Amor e ódio basculam um no outro no delírio inspirado por deuses como Ares, Hefesto, Baco e Afrodite. Essa constelação cria uma distinção fundamental entre os dois irmãos labdácidas unidos na morte e os sete príncipes (não seis) que o Coro menciona como os guardiões das portas de Tebas. Etéocles pertence, para os anciãos, à mesma categoria que seu irmão Polinices (o duplo, categoria desumana à parte). Por isso, os príncipes que celebram o rito de sacrificar as armas conquistadas a Zeus Tropaion compõem o número perfeito "sete" dos homens aptos a honrar o divino auxílio que lançou na fuga o inimigo (AH 146 s. I 1144 s.). A categoria dos "dois" sacrificou a própria vida. O Coro insiste nessa distinção categórica quando justapõe a "cota" dos irmãos e "outra cota" dos sete príncipes:

> Mas sua cota foi outra,
> E aos outros outra cota concede o *espírito da batalha*,...
> (AH 142 s., I 140 s.)

---

24 Cf. N. Loraux, Introduction: La Main d'Antigone, em Sophocle, *Antigone*, p.122.

25 Ibidem, p. 123.

26 Ideias análogas encontram-se ainda em Platão, *Banquete,* 192 b e c: Hefesto realiza o desejo secreto de todos os seres que, no fundo, têm saudades da união fusional, da "morte em comum que une tudo e todos... lá em baixo, no Hades".

Cabe aos *spartoí* mais ilustres expiar as falhas que remontam à fundação de Tebas, aos casamentos dos filhos de Cadmo com os monstros semeados na terra. Eis a interpretação que os homens mais velhos de Tebas encontraram para o inominável sacrilégio dos irmãos. Por isso eles assumem o ponto de vista do Sol – uma perspectiva superior que explica o inexplicável. Hölderlin enfatiza nesse canto coral os traços, sem dúvida históricos, da nova religiosidade dionisíaca que se instalou em Atenas para aliviar a pressão do sistema ritual oficial. O dionisismo não é uma religião propriamente interiorizada, como o catolicismo nas suas versões místicas. Mesmo assim, os ritos extáticos cumprem a função de deslocar o foco das tensões oriundas da complexidade social e dos impasses de sua estratificação hierárquica, para encontrar harmonia (momentânea) na "dissolução e recomposição das categorias sociais [...] que os mais eminentes homens gregos consideravam como a principal contribuição de Dioniso para a vida religiosa e social da pólis clássica"[27].

O Coro aposta nessa esperança e vê os irmãos como unidos num rito purificador. Mas Creonte, que agora entra em cena, tem outras ideias.

A PROCLAMAÇÃO DE CREONTE

Por mais que os anciãos esperem uma solução divina para Tebas, Creonte pensa na dura realidade política. Suas primeiras palavras rompem o maravilhamento sagrado que o Coro teceu em torno dos irmãos defuntos, unindo-os num destino comum que promete a felicidade de Tebas. Nada disso vale para Creonte. Ele vê Polinices como o irmão vil e maligno que atacou a cidade; Etéocles é honrado como o bom defensor. Creonte mostra vigor e decisão. Ele substituirá a ordem hereditária do trono por uma ordem baseada em méritos. Para os contemporâneos de Sófocles, esse tipo de gesto é tirânico, sim, porém não totalmente alheio às práticas que viabilizaram a constituição da pólis clássica. Creonte trará a paz para Tebas e porá fim à maldição, graças a uma nova família real: a sua.

27 Gernet; Boulanger, op. cit., n. 23, p. 110-113.

PRIMEIRO ATO

Ele sabe que caminha num solo movediço. A primeira parte de sua proclamação foca exclusivamente questões de legitimidade. Trata os anciãos com respeito extremo, convocando-os para uma audiência privada (*ek pánton díkha*, o que Hölderlin traduz: *aus dem Gesammten*, para além do vulgo AH 172, A 166). A proclamação começa por enaltecer a sustentação que esse colégio de cidadãos veneráveis costumava dar aos antigos líderes labdácidas. Lembra do apoio dado a Laio, "o detentor do poder e do trono", e a Édipo, o "homem que salvou a cidade, e depois a arruinou". E Creonte também homenageia os serviços prestados aos filhos de Édipo. Nada estranho até aqui. Creonte compreende que esses anciãos – que mais representam um Senado venerável do que velhotes decadentes – tiveram um papel decisivo para dar força e legitimidade aos líderes anteriores, e quer se certificar de que eles sustentarão também seu governo, sondando-os se aceitariam sua linhagem e pessoa numa posição mais relevante que a de um regente.

Avançando esse ponto, a introdução amena muda, de repente, para um assunto constrangedor. Depois do louvor cerimonioso que cabe à memória dos defuntos, Creonte fala da morte de Polinices e Etéocles com as palavras "vergonha" e "miasma". Os irmãos, ele diz, "se entre-suicidaram", "abatidos na poluição vergonhosa (*miásma*) das próprias mãos". A fórmula *plegentes autokheiri sun miásma ti* (A 172) recebe, na tradução de Hölderlin, uma interessante versão: *Geschlagen in eigenhändger Schande* (AH 179). Essa menção crua da poluição religiosa é uma dissonância um tanto forte para o momento solene. Dizer que os irmãos mergulharam a cidade na vergonha de um novo miasma equivale a uma denúncia: Creonte os declara indignos de elogios públicos e, talvez, até de um sepultamento oficial. Mas a nota falsa tem uma função tática nessa retórica adulatória. Ele mostra que ambos irmãos participaram do mesmo miasma que seus antepassados, sublinha que os labdácidas padecem de uma tara hereditária. E isso justificaria, para o bem público, que Creonte assumisse o trono não como regente, mas como rei e chefe de uma nova linhagem. Em outras palavras, ele procura convencer o Coro de que Tebas precisa de uma nova família real, impoluta – livre dos miasmas que Laio e Édipo legaram aos seus filhos.

Num mundo que acredita em deuses como forças e presenças concretas, a preocupação de Creonte com vergonha e miasma faz muito sentido. Não há nada de metafórico com o miasma de Laio e Édipo. A casa real tem de fato uma tara – coisas horrendas acontecem no seu palácio de geração em geração. E o mal se estende ao povo como um todo – a Esfinge devora ou encanta-enfeitiça os tebanos, a peste aniquila indiscriminadamente homens, animais e plantas, e a guerra civil ameaçou Tebas com a ruína total. Os problemas dos líderes, eis o argumento tácito de Creonte, têm, sim, repercussões nefastas para o povo. E os anciãos, por mais que seja louvável sua fidelidade aos labdácidas, não deveriam ignorar o mal endêmico que acompanha essa linhagem. Na visão de Creonte, o miasma *não* se extinguiu com a dupla morte dos irmãos – muito pelo contrário. A solução que tem em mente é uma nova dinastia, *sua* dinastia.

Ele procura ações práticas e símbolos concretos para a nova era. A primeira exemplificação dessa missão consiste em reintroduzir as distinções que os desmandos e incestos dos labdácidas aboliram. Eis a razão pela qual trata os irmãos de modo ambíguo. De um lado, como unidos pelo miasma, descrevendo-os como "inúteis". Num segundo momento, entretanto, ele os distingue segundo méritos objetivos: honra Etéocles como um guerreiro que caiu em defesa da Pátria, e demoniza Polinices como o bode expiatório, o inimigo público. O modo extremo de aviltamento que Creonte ordena para desonrar esse irmão ainda depois da morte, procura expiar a indistinção pela diferenciação, para reinstaurar valores e diferenças éticas. Mas o afã reativo na profanação desse corpo tem também a conotação de um ressentimento profundo contra Édipo e seus filhos. Trai um verdadeiro pavor dos labdácidas que, em breve, atingirá Antígona e Ismênia. Creonte procura predispor os anciãos contra a antiga família real.

A urgência do dever político – a missão de salvar a cidade da catástrofe – recebe um reforço dos afetos privados. Creonte está sob a dura obrigação da lei: não é por livre e espontânea vontade que aceitou o noivado de Antígona e Hêmon. O público grego sem dúvida sentia que esse regente se dobrou a contragosto à obrigação jurídica de casar seu filho com a filha mais velha de Édipo – o que significa que sua própria família se extinguirá.

Esse mesmo público também compreendia de imediato o dilema de Creonte. Ele considera sua própria família como impoluta, mas o casamento com a prima – quase irmã – enredaria seu derradeiro filho de novo num imbróglio fatal – num miasma que não é seu. O desgosto é compreensível – não existe pai que desejaria uma noiva fruto de incesto como nora! Ainda mais que Hêmon é a única esperança para a continuação de *sua própria* linhagem. Esse ressentimento explicaria, por si só, a irritação que Creonte sente pela linhagem maldita dos labdácidas. Além disso, Antígona é a filha de Jocasta com seu próprio filho – algo mais que uma prima de Hêmon, cujo grau de íntimo parentesco representa mais um risco de poluição religiosa.

São sombras profundas que a ruminação de Creonte vê no horizonte, perigos iminentes, e estes o forçam a tomar atitudes ousadas; atitudes que esse homem pacato normalmente não tomaria. Ele tramou uma solução: se conseguir assumir o trono e passá-lo para o seu filho sem as poluições dos labdácidas, Tebas se livrará da maldição! Assim, sua proclamação enevreda por uma retórica diametralmente oposta à dos anciãos no primeiro hino: o Coro recomendou a reverência piedosa diante do sacrifício sagrado dos irmãos; Creonte convence os anciãos de que o miasma ainda ronda a cidade, e eles aceitam as medidas drásticas para conjurar a maldição da casa de Édipo[28]. A profanação do cadáver de Polinices seria, segundo Creonte, a condição para o novo recomeço, e a base legal para desacreditar (senão eliminar) as últimas raízes dessa linhagem. Como aponta Winnington--Ingram, Creonte é rápido em tomar controle total da agenda política[29]. Sua primeira ordem cria as condições para tornar evidente a inadequação dos labdácidas como líderes, apresentando-se, ao mesmo tempo, como regente-rei cuja ação tem o brilho da ousadia heroica: o que o obriga a assumir o trono não é a volúpia do poder[30], mas a responsabilidade de cumprir uma missão. Até um certo ponto, ele pode legitimamente sentir-se na pele daquele embaixador ateniense na obra de Tucídides, que

---

28 Sobre a questão se Édipo pode ser considerado um rei ou um tirano (isto é, um conquistador do trono pelo mérito), ver B. Knox, op. cit., p. 91 e J.-P. Vernant *Mythe et Tragédie*, v. I, p. 183.

29 R.P. Winnington-Ingram, *Sophocles*, p. 125.

30 Ibidem, p. 170.

disse para os espartanos: "Não tomo o poder pela força. São os homens de Tebas que me encarregam do fardo da liderança."[31]

Creonte não é um mero déspota; não é por cinismo nem para satisfazer sua sede de poder que sacrifica sua sobrinha e seu filho. Não é preciso enquadrá-lo na fórmula (trivializada) de Hegel, que coloca Antígona como alegoria da piedade da família contra Creonte como razão do Estado. Pois o próprio filósofo salientou que ambos heróis perseguem seus alvos com sincera honestidade[32]. O Creonte de Sófocles e de Hölderlin não é um tirano caricato no sentido moderno da palavra, mas enfrenta o desafio daqueles líderes atenienses que, na história da Grécia clássica, tiveram de conquistar o poder com o valor e a valentia da própria ação[33]. Por um tempo, ele, o homem moderado, talvez médio, se consola com a ideia de que terá a fibra para assumir essa missão heroica, que sua estratégia será bem-sucedida – para o bem público de Tebas e para o de sua própria família. As razões que dá para justificar o rigor do decreto também fazem sentido. Numa cidade em que o incesto confundiu todas as distinções, onde a mãe é avó, o pai, irmão de seus filhos, os mais próximos parentes se tornam, além de "amigos" (*phíloi*), inimigos mortais. Por isso, o Coro concorda com o discurso de Creonte quando introduz, no lugar da veneração dos labdácidas, uma nova ética que distingue entre bons e maus (AH 195-198, A 186 s.), entre uns que favorecem a cidade e outros que a ameaçam de destruição (AH 205-214, A 198-210). Eis o novo critério que permitirá distinguir entre amigos e inimigos.

A medida é razoável, mas os termos do decreto têm um ardil suplementar, uma vantagem inestimável para o novo governante. Embora obrigue *todos* os tebanos a obedecer, atinge de modo particular dois membros da cidade: para as irmãs, o decreto é um golpe fatal, pois é inaceitável – uma falta religiosa gravíssima – deixar um parente insepulto. É bastante óbvio que a orgulhosa Antígona se sentiria na obrigação de desobedecer a fim de cumprir seu sagrado dever ritual. Esse ardil transforma a trama em

---

31 Tucídides, *História da Guerra do Peloponeso*, v. i, p. 75 s., e B. Knox, op. cit., p. 91 s.

32 G.F.W. Hegel, *Phänomenologie des Geistes*, 305 s., *Fenomenologia*, 288 s.

33 Para esse sentido positivo do termo *týrannos* na época clássica, ver B. Knox, op. cit., p. 87 s.

thriller de suspense hitchcockiano. Seria o pacato Creonte diabólico o suficiente para arquitetar *de propósito* essa armadilha? No decorrer da ação, afloram uma série de indicações que fortalecem certa suspeita nesse sentido: Creonte mostra, por exemplo, uma firme deliberação em acabar com "as últimas raízes" dos labdácidas – é escandalosa a rapidez com que condenará também Ismênia, embora nada prove sua participação no enterro proibido. Mas esse deslize, que choca o Coro profundamente, ocorre mais tarde. Por enquanto, a determinação firme de Creonte convenceu os anciãos da necessidade e da validade de suas medidas.

UM DIÁLOGO LONGO (DEMAIS)
ENTRE O REI E SEU GUARDA

A mais óbvia nota falsa no diálogo entre Creonte e o guarda é sua extensão, 180 linhas, antes e depois de uma breve interrupção do diálogo pelo Coro (AH 231-462, A 230-457). Além disso, há o tom da conversa: críticos frequentemente observaram que Creonte adota um tom de familiaridade que o rebaixa, o estilo elevado da fala monárquica se confunde com a linguagem do populacho subalterno. Gostaria de acrescentar a essa observação uma pergunta: por que um governante haveria de se rebaixar, em público, ao nível de um soldado comum? Isso ajudará a compreender melhor essa cena curiosa e importante.

A ação começa com a chegada do guarda, que traz a notícia de que alguém enterrou o corpo de Polinices em circunstâncias misteriosas. Antes de sua chegada, o guarda prevê que será preso, senão morto, por não ter impedido o sepultamento, e fica aliviado e surpreso quando Creonte não o acusa do crime. Em compensação, o acusa de prestar proteção cúmplice a outra pessoa. Mesmo assim, em vez de prendê-lo e torturá-lo (como era costume de lei no interrogatório de escravos), ele lhe oferece imunidade em troca de informações futuras e bastante incertas. Creonte é bem mais gentil para com o reles soldado do que com sua sobrinha Ismênia: manda prender a mais próxima parente e a condena por um crime que ela não cometeu, a despeito das provas de sua inocência. Enquanto isso, o guarda é liberado e a suspeita inicial é esquecida.

Uma série de sinais sugere que o guarda não é tão simplório quanto parece ser. Ele percebe, rapidamente, que a ira de Creonte pouco tem a ver com ele. Esperto, é o primeiro a se dar conta de que todo o diálogo visa, na verdade, uma personagem bem mais crucial – alguém capaz de reclamar a sucessão de Édipo – ou seja, Antígona ou Ismênia, ou ambas.

E ele tem razão. Em vez de torturá-lo ou matá-lo, Creonte lhe oferece um acordo: ajude a descobrir os culpados ou encare uma condenação por suborno e negligência. A tradução de Hölderlin confere a essa passagem os tons da linguagem de bandidos:

> *Da schaut ihr dann, woher man den Gewinn hohlt,*
> *Vermacht die Plünderung einander, und erfahrt,*
> *Dass alles nicht gemacht ist zum Erwerbe.*
> *Das weist du gut, durch schlimmen Vortheil sind*
> *Bergen mehrere, denn wohlbehalten.*

> Saibam onde buscar lucro – e aprendam de vez
> Que não convém querer tirar ganho de tudo.
> Verão que quase sempre o lucro escuso leva
> Os homens mais à ruína do que à segurança.
> (AH 326-330, A 311-314)

As insinuações de Creonte ("Saibam… e aprendam de vez…") parecem propor uma cumplicidade escusa. Não se trata de justiça; em vez disso, ele persegue um objetivo que não pode mencionar abertamente. E o guarda, surpreso por não ter sido detido ou acusado, ou até mesmo executado, parece adivinhar rapidamente a intenção secreta de Creonte, respondendo de forma ambígua:

> *Gibst du, was auszurichten, oder kehr ich so?*

> Mandas um recado, ou posso voltar assim [sem mais nem menos]?
> (AH 331, A 315)

A resposta de Creonte sugere que ele sabe que o guarda o compreendeu:

> *Weisst du, wie eine Quaal jezt ist in deinen Worten?*

> Sabes que tortura é tua fala agora?
> (AH 332, A 316)

O que leva o guarda à insolência:

PRIMEIRO ATO

Sticht es im Ohre, sticht' im Innern dir?

Dor onde, dor no ouvido ou dor no coração?
(AH 333, A 317)

Creonte deixa passar a insolência do guarda e responde
com dor sincera:

Was rechnest du, wo sich mein Kummer finde?

Mas quem és tu para saber da minha dor?
(AH 334, A 318)

Essa pergunta tem dois sentidos: "Quem és tu para saber
coisa alguma de meus problemas?" ou "O que podes saber
acerca de meus problemas?" Creonte parece pensar no destino que o encurralou. Há poucas chances para ele garantir
a felicidade de sua cidade e de seu filho. Mas o guarda não se
comove. Seguro agora da cumplicidade inesperada de Creonte,
começa a ironizar o homem poderoso:

Der Täter plagt den Sinn, die Ohren ich.

O culpado te fere a alma, eu, só os ouvidos.
(AH 335, A 319)

Observe-se que o substantivo empregado por Hölderlin,
"*Täter*", não transmite o julgamento moral de "culpado" em português. "*Täter*" (o actante) é um termo mais neutro e Creonte
percebe que o povo talvez admire a pessoa que sepultou Polinices, e que seu plano pode virar-se contra ele próprio. Ele
demora para sair desse momento de triste devaneio. Ao invés
de punir a insolência do guarda, ele geme sob o peso da perspicácia sombria do soldado:

O mir! welch furchtbarer Sprechart bist du geboren?

Ai de mim, para falas terríveis nasceste!
(AH 336, A 320)

Apenas quando o guarda vai longe demais –

So ist's, weil ich nicht in der Sache mit bin.

Assim é, pois nada tenho a ver com aquilo.
(AH 337, A 321)

– é que Creonte recupera sua presença de espírito e retoma suas ameaças contra o guarda:

> *Du bist's! um Geld verratend deine Seele!*
>
> Ah, tens sim! Tu vendeste a alma por dinheiro!
> (AH 338, A322)

Ele não diz: "És inocente, podes ir, mas tens agora a tarefa de procurar o culpado." Encontra uma fórmula ambígua que, de um lado, acusa o guarda de cumplicidade (o que obrigaria Creonte a condená-lo à morte), mas, de outro, o libera para que aja em seu interesse. É uma forma velada de chantagem. E assim termina o primeiro diálogo entre o governante e o guarda. De forma geral – e muito para sua própria surpresa – o guarda levou a melhor. Aliviado, ele constata que deve sua vida a confusões e interesses nas altas esferas.

O RETORNO DO GUARDA COM ANTÍGONA

Após o famoso "hino aos *deina*", o guarda retorna, aliviado. Meio cínico, meio sentimental, ele pondera a prisão de Antígona como um observador externo, mas, ao mesmo tempo, familiarizado com os acordos tácitos (e bandidos) das altas rodas. Na condição de criado que sabe da fraqueza de seu senhor, se dirige a Creonte de forma casual. A *nonchalence* com que aponta Antígona como autora do crime dá a entender que ele sabe *qual culpado* era esperado – o tio sabia desde o princípio que a sobrinha era a mais plausível das transgressoras:

> *Die hat den Mann begraben. Alles weist du.*
> Foi ela quem enterrou o homem. Sabes tudo.
> (AH 418, A 401)

Creonte habilmente desvia a conversa para se dar ares de investigador sério:

> *Weist du und sagst auch recht, was du geredet?*
>
> Sabes o que estás dizendo? Tudo isso é verdade?
> (AH 419, A 402)

PRIMEIRO ATO

Isso pode significar: "Sabes a quem estás acusando?" (ou seja, uma princesa) ou "Cuidado com tua língua insolente e não conta o que tu sabes" (ou seja, que eu estou determinado a apanhá-la). O guarda responde pela última vez de maneira ambígua, e então, percebendo que Creonte quer terminar logo com tudo isso, lhe dá o que ele quer:

> Begraben sah ich die den Toten, wo du es
> Verboten. Hinterbring ich klares, Deutlichs?

> Eu a vi sepultar o corpo que proibiste
> De enterrar. Está claro e límpido o bastante?
> (AH 420 S., A 403 S.)

Ele fala como se já estivesse acostumado à ideia de sua cumplicidade e indiferente à conclusão do caso. "Para que tudo isso? Por que tanta formalidade? Tu sabes que foi ela e eu sei que tu estás atrás dela. Nunca estás satisfeito?" Após essa última ponta de insolência, o guarda retoma a disciplina e faz uma declaração formal dos fatos.

O Coro, sem dúvida, se surpreendeu com esse discurso vigoroso; e surpreende-se mais ainda assistindo ao estranho diálogo com o guarda, que anuncia nas entrelinhas um plano, um ardil, uma caça às bruxas que os anciãos ainda não vislumbram claramente. Nesse estado de surpresa, entoam um novo hino – um hino menos triunfal que o primeiro, mas ainda um canto de esperança. Não sem razão, a ode *Pollá tà deiná* contempla o que há de maravilhoso-e-terrível no destino humano. Os anciãos parecem ruminar o decreto com um misto de admiração e temor, como se a ação iminente de Creonte lhes inspirasse um misto de otimismo e medo. O Coro sabe, no fundo, que se apoia em "esperanças voláteis" e errantes (*pol´yplanktos elpís* I 615):

> Vive a esperança, errando sem trégua,
> E a muitos homens traz amparo
> E embargo àqueles de alma vil...
> (AH 638 s.)

2. Segundo Ato

Hino *pollá tà deiná* / Há muitos assombros (A 332-375, AH 349-399)
Guarda-Creonte-Antígona (A 376-525, AH 400-546)
Ismênia-Creonte-Antígona (A 526-581, AH 547-603)

DAS "MARAVILHAS DO HOMEM"
AOS ARDIS FORMIDÁVEIS DA ARGUMENTAÇÃO

O segundo ato reúne o famoso hino às maravilhas do homem
(A 332-375, AH 349-399) e duas cenas: a primeira vai do retorno
do Guarda com sua prisioneira, Antígona, até o fim do diálogo
acalorado entre o general Creonte e sua sobrinha (A 376-530,
AH 400-546). A segunda cena é a continuação desse debate
indignado, agora na presença de Ismênia, que se declara soli-
dária com a irmã (A 531-581, AH 547-603). Como sempre nessa
tragédia, o canto do Coro está repleto de reflexões sobre os
planos das personagens e os possíveis reveses que as aguardam.

POLLÁ TÀ DEINÁ – O HINO DAS MARAVILHAS OU
DOS ASPECTOS INQUIETANTES DO HOMEM?

Os velhos de Tebas têm suas razões para olhar com olhos
temerosos a auspiciosa proposta do general. Por mais que a
retórica de Creonte possa ter parecido prometedora, seu trato
com o guarda não mostrou a firmeza, nem a dignidade de um
grande líder. E os anciãos viram, ao longo dos anos, o fracasso

de inúmeras tramas bem urdidas – as de Laio, Tirésias e Jocasta terminaram em terríveis impasses, culminando na ruína do reino de Édipo, o grande salvador. Depois dos mais recentes debacles, nada lhes resta a fazer, a não ser aguardar, refletir e ponderar. Eles procuram não tomar partido, apesar das simpatias por Antígona e pelos labdácidas. Consideraram o plano de Creonte com neutralidade impecável e aceitaram o decreto, embora tenham declinado da participação na execução (AH 219 e 224; A 211 e 216). Mas o hino que agora entoam é um misto de esperança e desespero; seus louvores das conquistas e invenções da humanidade deixam entrever as transgressões e os riscos desses progressos, e essas ponderações refletem algumas obscuras dúvidas a respeito do plano do regente. Na cena seguinte, quando o guarda sugere que os deuses possam ter sepultado Polinices, eles imediatamente concordam com essa piedosa superstição, e, inadvertidamente, contrariam Creonte com sua gratidão pelo sinal que favorece a honra dos labdácidas (AH 262 s., e 278 s.).

O hino às maravilhas do homem (primeiro *estasimon*) expressa todas essas esperanças, dúvidas e angústias. Como na tradução do primeiro hino, Hölderlin capta as sugestões dramáticas dessa complicada construção lírica e interpreta seus possíveis sentidos no todo da ação dramática. Ele imagina o clima reinante em Tebas, as superstições à flor da pele depois de tantos miasmas, e compreende a postura dos anciãos como um esforço para não atrapalhar o regente ou rei que assumiu o governo, mas ao mesmo tempo para manter intacto também seu velho apreço pelos labdácidas e a gratidão pela prosperidade que Édipo trouxe de volta ao livrar a cidade da Esfinge e da peste.

Todo esse contexto – a lembrança de tantos triunfos e ruínas – explica a intensa ambivalência de sua ruminação. Mas essa não era a visão do classicismo de Weimar, que via na pólis somente a razão, a medida e a beleza, fomentando uma crença otimista no processo civilizatório aflorando no primeiro plano desse canto coral. É bem possível que Hölderlin tenha sentido o prazer do iconoclasta quando traduziu essa tragédia, iluminando com nitidez o anticlímax do progresso: os avessos terríveis das "coisas formidáveis" e das conquistas maravilhosas

SEGUNDO ATO

da humanidade (*deina*). Hölderlin foi o primeiro a salientar a ambivalência do termo *deina* – coisas maravilhosas-e-terríveis – traduzindo-o com o adjetivo sugestivo *ungeheuer* (inquietante, potencialmente monstruoso). É sua segunda escolha, depois de experimentar com *gewaltig* (poderoso, violento, cruel), e ela salienta o lugar indeciso e perigoso que o homem ocupa no cosmos. Contrariando a fé dos seus contemporâneos no progresso, enfatiza o secreto desamparo do homem poderoso. Desafia o consenso ao ressaltar, nesse louvor da inteligência humana, sombras céticas, irônicas e pessimistas. É essa corajosa lucidez que Nietzsche elogiará na poesia grega e que Heidegger incorpora na sua tradução e no comentário desse hino:

O quanto o homem está pouco à vontade, atrapalhado e deslocado (*unheimisch*), revela-se na opinião que cultiva a seu próprio respeito como sendo aquele que inventou a linguagem e a compreensão, a capacidade de construir e de poetizar [...]

De que maneira poderia o homem jamais inventar aquilo que o carrega e o atravessa (*das ihn Durchwaltende*), aquilo precisamente a partir do que ele vem a ser? [...] A palavra *edidáxato*não significa "o homem inventou", mas que ele abandonou-se àquilo que o rodeia (*er fand sich in*) e, desse modo, adonou-se de si mesmo (*fand darin sich selbst*): a potência do assim ativo.[1]

Mas a tradução de Hölderlin vai muito além dessa ponderação geral em torno do motivo da fragilidade, do Ser e do destino humanos. Ele ressuscita seu potencial dramático *nessa tragédia*, ilumina não só os ardis bem-sucedidos do "homem ansioso para construir cidades", mas os truques e riscos de Creonte na situação atual. Os anciãos tebanos não tecem ideias filosóficas, mas refletem sobre os perigos iminentes – como se temessem que o general talvez tenha urdido um plano arriscado, com consequências imprevisíveis. Ao contemplar as "artes" e os ardis perigosos da humanidade – a navegação, a agricultura, a caça e doma dos animais, e, finalmente, a política, a arte de governar e pensar – os anciãos ruminam, apreensivos, que todas essas espertezas representam transgressões da ordem cósmica.

---

1   M. Heidegger, *Einführung in die Metaphysik*, p. 120. Recuperamos o jogo de palavras *er fand sich in- er fand sich selbst* (resignar-se – encontrar-se) com abandonar-se e adonar-se.

ANTÍGONA, INTRIGA E ENIGMA

Temendo a fragilidade de Creonte, se perguntam se esse plano não é ambicioso demais, se o general teria a fibra de um novo herói fundador ou se trará para Tebas mais desastre e ruína[2]. Pois o homem ardiloso pode torcer as leis da natureza a seu favor, mas a ousadia heroica pode também desencadear potências bem além de seu domínio[3].

TEMORES RONDAM O HOMEM "ASSOMBROSO" (*UNGEHEUER*)

Até hoje, a maioria das traduções verte *pollá tà deiná* como "há muitas maravilhas" neste mundo. Hölderlin escolheu o adjetivo *ungeheuer* – inquietante e fascinante, terrível e formidável – como o mais adequado para realçar o risco envolvido em todos os trabalhos civilizatórios. Afinal, Sófocles costuma torcer os motivos recorrentes dos seus antecessores, de Hesíodo a Ésquilo, injetando-lhes uma dose de ironia agridoce[4]. Afinal, Sófocles é um poeta trágico, não um panegirista. Se o homem aparece, na primeira estrofe, como o mestre da terra e do mar, de flora e fauna, na segunda, conquista a linguagem e o pensamento e funda a cidade; seus ardis acumulam insolências contra a Ordem das potências divinas da Natureza. Conquista "coisas maravilhosas-e-terríveis", *deina*: é necessário, no entender de Hölderlin, ressaltar a monstruosidade e a ameaçadora atmosfera demoníaca que ronda as realizações humanas. Pois o caçador não é um artesão inocente – é um sedutor diabólico que *bestrickt* sua presa: "prende por encantamento", pratica jogos ilegítimos, truques e magias preocupantes[5].

> E logra o povo dos voadores pássaros
> O homem destro em rastros, com redes
> Bem tramadas, e após emboscá-lo
> O caça,…
>
> (A 344, AH 360)

---

2   Cf. no mesmo sentido, C. Segal, *La Musique du sphinx*, p. 130.

3   A propósito do metadiscurso, cf. B. Böschenstein, *Frucht des Gewitters, Zu Hölderlins Dionysos als Gott der Revolution*, p. 40.

4   C. Segal, op. cit., p. 131, assinala um eco invertido das *Coéforas* de Ésquilo (v. 583-601): o esforço civilizatório revela-se audácia (*tolmá*) que perde a cidade.

5   B. Böschenstein, op. cit, p. 44, sobre o vocabulário de cordas, redes, armadilhas.

SEGUNDO ATO

Os gregos, sem dúvida, concordariam com essa visão; há inúmeros mitos que tematizam as prepotentes incursões humanas na ordem dos deuses, e as vinganças divinas que os homens sofrem mais cedo ou mais tarde.

Há críticos que acusam Hölderlin de ter exagerado na visão do hiato entre deuses e homens; dizem que os traços selvagens do poeta alemão[6] seriam inconciliáveis com o espírito desse Coro. Mas o próprio Sófocles descreve os animais como *agrión ethné*, "gentes selvagens das terras cruas e desertas". Diferentemente da nossa concepção amena e quase sentimental da fauna, os gregos confrontam o homem e o animal como ordens fundamentalmente alheias e hostis, cujo encontro é perigoso e imprevisível.

A segunda estrofe desenvolve o tema da condição "formidável" – *ungeheuer, deinótaton* – do homem. A versão de Hölderlin intensifica o frágil balanço entre o triunfo maravilhoso e a terrível ruina (os itálicos mostram as intervenções pioneiras do poeta alemão, que captou a dimensão inquietante e estranha do hino e da vida humana):

E a palavra e o pensamento alados
E o elã que governa a cidade
Aprendeu, e a fugir das borrascosas (AH 371, A 355)
Flechas e dos granizos
Dos inóspitos climas:
Pleno de tramas, preso nas tramas (AH 375 s., A 360)
Nada está por vir. Só não sabe
Fugir ao sítio dos mortos,
Ou ruminar a fuga nas
insanáveis pragas.

---

6   W. Binder (Hölderlin und Sophokles, *Friedrich Hölderlin*, p. 132) e F. Beissner (*Hölderlins Übersetzungen aus dem Griechischen*, p. 168 s.) assinalaram a (exagerada) intensificação indevida da tradução hölderliniana. Mas o dicionário grego de Schneider menciona as conotações inquietantes que relacionam o termo com a caça: traduz o termo grego *thér* como Hölderlin, com a palavra *wild* (caça/coisa selvagem), não com a perífrase "bichos que habitam os campos". Cf. os trabalhos de J.-P. Vernant (*Mythe et pensée*, v. 1, p. 157) sobre o espaço selvagem difícil de atravessar, de P. Vidal-Naquet (*Le Chasseur noir*, p. 28 e 160 s.) sobre os atos de selvageria dos *epheboi*, anteriormente à sua integração na *polis*; M. Détienne, *Dionysos mis à mort*, p. 162, sobre a caça selvagem e a omofagia dionisíaca comemorada nas festas das *agrionia*; A. Pauly; G. Wissowa, *Der Kleine Pauly*, verbete "Jagd"; A. Bailly, *Dictionnaire Grec-Français*, verbete "*agraulos*", cita o v. 1187 das *Bacantes* de Eurípides, onde o adjetivo se refere à crina de uma fera selvagem.

Tendo algo do sábio e dos ardis
Da arte bem mais que o esperado, (AH 381, A 365)
Um dia alcança o mal, no outro, o bem.
Ferindo as leis da terra e torcendo
A justiça jurada aos deuses, é um
Grande na pátria, pária na pátria. (AH 385, A 370)
Ele esbarra em nada
Se na audácia lhe escapa o bem.
Jamais partilhe meu Fogo
Nem meus pensares
Quem assim age.

Os acentos assombrosos que Hölderlin deu à sua tradução reforçam os elos metafóricos que Sófocles tece entre as ambivalências na segunda e na primeira metade desse hino. Eles captam as analogias entra a perigosa "leviandade" do pensamento etéreo e a vida leve-alada dos pássaros presos nas redes dos caçadores – ambos veículos encantadores, frágeis e condenados a efêmeros prazeres. O elo com o diálogo anterior começa a se iluminar. Creonte, o novo regente, prometeu que sua linhagem traria ordem, paz e prosperidade. Mas ele nada disse quanto ao impedimento – Antígona – que se opõe ao seu reino, pondo em questão sua legitimidade ao trono. Eis a fonte das dúvidas pessimistas do Coro. O hino parece antecipar o naufrágio do ardiloso plano de Creonte: *Pleno de tramas, preso nas tramas. Nada está por vir.* O temor não expressa apenas uma verdade universal sobre a condição humana, mas o perigo que ameaça Creonte e Tebas, aqui e agora.

A tradução hölderliniana acentua o sentido trágico, a reviravolta iminente. E embora altere o peso entre esperanças e desespero, é um tanto incompreensível por que W. Binder considera excessivas suas intensificações[7]. Pois esse sentido trágico encontra-se também no subtexto de Sófocles. A ironia pessimista do original aumenta de estrofe em estrofe e de hino em hino. Também o terceiro *estasimon* retomará, com imagens análogas, a temática da frágil felicidade: do "povo dos leve-alados pássaros" e do "pensamento alado" chega-se aos "desejos esvoaçantes" que se deixam lograr pela "esperança, andarilha errante":

---

7 Segundo W. Binder, op. cit, p. 132, a tendência extática de Hölderlin afastaria a tradução, às vezes, do original.

Pois se a esperança, andarilha errante,
Pra tantos homens é amparo,
É logro do desejo esvoaçante para outro, …
(AH 638 s., A 614-616)

Na verdade, Hölderlin captou como ninguém os ecos intertextuais entre Sófocles e Ésquilo. Seus versos são refrãos das metáforas que encontramos nas tragédias anteriores. *Prometeu Acorrentado*, por exemplo, narra como Prometeu conseguiu salvar a humanidade do desespero: cegou os olhos dos homens com ilusórias esperanças para aliviar seu desânimo diante da sua penosa condição. Quando o Poder (*Krátos*) pergunta por que a humanidade não se entrega ao desespero, Prometeu responde "Velei seus olhos com cegas esperanças" (Ésquilo, *Prometeu Acorrentado*, 248 s.). É por essa via de associações bem estabelecidas no imaginário poético dos trágicos que se torna perfeitamente compreensível e natural a releitura hölderliniana do *poliptoton pantopóros – aporós*: "Pleno de tramas, preso na trama" (A 360 s., AH 335 s.). As traduções convencionais tendem a ignorar a lógica basculante das palavras gregas que reiteram a mesma fórmula com prefixos que invertem seu sentido. Mazon, por exemplo, privilegia uma interpretação da segunda parte da frase, que apaga a trágica oposição do *pantoporos* (cheio de recursos ou caminhos) – *aporos* (sem recursos ou caminhos):

> Bem armado contra tudo, ele [o homem] *não* é desamparado contra o que oferece o porvir. (A 360s.)

A maioria das traduções dá a entender que o homem avança, triunfante, para um futuro glorioso. Só Hölderlin deixa-se guiar pela sugestão do *poliptoton* e inverte esse sentido, cunhando uma profecia pessimista[8]:

> Pleno de tramas.
> Preso na trama. No nada ele esbarra. (AH 375 s.)

O que justifica esta alteração? Nota-se, primeiro, que ela não é uma modificação isolada. Hölderlin a reitera alguns versos depois, na segunda antítese análoga:

---

8   J. Lacan, *Le Séminaire VII*, p. 320 s., propõe o mesmo sentido, provavelmente inspirado pela versão de Hölderlin.

46 ANTÍGONA, INTRIGA E ENIGMA

Pantopóros – aporós
Pleno de tramas – Preso na trama (AH 335, A 360) e
Hypsípolis – apolís
Todo urbano – inurbano, ou: Grande na pátria – pária na
pátria (AH 386, A 370).

Duas vezes o texto grego repete a justaposição antitética dos
termos que fornecem os pivôs trágicos da condição humana.
Quem escuta somente estes dois pares antitéticos, sem prestar
atenção ao resto da sintaxe, recebe seu sentido de modo lapidar
e pessimista: cheio de recursos e altamente civilizado, o homem
revela-se, num piscar de olhos, desamparado e privado das
benesses da vida cívica. Até hoje, a poesia reitera as fórmulas
do infeliz verter do destino humano – pensemos somente nas
imagens antitéticas que desdobram o tema da "matéria vertente"
em *Grande Sertão: Veredas*. Sob o impacto visual e rítmico dos
dois *políptata*, atenua-se consideravelmente o sentido da sintaxe
mais ampla, que integra o segundo termo do *poliptoton* numa
frase principal e, assim, sugere uma leitura diferente, bem mais
otimista: "Cheio de recursos, o homem nunca carece de recursos
em nada que está por vir." Ou "Todo urbano, o homem decai na
barbárie inurbana, quando pratica a audácia." Mas a poesia trabalha com possibilidades mais amplas que a leitura filologicamente
"correta". Mais associativa, a lógica poética tende a aglutinar e
sobrepor sentidos, mesmo que esses sentidos sejam contraditórios. É desse modo que se chega ao sentido vivo nas entrelinhas
do original! Hölderlin optou por decepcionar o otimismo neoclássico dos seus contemporâneos e trouxe à superfície a sugestão
desoladora que ressoa em todos os hinos desta tragédia: por mais
inteligente e ardiloso que seja o homem, "No nada ele esbarra".
A opção tradutória que valoriza tonalidades do sentido,
deixando as conotações aflorar nas inflexões da voz não é corriqueira, nem mesmo hoje. Menos ainda nos dias de Hölderlin.
Ainda no século XX, filólogos notáveis defendiam a ideia de que
os versos gregos não permitiam as inflexões da voz, que carregam a poesia moderna com atmosferas e tonalidades[9]. É difícil
rebater essas eruditas reconstruções da prosódia e da métrica
antigas. Mas a ousadia do tradutor alemão teve o mérito de

9 T. Georgiades, La Langue comme rythme, *Philosophie*, n. 12, p. 73, 82.

SEGUNDO ATO

revelar os aspectos polifônicos da poesia trágica, iluminando os
múltiplos sentidos que se alojam no denso texto grego. Ele inicia
a tradição dos tradutores modernos que rompem com o sentido
idiomático mais convencional para reconstruir a riqueza das
sugestões oriundas dos contextos míticos mais amplos – contextos que o leitor moderno muitas vezes desconhece.

De estrofe em estrofe, o pessimismo de Hölderlin é con-
firmado pelo próprio Coro. A segunda antístrofe enfatiza o
papel traiçoeiro da inteligência ardilosa, que muitas vezes traz
imprevistos difíceis de suportar:

> *Tendo do sábio algo e dos ardis*
> *Da arte bem mais que o esperado,*
> Um dia alcança o mal, no outro, o bem. (AH 381-383, A 365-367)

Ao mesmo tempo insuficiente e excessiva[10], a relação do
homem com o pensamento é fonte de conflitos com as "leis dos
deuses da terra" (*khthonós théon* AH 384, A 367). Como crianças
"arteiras", os homens tendem a ofender e ferir (*kränken*) as leis
divinas, torcendo e traindo a relação piedosa com as forças da
Natureza (AH 384, A 367s.). Na versão hölderliniana não há nada
da atmosfera piedosa que encontramos na versão de Mazon (e
em muitas outras): "Se [o homem] observa a lei e segue / o reto
caminho ordenado pelos deuses, ele será grande na cidade"
(A 368 s.). Hölderlin enfatiza ao máximo o potencial trágico:
"Grande na pátria – Pária na pátria" (AH 386) – quanto mais
admiráveis as invenções humanas, mais seus ardis enxertam
na ordem divina, pervertendo, de dentro, as sagradas leis dos
deuses. Heidegger não perde a oportunidade de explorar este
motivo um século e meio depois[11].

Com deliberação, Hölderlin afasta-se do consenso defen-
dido pela maioria dos filólogos – por exemplo, Mazon, que
observa na nota do verso 368: "a significação básica do verbo
pareireín é inserir. Aqui ele significa introduzir a moralidade
cívica e religiosa no reino do conhecimento humano"[12].

---

10 M. Heidegger retoma essa visão hölderliniana, *Einführung in die Metaphysik*,
    p. 116 s.
11 Ibidem.
12 A maioria dos tradutores, de Jebb a G. de Almeida, transformam o verso
    problemático em subordinada condicional, que tematiza os benefícios que ▶

Mas esta é apenas uma das várias leituras possíveis deste verbo. Os dicionários Bailly e Schneider dão razão a Hölderlin, citando precisamente essas linhas de Sófocles como exemplo do sentido "confundir", "misturar", "ferir"[13] – opção esta que Lacan retomou ao comentar que a relação do homem com a lei tem uma tara. Antígona é o paradigma dessa relação – ela "mistura a torto e a direito"[14].

O modo inovador da tradução de Hölderlin pode reivindicar sua legitimidade também pelas inúmeras relações intertextuais. As tragédias de Ésquilo, por exemplo, trazem muitos lembretes da falácia das leis, inclusive da falta de fundamento das leis divinas. Lembremos apenas dos ardis que Apolo insere nas leis mais antigas das deusas da vingança. Também o filho de Zeus fere as leis mais antigas das deusas das profundezas ctônias quando enreda as Erínias nas suas armadilhas. As veneráveis deusas se queixam: "Ioh! Filho de Zeus, és um ladrão. Jovem, já esmagas as deusas de antanho." (Ésquilo, *Eumenides*, 151 s.). Em Ésquilo, o equilíbrio se restabelece graças à intervenção de Atena, cuja eloquência assegura novos acordos entre as divindades. Mas em Sófocles, o homem é abandonado à própria sorte, a cidade de Tebas não conta mais com as divinas mediações. A conquista da autoconfiança cívica trouxe também um senso agudo dos riscos da civilização – dos perigos sempre iminentes da vida política e urbana:

> Grande na pátria, pária na pátria. Ele esbarra em nada quando cultiva o belo no desvio insolente. (AH 386-388)

Para o poeta, a ironia dessa sentença moral é óbvia, pois a beleza é sempre um desvio das formas e dos modos convencionais (lembremos que Aristóteles entende as metáforas como modos "impróprios" de designar, permutas do termo "próprio" pelo "impróprio", *allótrion*[15]). Não é surpreendente que Hölderlin tenha acolhido um erro da edição Iuntina que transformou o prefixo privativo *mé kalón*, o "não-belo", em prefixo afirmativo

▷ resultam do respeito à lei: "Quando [o homem] respeita as leis / E o juramento dos deuses, é digno de pátria..."

13 J.G. Schneider, *Griechisch-Deutsches Wörterbuch*, verbete *pareireín*.

14 J. Lacan, op. cit, p. 321, 319.

15 *Poética*, c. 21, 57 b 6-3.

mén kalón , e, assim, realça afirmativamente a relação com o belo. O texto da Iuntina chega a uma visão muito mais irônica e moderna que a sentença que encontramos na maioria das edições modernas, baseadas em manuscritos (supostamente) mais fiáveis que a Iuntina. A tradução de Kitto, por exemplo, rende a mesma passagem como uma sentenciosa admoestação moral:

> *Honoured is he; dishonoured, the man whose reckless heart*
> *Shall make him join hands with sin...* (A 370 s.)

> Se na audácia lhe escapa o bem. (A 370).

O afã de "governar cidades" e de construir a bela vida urbana sempre parece oscilar entre piedade e insolência. O perigoso balanço é inerente à beleza e, em particular, à beleza do ato heroico, suspenso (como todo ato de refundação) entre o caos e a pólis, entra a *hybris* e a lei. Hölderlin captou a lógica "basculante" e o dilema dos atos de fundação: opondo-se ao caos, à desordem da poluição de Tebas, os heróis fundadores são obrigados a arrogar-se (com vigor tirano e "inurbano") o poder "todo urbano" de reinstaurar a ordem da cidade. É esse (belo) excesso que exclui o herói e o torna "pária na pátria", inapto à convivência com os cidadãos comuns. Desde o *Hiperion* e o *Empédocles*[16], Hölderlin preocupou-se com a relação entre o esforço doloroso (heroico) e a beleza, a sanção e a lei. A beleza e a lei são vistas como realidades adivinhadas além do horizonte que limita o entendimento humano. A capacidade de "adivinhar" depende de um estado outro, de uma presença que abrange todas as coisas e todos os seres. Trata-se de uma presença imediata que é reservada a deuses e *daímones*, e que o homem alcança apenas através de vislumbres poéticos ou pela audácia heroica. O mito trágico idealiza a infração fundadora que estabelece uma nova lei a partir do caos, mas a narrativa afasta o herói transgressor para um além simbólico que transfigura seu excesso.

---

16 F. Hölderlin, *Hyperion*, DKV, v. 2, p. 9-276; *Der Tod des Empedokles*, DKV, v. 2, p. 277-452. No fragmento Über den Begriff der Strafe (DKV, v. 2, p. 499-502), Hölderlin transforma esses *insights* poéticos em ensaios filosóficos dos fundamentos ontológico e lógico da lei. O fragmento considera a lei e a transgressão como termos logicamente posteriores à punição.

50   ANTÍGONA, INTRIGA E ENIGMA

São esses dilemas que preocupam os anciãos enquanto cantam *"pollá tà deiná..."* depois de ouvir a proclamação do severo decreto. Seria Creonte um herói glorioso? Ou pronto para o fracasso? Um louco ou um inspirado? Na mente do Coro, tudo é possível. Embora tenham cedido, eles estão, em alguma camada latente, alarmados com o novo governante. Sua inquietude está ainda suspensa entre admiração e temor durante o canto lírico; mas quando Antígona aparece – prisioneira guiada pelo guarda – uma exclamação apavorada lhes escapa: ela é o "prodígio dos *daímones*" (*daimónion* téras, AH 392, A 376) e sua desonra suscita os piores medos do Coro. Hölderlin escolhe o termo alemão *Gottesversuchung*, "tentação divina", com o qual os anciãos expressam a surpresa e o choque de ver a "infeliz filha do infeliz Édipo" enredada nas leis que eles acabaram de aprovar – leis que obrigam Creonte a punir a rebeldia insensata. Como as redes prendendo os pássaros, as leis enredam Antígona. Seria essa terrível perspectiva um acaso inadvertido, ou o resultado de uma ardilosa estratégia, do "afã orgulhoso de governar a cidade" (*astunómos orgás*, I 358, *Städtebeherrschender Stolz,* AH 373)? Chocado, o Coro vê os planos do "homem formidável", Creonte, numa nova luz.

ANTÍGONA E CREONTE: FIGURAS-DUPLOS DE UM MESMO CONFLITO INSOLÚVEL

Quem tem razão na disputa que abala a cidade de Tebas? Antígona ou Creonte? Goethe pensava que Antígona era uma heroína sublime com um tio odioso[17]. E a maioria dos leitores ainda hoje concorda: "Antígona está completamente certa, Creonte totalmente errado."[18] De Mueller e Schadewaldt a Jebb

---

17 J.W. von Goethe, *Conversações Com Eckermann*, reproduzido na contracapa da edição, Sophokles, *Antígona*, traduzida por W. Schadewaldt

18 Cf., além de G. Müller, *Sophokles' Antigone*, p. 11; E. Eberlein, Über die verschiedenen Deutungen des tragischen Konflikts in der Tragödie *Antigone* des Sophokles, *Gymnasium*, n. 68, p. 17-20; R.C. Jebb, *The Plays of Sophocles*, p. xxii; K. Reinhardt, *Sophocle*, p. 86, 264; H. Diller, Göttliches und menschliches Wissen bei Sophokles, *Gottheit und Mensch in der Tragödie des Sophokles*, p. 8-10; G.F. Else, *The Madness of Antigone*, p. 40; J.C. Kamerbeek, *The Plays of Sophocles*, p. 28; A. Lesky, *Die tragische Dichtung der Hellenen*, p. 321.

SEGUNDO ATO

e Knox, de Charles Segal e Pierre Vidal-Naquet a Nicole Loraux e Martha Nussbaum, a crítica vê os dois protagonistas como incomparáveis: a inocência de Antígona brilha contra a sombria tirania de Creonte. É verdade que a psicanálise fez grandes esforços para despojá-la de sua aura de "santa". Lacan, pouco propenso a hagiografias, foi eloquente no rastreamento do enigma de Antígona – daquele ser "desumano" cujo esplendor nos fascina como o enxerto da morte na própria vida[19]. E Derrida debruçou-se sobre a *Fenomenologia* hegeliana, iluminando com ironia a suposta ausência de atração sexual que o filósofo projetava sobre a heroína de Sófocles: "aquela relação incrível de irmão e irmã, a poderosa conexão sem desejo que paralisa o enredo e o sistema"[20]. Mas, apesar dessas releituras, pouco mudou na polarização dos dois protagonistas.

Antes de entrarmos nesse cortejo de críticos dos séculos XX e XXI, paremos um momento para perguntar como Hölderlin recria o fascínio enigmático em torno de *Antígona*. Para ele, Sófocles une o raciocínio dialético – o entendimento rigoroso e claro que Nietzsche vê em Eurípides (e que anuncia a dialética platônica) – com a habilidade de evocar emoções nebulosas e motivos crepusculares, raciocínios obscuros e pendores vagos. A aparente simplicidade do poeta clássico engana. Ele não produz santos ou vilões exemplares. Seu brilho é o resultado – estético – de uma série de estratégias discursivas e metafóricas, retóricas e poéticas. Ele é o mestre da ardilosa arte de encenar sentimentos movediços, representações equívocas e raciocínios escorregadios. Essa dinâmica estética complica ao extremo a perspectiva moral, torna difícil resumir a peça com conceitos claros e distintos e de encontrar nas diversas cenas sentidos não contraditórios. Aristóteles já dizia que na tragédia não vemos caracteres com determinação ética; o que vemos ou lemos é a trama complexa de suas ações, a apresentação – propriamente poética ou estética – da reviravolta surpreendente das situações e dos valores. Hölderlin, o primeiro a cunhar a fórmula (hoje corriqueira) do paradoxo trágico, descreve esse paradoxo como um jogo de contradições que não se deixam resolver, no qual cada termo é simultaneamente verdadeiro e falso, tem e não tem razão – ultrapassando, assim,

19 J. Lacan, op. cit., p. 308.
20 J. Derrida, *Glas*, p. 169-171.

o entendimento que procurasse sintetizar seu sentido em *um* conceito ou *uma* fórmula racional. Por isso, o tradutor Hölderlin reforça não só as tênues dissonâncias no interior de seus protagonistas, mas também certas analogias e semelhanças entre Creonte e Antígona. A diferença entre os dois protagonistas é mais sutil do que se pensa.

QUEM REINA NO PALÁCIO DE TEBAS? DOIS PROTAGONISTAS REIVINDICANDO O PALÁCIO COMO "MEU LAR"

> *Creonte: E ousaste transgredir esta lei?*
> *Antígona:* Meu *Zeus não me a proclamou,...*
> (AH 476-478)

Hölderlin vê a tragédia de um ângulo inovador, como paradoxo no qual as contradições não se resolvem, mas se equilibram. Sempre temos no mínimo duas maneiras de ver as ações, dois modos de julgar seu valor. Incoerências como aquelas do Prólogo, onde o amor de Antígona pela irmã se tinge de hostilidade, repetem-se, de modo inverso, nos diálogos com Creonte. Antígona entra em cena com as mãos atadas e a cabeça baixa. As parcas palavras com as quais ela admite sua transgressão podem parecer humildes. Mas a confissão dá lugar, de repente, a uma reivindicação orgulhosa da prisioneira. Hölderlin acentua sua resposta à indagação de Creonte com um pronome possessivo que não está no original. "*Meu* Zeus não me proclamou" a lei – diz a heroína com uma indignação que a coloca acima e além dos comuns dos mortais. Seria esse tom indignado presunção ou loucura? Ou um erro de tradução?

A maioria dos especialistas acredita que Hölderlin traiu o espírito do original alterando os traços característicos da heroína grega. Eles suspeitam que o poeta alemão, imbuído de ideias modernas pós-revolucionárias, teria redesenhado Antígona como o pivô de um problema da modernidade[21].

---

21 Trata-se da crítica (anti-hegeliana) da hipertrofia do sujeito na filosofia ocidental iniciado por pensadores como M. Heidegger e K. Reinhardt. Voltaremos a estes argumentos no final deste capítulo.

Mas uma abordagem frutífera dessas questões filosóficas talvez se beneficie com uma melhor compreensão da estratégia global do tradutor. Pois o debate da famosa passagem "Meu Zeus..." sempre fez passar despercebido que Hölderlin introduz um segundo pronome possessivo – dessa vez, na réplica de Creonte. Como se quisesse aplacar a reivindicação da heroína, seu tio usa o mesmo pronome possessivo e reclama como *seu* Zeus Herkeios, o maior deus do lar, que a heroína reivindicou como o dela:

> Embora [Antígona] venha de minha irmã e mais próxima parente e do deus do *meu lar,*
> Mesmo assim ela não se guardou da má morte.
> (AH 505 s., A 487 s.)

Hölderlin sentia-se mais à vontade do que ninguém na literatura grega. Sabia e sentia todo o sentido idiomático de certas imagens e expressões. Por exemplo, que um ateniense que quisesse saber o endereço de seu interlocutor perguntaria "Onde está teu Zeus Herkeios?"[22]. O altar de Zeus designa a casa, a propriedade da pessoa protegida pelo fogo, lar onde o deus recebe os sacrifícios. É esse centro sagrado que lhe dá o direito de governar a casa ao oferecer sacrifícios a Zeus. É claro que Antígona tem esse direito, pois ela está na posição da *epíklêros*, que não só possui a casa, mas é o lar[23], encarna a matriz física e simbólica do palácio.

O poeta alemão foi o primeiro e único leitor a captar o motor desse acalorado diálogo. Sua "alteração" apenas ilumina o motivo profundo que está ocultado na superfície das realidades física e jurídica do drama: a sobrinha-princesa e o tio-regente disputam a propriedade e o poder simbólico do palácio de Tebas. O direito de Antígona é tranquilo. Basta dizer "Meu Zeus..." para todo mundo concordar que ela deveria dominar e dar as leis nesse palácio. No entanto, Creonte preparou, com seu primeiro discurso, o terreno para sua reivindicação. Para fortalecer sua legitimidade na casa de Édipo e de

22 J.D. Mikalson, *Ancient Greek Religion*, p. 135.
23 J.-P. Vernant, *Mythe et pensée*, v. I, p. 146. Antígona não representa ou simboliza no sentido moderno, ela *é* o lar, a matriz material e religiosa de sua linhagem.

54 ANTÍGONA, INTRIGA E ENIGMA

sua filha (agora *epíklêros*), ele continua sua estratégia de desacreditar os membros rebeldes e revoltosos da famosa estirpe. Procura igualar Antígona ao seu irmão Polinices, desempenhando toda sua habilidade retórica: apresenta-a como uma jovem insolente, nomeando-a não como descendente destacada de sua linhagem, mas como filha de sua irmã Jocasta – o que reforça sua reivindicação de ter herdado o trono por essa via feminina. Nenhuma menção a Édipo – afinal, o filho de Jocasta é, aos olhos de Creonte, apenas um infeliz acidente na vida da infeliz irmã, e as irmãs não são para ele "as últimas raízes" da ilustre linhagem dos labdácidas, mas miseráveis hóspedes de *sua* casa, agregadas que têm uma dívida de gratidão com ele, Creonte. A retórica reforça sua posição patriarcal e rebaixa Antígona a um ser ameaçado que vive da generosa proteção do novo dono do lar, o alvo dessa retórica indignada, é claro. Ele procura demonstrar que a ingrata sobrinha, esquecida de seus deveres de hóspede, estaria ofendendo, com sua rebeldia, o deus do lar *dele* – uma segunda vez aparece o pronome próprio: "*meu* lar"! Creonte apela ao imaginário clássico – patriarcal e misógino por natureza –, no qual as ofensas contra o patriarca e o deus-lar são consideradas graves.

Um século e meio antes de Knox ousar sua interpretação realista de Édipo Rei[24], Hölderlin integrou, na sua leitura de *Antígona*, todo seu conhecimento do imaginário mítico arcaico que Sófocles harmoniza, de modo discretamente anacrônico, com as ideias e instituições clássicas. O pronome possessivo "*Meu* Zeus" traz à tona as reivindicações – legítimas – de Antígona enquanto princesa *epíklêros*. Hölderlin não a transforma em heroína brechtiana e moderna, mas lhe devolve a altivez principesca que sustenta sua legitimidade em vários níveis: como irmã que cumpre o dever do sepultamento e como filha *epíklêros* que não somente herdou o lar, mas o representa física e simbolicamente. Creonte contraria essa (justa) reivindicação, dando voz a uma indignação (estratégica e retórica) que apresenta a sobrinha como uma rebelde cujo ultraje seria signo e sintoma da maldição de sua estirpe – ele repete o argumento de

---

24 B. Knox (*Oedipus at Thebes,* passim) salienta os reflexos realistas das instituições e das práticas sociais na tragédia. Os discursos e as formas retóricas absorveram a tensão entre os tiranos, a aristocracia e a democracia clássica.

SEGUNDO ATO

sua proclamação que anulava toda a ascendência monárquica dos labdácidas. A acusação de rebeldia enfraquece o estatuto da *epíklêros* como legítima senhora do palácio de seu pai e dos reis seus antepassados.

À luz dessa dupla alteração, compreendemos o que o poeta alemão tem em mente. Apelando ao Zeus da casa dela e de seus antepassados, Antígona reivindica que a lei seja cumprida: o lar de seu pai é *seu*; Hölderlin ainda reforça essa prerrogativa da *epíklêros* ao inserir, no verso seguinte, o adendo "aqui em casa". Antígona apela à Justiça dos deuses que protegem a *sua* casa, ao invocar a *Dikê* dos deuses de baixo:

> *Meu* Zeus não me a proclamou,
> Nem *aqui em casa* a Justiça dos deuses dos mortos...
> (AH 478 s.)

Creonte faz tudo para ignorar essa demanda que garantiria uma sobrevida aos labdácidas e inviabilizaria a missão de despoluir a cidade que ele pretende governar doravante. Sua acusação de Antígona baseia-se no argumento (tacitamente aceito pelo Coro) de que a linhagem poluída dos labdácidas deveria ser substituída por uma nova casa reinante. Por isso, reivindica o palácio de Édipo como *seu*.

Contrariando o costume que confina a linhagem de Creonte nas funções auxiliares de conselheiros e regentes, o general argumenta com um *fait accompli*: faz crer que o trono já passou para a sua linhagem e que ele é o novo rei, não um regente. Os acentos de indignação de sua retórica procuram induzir seu público a sentir que a sobrinha teria conspurcado a pureza do seu lar, do *seu* Zeus Herkeios. O uso retórico da indignação tem um nome: trata-se de um típico "entimema falacioso" (na taxinomia de Aristóteles[25]), uma estratégia retórica bem conhecida dos sofistas, que visa provocar o repúdio contra o acusado diante do tribunal. Qualifica Antígona como uma parente deserdada e rebelde à tutela e às leis de sua casa. Para o público ateniense, a retórica patriarcal tinha um poder de convencimento mais imediato do que para nós. Estavam mais

---

25 Aristóteles, *Retórica*, 1401b 4-6: a "linguagem indignada" produz a impressão da "culpa do acusado".

que dispostos a considerar como natural a postura submissa de Ismênia, e a misoginia ateniense certamente não via com bons olhos uma moça rebelde. Quem aceita essa retórica vê com olhos bem diversos o estatuto moral, político e social dos protagonistas: pois uma sobrinha sem prestígio não poderia transgredir a lei de seu benfeitor com a mesma aura fascinante que a *epíklêros* Antígona.

Apoiando-se firmemente nessa lógica, Creonte dá ao seu discurso o rico colorido da vítima ofendida, um *páthos* que lhe permite estender sua justa ira também a Ismênia – muito embora essa dócil sobrinha jamais tenha pensado em tal afronta e tenha contrariado Antígona com sua submissão ao decreto e às regras patriarcais. A verve com que Creonte persegue sua prolixa argumentação evidencia as pretensões do novo rei; e também o esforço com que ele precisa forjar a legitimidade de seu reino. Pois a todo momento, alguém poderia dar voz à ideia de que a filha de Édipo é "a última raiz" de sua linhagem (e o Coro não deixa de fazê-lo). Se essa consideração se afirmasse, seria o fim da linhagem de Creonte, pois, nesse momento, seria Antígona quem reinaria no palácio, e o noivo, Hêmon, não a levaria para o lar de seu pai, mas casaria com ela num rito invertido, que rebaixa o marido a um mero instrumento reprodutor: ele teria de renunciar à sua própria descendência e produzir filhos para o seu sogro morto.

Eis a constelação inaceitável e insuportável para Creonte. Seu instinto paterno mobilizou um veemente desgosto pelos enredos incestuosos dos labdácidas – com certa razão, aliás, considerando o fato de que a guerra fratricida custou a vida ao seu filho mais velho, sem falar dos méritos de sua regência anterior, que permitiu aos irmãos assumir o poder. A continuação de sua própria linhagem depende, portanto, do derradeiro filho que lhe resta. Eis a razão secreta atrás do vigor ardiloso com que ele procura salvar Hêmon dos círculos viciosos da linhagem de Antígona. Quando Creonte diz, com uma voz cheia de desprezo, que há "melhores lavouras/mulheres para o seu filho arar" (A 569), ele pensa não só no seu poder, mas em alternativas mais auspiciosas a esse casamento maldito. E quem não temeria uma aliança incestuosa do filho com uma filha-irmã do próprio pai (primo de Hêmon), filha-neta da mãe, que, por sua vez, é tia de Hêmon – esse labirinto de auto-engendramentos dentro da própria família é a negação viva da boa sucessão dos tempos e das gerações. O argumento de Creonte não é insensato. Embora seja admirável a coragem de Antígona, são sensatos, também, o temor e a prudência de Creonte.

Sua ação seria inteiramente respeitável, não houvesse um mínimo detalhe, que aflora na guinada de seu argumento a respeito de Ismênia. A inocência da irmã é patente, e *esta* condenação levanta a suspeita de uma diabólica armadilha. Creonte usa contra Ismênia a mesma retórica do lar (*oíkos*, centro da vida familiar e religiosa) que lhe permitiu denunciar a insolência e a depravação de Antígona. Mas, no caso dela, ele esquece qualquer formalidade, dispensa a investigação: a condenação cai antes mesmo de ela ter pronunciado a menor palavra. Sem qualquer decoro, Creonte a insulta como uma traidora convicta:

> Tu, que me espreitas, aqui em casa, como uma víbora,
> Abusando de minha proteção para me sugar o sangue!
> (AH 552, 531)

Nessa guinada sentimos que não é a lei, mas uma armadilha que se fechou em torno das "últimas raízes" da venerável casa de Laio e Édipo. O pai desesperado de Hêmon a armou – não sabemos bem se o decreto não expressava já a intenção de empurrar as irmãs nesse beco sem saída. O que sabemos é que Creonte acusa – sem razoáveis indícios envolvendo Ismênia – ambas irmãs de terem atentado contra a sua pessoa e ofendido o Zeus do seu lar. Antígona aponta as mesmas armas contra ele e conquista a simpatia do público, mas, no interior da peça, o Coro mantém uma cautelosa neutralidade, sempre ponderando ora a favor do novo rei, ora a favor das "últimas raízes da casa de Édipo" (AH 620 *eskhátas ... rízas ... Oidípou dómois*). Não seria escandalosa essa "fria imparcialidade" que Hölderlin assinalou (AOe, # 2, última frase) como o traço mais característico desse Coro? Os anciãos não sabem decidir quem tem razão, porque viveram mais tempo, viram e sabem mais e conhecem mais exaustivamente a complexidade da situação inviável. Creonte e Antígona procuram remediar miasmas em cascata, tentam encontrar fórmulas que restabeleçem uma ordem legítima. Um

58 ANTÍGONA, INTRIGA E ENIGMA

esforço é tão precário quanto o outro. Mas as soluções que têm em mente não são meras simplificações, como pensa Martha Nussbaum[26]. Antígona e Creonte não são personagens com visões unilaterais, entregues a um obstinado "tudo ou nada" que termina na veneração da morte, do *Nekros*[27]. Muito pelo contrário, ambos estão conscientes das labirínticas complexidades dos seus desafios. O que talvez constitua a superioridade intelectual e afetiva de Antígona é sua lucidez quanto às mínimas chances de sucesso que ela e seu tio têm. Além disso, o olhar de Hölderlin realça mais um aspecto interessante (que reencontramos sob outra forma na interpretação hegeliana[28]): o Coro reconhece que ambos fazem esforços sinceros para salvar Tebas e não sabe que solução seria a mais bem-sucedida – por isso, os anciãos assistem, passivos e neutros, ao enredamento insolúvel e verdadeiramente trágico. O decreto e a apresentação das duas irmãs como rebeldes permitiria a Creonte eliminar definitivamente os labdácidas, abrindo uma nova era. No entender de Antígona, ao contrário, o enterro de Polinices seria o gesto purificador que restauraria a legitimidade dos labdácidas no trono. Nas situações trágicas, não há mais regras seguras garantindo o sucesso de uma ação. Tudo depende da constelação de um todo com muitas variáveis, do frágil equilíbrio das situações mutantes.

OS ELOS TRÁGICOS ENTRE ANTÍGONA E CREONTE

O fascínio que irradia da figura ficcional de Antígona tem muitas fontes. Uma delas é o distanciamento irônico com que ela parece contemplar a precariedade da situação – a sua própria e a de Creonte. Este luta e confia nas chances de seu plano, ao passo que aquela parece ter um olhar mais amplo, menos cegado por esperanças. Hölderlin a admira pela sua "fina inteligência no infortúnio" (*das Verständige im Unglück*), que não procura refúgio em vãs ilusões. Sinal dessa incomum inteligência é a ironia serena com a qual ela parece observar Creonte. Depois das primeiras palavras iradas que lançou contra o tio, ela já não parece

26 M.C. Nussbaum, *The Fragility of Goodness*, p. 59-64 s.
27 Ibidem, p. 65.
28 G.F.W. Hegel, *Phänomenologie*, p. 305 s. (*Fenomenologia*, 288 s).

SEGUNDO ATO

mais contar com o sucesso de suas razões, nem com a sobrevida e a felicidade. Encara a morte com tamanha serenidade e presença de espírito, que começa a ironizar seu tio:

> A morte não me aflige.
> Pra ti agora eu pareço louca,
> Talvez esta loucura eu a deva a um outro louco.
> (AH 486-488, A 468-470)

Por que Antígona sorri de si mesma e de seu tio, admitindo que ela e ele talvez sejam igualmente loucos? Ela não tem dúvidas quanto à sua ação e reconhece que Creonte tampouco. O verbo grego *moraíno* (ser louco, idiota) aparece muitas vezes como eufemismo para paixões ilícitas. Hölderlin o verte com o termo alemão *Tor, töricht*, que tem as conotações da leviandade, de falhas eróticas. Talvez ela sugira alguma conexão entre o legalismo aparentemente frio de seu tio e a paixão ardente que ela mesma guarda pelos parentes mortos (o calor "pelos frios", que Ismênia alfinetou no Prólogo)?

Seja como for, Antígona parece ter intuído que Creonte não está interessado apenas na ordem pública e na proibição do enterro de Polinices. Ela fareja um motivo mais passional nessa pose de autoridade; a ênfase obsessiva no tema do bem público que Creonte pretendia colocar acima dos laços de parentesco indica, via denegação, seu ponto fraco. O que ele realmente persegue é um interesse privado: ele procura proteger seu filho, Hêmon. Mais do que isso, ele espera, através do filho, prolongar sua linhagem e fixá-la no trono. Atrás de suas platitudes a respeito do zelo pela coisa pública e a boa cidadania, sentimos seu profundo vínculo com as paixões domésticas, com a própria família. O sorriso de Antígona é agridoce; de um lado, honra o esforço de Creonte como tão válido quanto o seu próprio; de outro, parece debochar de suas excessivas esperanças no sucesso de sua louca estratégia, como se ela visse, melhor que ele, quão impossível é a restauração da ordem no mundo caótico de Tebas.

O irônico aforismo da heroína marca uma mudança de atitude; suas palavras e ações recebem uma aura de distância serena. Ela para de argumentar e não procura mais convencer seu adversário. Ela fala como se ocupasse um espaço alheio à realidade prática, com um gesto que Hölderlin chama de "onírico-ingênuo" (*träumerisch-naiv*), um misto de ternura e sarcasmo que vale até mesmo para Creonte, seu inimigo mortal. O poeta alemão considera essa forma de compreensão implícita, intuitiva e poética como infinitamente mais plena e ampla que o raciocínio baseado em silogismos e conceitos claros.

Antígona sabe que a pólis não tem lugar para seres como ela. *Epíklêros* ou não, ela é fruto de um incesto, e não só Creonte resiste ao seu noivado – nenhum pai de Tebas lhe concederia seu filho em casamento! Só a morte lhe promete algum tipo de comunidade. Por mais que esse tipo de desapego seja sempre suspeito, Hölderlin é o poeta, tradutor e crítico que reivindica um espaço para tais considerações onírico-ingênuas. Pois o sereno niilismo e a tranquila afirmação do amor de Antígona fazem sentido diante da firme determinação com que Creonte se propõe a eliminar as derradeiras raízes dos labdácidas[29]. Vejamos apenas um exemplo do contraste entre as ponderações tranquilas da heroína e a ânsia irrequieta de seu tio:

> A.: Sou pelo amor, não pelo ódio.
> C.: Enquanto eu estiver vivo, mulher não faz a lei!
> (AH 546, A 525)

Creonte expressa aqui muito mais do que o habitual desprezo ateniense pela raça das mulheres; seu tom trai o medo do poder mítico das mulheres tebanas – das rainhas, como Jocasta, que transmitem o poder pelo leito, e, em particular, da princesa-rainha Antígona, que transmitiria o poder e a soberania ao seu filho, não a Hêmon.

OS PERIGOSOS GIROS, DESLIZES E TORÇÕES DA LINGUAGEM

Antígona confirmou prontamente a acusação do guarda, como se quisesse apressar o processo que seu tio abre contra ela. No entanto, vimos que além da transgressão do decreto,

---

29 Creonte condena Ismênia (A 530 s., 579 s., AH 5552 s, 600 s.), embora tenha consciência de que ela é inocente (em A 771, AH 800 ele admite saber de sua inocência).

SEGUNDO ATO

amplamente suficiente para Creonte condená-la à morte (A 481, AH 500), o novo monarca procura salientar outros títulos de acusação. Desmentindo sua imensa paciência com um guarda insolente, ele mostra sintomática intolerância com a sobrinha. A todo momento, denuncia sua insolência, como se quisesse demonstrar aos seus ouvintes a natureza rebelde e inviável desta "última raiz" dos labdácidas. Antígona percebe suas intenções retóricas com um misto de ironia e de tristeza:

Willst du denn mehr, da du mich hast, als töten?

Comigo presa, queres mais que me matar? (AH 518, A 497)

Ela sente que Creonte está fingindo mais raiva do que tem, pelo menos até certo ponto, e que tenta ocultar o que realmente importa para ele: sua tentativa angustiada de se livrar das "últimas raízes", das herdeiras da casa real dos labdácidas. É certamente por isso que condena Ismênia, a quem nem Antígona nem o guarda implicaram no crime. Ele esconde sua ânsia excessiva sob uma máscara de indignação que serve como um pretexto psicológico para um *non sequitur* lógico, um entimema falacioso[30]. O guarda foi claro: viu apenas Antígona e não havia nenhum outro suspeito. Creonte adota a pose indignada para fazer esquecer essa situação, senão ele jamais poderia envolver Ismênia no crime. O calor da raiva confunde os ouvintes e permite que ele se volte agora contra a inocente Ismênia, denunciando que também ela teria urdido "loucos" planos no fundo do palácio (AH 512-515, AH 552-557) – uma acusação pouco provável, já que a prudente Ismênia prometeu esconder o plano da irmã (A 84-85, AH 86-87).

Antígona está certa: Creonte quer mais do que a sua morte. Ele quer cortar o miasma pela raiz, eliminando as derradeiras labdácidas. Mas isso não é um desejo que possa vir a público – e talvez não chegue à consciência do próprio Creonte. Ele é um homem com longa experiência; sabe manter as aparências, e responde a pergunta de Antígona com uma negação retórica abrupta:

30 Aristóteles, *Retórica*, 1401 b 4-6.

Não, mais nada. Se tenho isso, tenho tudo.
(A 498)

ou, na tradução de Hölderlin:

Não quero nada. Quando tiver isso (sua morte), terei tudo.
(AH 519)

Para Creonte, a morte de Antígona é uma questão clara de "tudo ou nada". Se ela viver, seu filho e a cidade afundarão nos miasmas dos labdácidas. Uma vez condenada e executada a sobrinha, o filho está livre para um casamento melhor, sua linhagem está assegurada e ele, no trono de Tebas, poderá legar a Hêmon uma cidade purgada da impureza do incesto. Apenas tarde demais irá perceber o quanto ficou de fora de seus cálculos. Antígona, por outro lado, parece ter uma visão completa da situação. Ela tem a serena consciência de que sua história e seu destino – assim como os de Creonte – estão inexoravelmente entrelaçadas com os destinos de suas famílias. Ela percebe, também, que seu casamento com Hêmon está longe der ser uma solução para os problemas da cidade. É por isso que deve se concentrar nos gestos simples de honrar os labdácidas mortos. Sem aprofundar reflexões sobre Hêmon e o que poderia ser, ela considera somente a Necessidade, e procura ver a morte como um fim reconfortante para os males que herdou de seus antecessores.

3. A Beleza de Antígona Segundo Hölderlin

> *[...] é preciso falar de sua beleza*
> *assim, no superlativo*
>
> F. HÖLDERLIN

O que nos fascina na beleza de Antígona? Será o amor da moça jovem pelo irmão morto? E este amor, é ele loucura ou piedade suprema, *até* ou ágape? De onde vem essa coragem que nenhum medo dobra? De onde vem a força de fazer face à lei de um rei e de uma cidade que não escutam o *plaidoyer* em nome dos costumes veneráveis, mas que reparam, mesquinhos, as dissonâncias do gesto heroico? Vale escutar essas críticas que as personagens do drama opõem a essa heroína, pois a beleza na arte não se confunde com a excelência moral no domínio da ética? Antígona é "crua" e desumana e, no entanto, nós a admiramos como o ápice da humanidade[1]. Ela mesma reivindica o enterro do seu irmão como um dever sagrado e como uma baixeza das mais duvidosas (*hósia panoûrgesasa*)[2]. À primeira vista, o leitor não se surpreende com esse tipo de paradoxo,

---

1   B. Knox e Perrota salientam o "desafio" da "heroína terrível"; K. Reinhardt e Müller, a excelência de seu alvo transcendente; Lacan, o enigma de um ser "desumano". Voltaremos a estas posições diametralmente opostas.

2   O termo grego conota a duplicidade de um gesto "sagrado" que é ao mesmo tempo um "escândalo e uma vilania criminosa" (cf. B. Knox, *The Heroic Temper*, p. 93; T. McCall, The Case of the Missing Body, *Le Pauvre Holterling*, n. 8, p. 53–72).

pois Sófocles os goteja com normalidade nos discursos dos seus heróis, como se se tratasse das coisas mais "naturais".

Esses são alguns dos grandes pivôs de nosso amor por Antígona. Tratar-se-ia de chaves simples – simples demais? Deve-se admitir, com efeito, que as grandes personagens do teatro não nos impressionam com extravagâncias intelectuais, mas através da "naturalidade" de suas ações – naturalidade essa que esconde um segredo. Refletindo sobre o segredo dos grandes dramaturgos, Robert Musil destaca essa ilusão de "naturalidade" como a própria essência do teatro: "O pequeno funcionário na terceira fila acha Hamlet 'natural', ao passo que Goethe reflete sobre esta personagem toda a sua vida, sem conseguir deduzi--la."[3] Musil sabia que quanto mais um problema é sutil, mais as personagens devem parecer "simples" e que a "profundidade" deve permanecer camuflada nos detalhes mais superficiais. Nenhuma reflexão, por favor! Nada mais do que uma meia palavra aqui, acolá um gesto incongruente e aparentemente sem importância, um final de frase que não faz muito sentido e que a sequência do discurso engole e faz esquecer – eis os recursos da "profundidade" na arte. Esses detalhes são como os "fantasmas": quanto mais nós os esquecemos, mais eles nos perseguem – e quanto mais eles nos perseguem, mais nós fixamos o olhar sobre a simplicidade das primeiras impressões, sobre os traços ideais da heroína jovem, bela, pura, que se sacrifica por uma nobre causa. No entanto, a simplicidade é aparência que seduz e encanta os leitores mais perspicazes. Lembremo--nos das palavras de Schiller, o eterno moralista, que acentua, encrespando as sobrancelhas, as "brincadeiras sofoclianas com as coisas mais sérias" ou a observação, tão mais pertinente, de Goethe sobre a sólida formação retórica de Sófocles, que lhe fornece "o treino para encontrar todas as causas verdadeiras e aparentes" da ação dramática, camuflando-as nas supostas "brincadeiras" de um drama aparentemente simples e natural. Esse segredo da arte produz, *ex post facto*, seu avesso – uma sedimentação de inúmeras camadas de significação que desmentem a admirável simplicidade e a clareza aparente da peça. Observemos esse fenômeno na história da crítica de *Antígona*:

3 R. Musil, *Tagebücher*, v. I, p. 142.

A BELEZA DE ANTÍGONA SEGUNDO HÖLDERLIN   65

as leituras que se concentram na excelência ética das "causas" respectivas de Antígona e de Creonte mergulharam em discussões sobre as nuanças das palavras e das fórmulas, as intenções implícitas, as ambiguidades que fazem brilhar o tecido verbal aparentemente tão "simples"[4]. Assim, a "santa" Antígona não é realmente uma "mártir cristã", mas, ao mesmo tempo, uma "heroína terrível"[5], cuja pureza gloriosa é tanto mais interessante que seu brilho faísca de um fundo bastante obscuro – de um humor sombrio no qual se misturam o desprezo dos vivos, o ódio, o desafio da cidade. Quando se isola esse fundo, não se vê outra coisa além da obstinação cujas fontes parecem ser "puramente pessoais"[6].

Quanto mais se analisa, mais aparecem supostas incongruências e contradições – engodos que conduzem o grande *scholar* Tycho von Wilamowitz-Moellendorff a afirmar que não podemos exigir dos antigos a coerência de um drama moderno ou a verossimilhança psicológica de personagens atuais[7]. No mesmo ensaio, entretanto, Wilamowitz elogia os efeitos muito intensos do "jogo dialético" cultivado por Sófocles, do "artifício lógico" que sustenta o "cálculo estranho" e "desprovido de sentido" do célebre discurso de justificação do ato heroico (os versos duros A 904 s.). As idas e voltas da argumentação colocam, sem que Wilamowitz pareça dar-se conta, o problema teórico central da arte, o segredo da relação muito complexa que a arte mantém com o pensamento discursivo. A ideia estética, diz Kant, é demasiadamente complexa, plena demais de pensamentos e ideias – eis o problema que ela coloca ao pensamento discursivo, cujos procedimentos analíticos levam em consideração apenas uma pequena parte, perdendo de vista o tecido de relações que liga essa parte com o resto – e isto num jogo combinatório exponencial. Eis também o problema da crítica literária que não pode abrir mão da seriedade do pensamento controlado, do rigor de uma demonstração coerente das relações lógicas, causais etc., mas que deve, ao mesmo

---

4   Cf. os comentários de N. Loraux, Introduction: La Main d'Antigone, em Sophocle, *Antigone*, nota 1, e J.-P. Vernant; P. Vidal-Naquet, *Mythe et tragédie en Grèce ancienne*, v. I, p. 99 s.

5   G. Perrota, *Sofocle*, p. 113.

6   B. Knox, op. cit., p. 104-115.

7   T. von Wilamowitz, *Die dramatische Technik des Sophokles*, p. 50.

tempo, permanecer lúdica, elástica, pronta para aceitar a "brincadeira" da arte, o trabalho de condensação, a densidade da ideia estética. É evidente, aliás, que, falando de "lógica", de "jogo dialético" e de "cálculo", coloca-se, desde o início, a exigência moderna de coesão racional – que coincide, embora Wilamowitz o negue, com a exigência de coerência dos antigos, como aquilo que Aristóteles chama de *sunthesis tôn pragmatôn:* "articulação" lógica, causal, psicológica, das "ações e dos gestos". O segredo da arte não é um simples "truque" barato, um engodo de circo, mas ele repousa sobre um cálculo muito sutil, ele depende de equações combinadas e ajustadas com uma precisão verdadeiramente matemática e que a superfície "natural" do drama oculta deliberadamente.

A beleza paradoxal desse faiscar claro-obscuro não deixou de suscitar leituras diversas, mostrando uma "santa" Antígona perdida nas inversões dos valores políticos e religiosos, sociais e sentimentais, que transformam o amor puro em incesto e em necrofilia[8]. A heroína das heroínas corre assim o risco de ser transformada em uma "obsessiva" cuja boa reputação é pura contingência, efeito arbitrário da exegese[9]. Sabe-se, aliás, desde as conversações de Goethe com Eckermann, que a excelência moral dessa heroína está a salvo somente quando se corta o texto de Sófocles, eliminando, aqui e ali, alguns versos... e cenas inteiras[10]. Hölderlin, pelo contrário, não hesitou em conservar esses momentos de crueza que têm tudo para nos desconcertar – às vezes ele até os acentua, embora tenhamos de admitir que essas intensificações foram compensadas por atenuações. Assim, a beleza dessa heroína desenha-se entre a ira e a ternura, entre o desafio e o recuo, entre momentos de ausência, nos quais ela parece mergulhar na contemplação de uma imagem ou de um detalhe, e a acuidade mordaz de uma ironia cuja presença de espírito pode superar a compreensão

---

8   M.C. Nussbaum, *The Fragility of Goodness*, p. 65, formula elegantemente esta suposição, dizendo que Antígona substitui a Eros o interesse necrofílico por *Nekros*. Cf. também J. Lacan, *Le Séminaire VII*, p. 342.

9   B. Williams, *Shame and Necessity*, p. 86 s.

10   Sobretudo os versos A 905-920, onde Antígona diz que não teria tomado riscos para enterrar um marido ou filhos, pois estes poderiam ser substituídos, ao passo que ela não poderá mais ter um irmão, já que sua mãe e seu pai estão mortos (cf. infra).

imediata do leitor ingênuo. A figura trágica move-se entre os tons e as nuanças múltiplas que se alternam num certo "ritmo" que Hölderlin fez questão de restituir à Antígona de Sófocles.

A BELEZA E O SENTIDO VIVO, O SEGREDO INCALCULÁVEL DA ARTE

O desafio da personagem Antígona torna-se, portanto, para o crítico de hoje, o desafio da própria peça *Antígona*, o desafio da arte de Sófocles, que torna impossível a separação entre o "fundo" ético ou psicológico e a "superfície" estética. Ora, o segredo da arte parece coincidir com o segredo da reflexão filosófica. Será isso o que Hölderlin tinha em mente quando esboçava suas ideias sobre o "sentido vivo" (*lebendiger Sinn*), que não pode ser diretamente localizado no nível do significante isolado, mas que surge no processo que envolve a totalidade dos significantes? Essa perspectiva o obrigará a postular uma faculdade intelectual fortemente ancorada na sensibilidade concreta – um "sentido estético" distinto de e mais abrangente que o pensamento conceitual do intelecto. Sabe-se que esse "sentido estético" tem, segundo ele, uma importância capital para todo e qualquer sistema do pensamento moderno.

Antes de entrar nessas questões teóricas, é preciso perguntar-se o que é uma representação teatral e o que se vê quando lemos ou assistimos a uma tragédia. O amor de Antígona pelo seu irmão, seu desafio da cidade e do rei, não são mostrados diretamente – estas "coisas", "temas" e "sujeitos" se desdobram numa rede de ações e palavras. Hölderlin diz que os seres humanos aí se desenvolveram como "sistema de representações" (*Vorstellungssysteme*), o drama constituindo a *apresentação* do seu modo de interagir. A tragédia põe em cena o "modo segundo o qual representações, sentimentos e raciocínios se desenvolvem" por "reação", por ação recíproca[11]. Em outras palavras, na apresentação dramática, os "sentimentos" não aparecem como se existissem em si mesmos, eles não são

---

11 Cf. F. Hölderlin, AOE, DKV, v. 2, p. 850 (*Observações Sobre Édipo*, trad. K. Rosenfield, *Antígona*, p. 386 s.).

descritos, analisados e imitados, mas eles surgem a partir de certas representações bastante convencionais, ao mesmo tempo que eles se distanciam destas, diferenciando-se através de articulações complexas. Mais do que qualquer outro "sentimento", o sentimento teatral precisa de um conjunto de representações já existentes, ele se inscreve nas objetivações convencionais que fixam certos aspectos da experiência, dando a estes uma pertinência social. Sófocles situa bem sua heroína, inscrevendo suas emoções nas *representações* que a sociedade clássica fazia dos vínculos entre parentes próximos, entre famílias e categorias sociais (a jovem moça e o "tirano"), entre os homens e os deuses, enfim. Assim, o amor de Antígona pelo seu irmão esboça-se, no prólogo, como a fonte de unidade de uma família ameaçada. A ameaça contra a qual ela mobiliza todas as suas forças, sua inteligência e sua sensibilidade não é apenas a extinção física. Trata-se de uma ameaça da integridade mais ampla, da integridade da comunidade dos mortos, que é, sobretudo nas linhagens reais, de maior importância para os (sobre)viventes, para a coesão simbólica daqueles que vivem no seio da pólis.

Amar seus próximos significa querer cumprir o dever de enterrá-los quando estão mortos e impotentes. É em nome dos bons costumes, dos gestos civilizados indispensáveis para a manutenção da reputação e da honra da linhagem que a princesa-rainha convida sua irmã a ajudá-la no enterro. Quando Ismênia manifesta reticências e quando Antígona opõe-lhe seu raciocínio (os mortos e seus deuses exigem o enterro dos cadáveres), vê-se repentinamente esta se "inflama", tomada por um sentimento veemente. A força crua dessa emoção não se explica (pelo menos não inteiramente) pela exigência legal – o costume piedoso do sepultamento. Para valorizar o leque significante do *duplo* processo racional e sensível, é preciso estar atento ao mesmo tempo à pertinência dos argumentos (enunciados políticos, jurídicos e religiosos) e à sobredeterminação do tom da enunciação. Antígona dispensa duramente a ajuda que acabou de solicitar e promete que realizará sozinha seu "crime piedoso", que a habilitará a reunir-se aos seus e a deitar junto do seu irmão – "amada deitarei com ele, o amado" (AH 75). O tom e o vocabulário deste *plaidoyer* sugerem dúvidas: o leitor pergunta-se se é como irmã ou como amante que ela pretende

A BELEZA DE ANTÍGONA SEGUNDO HÖLDERLIN · 69

unir-se ao irmão. Em todo caso, ela afirma os sentimentos mais calorosos e uma proximidade estranha em relação ao morto. Ismênia mostra-se imediatamente alarmada por esse excesso de "calor" e dá vazão à sua impressão de que haveria aí algo de inconveniente:

> Calorosa, para com os frios/mortos, sofre tua alma
> (AH 90)

Ela se inquieta com o tom insinuante e macabro, com um pendor necrófilo. Mas Antígona rejeita esta insinuação de uma paixão inquietante, assinalando-lhe que a indiferença em relação ao enterro é ainda mais inconveniente e odiosa e que isso deveria inquietá-la bem mais. Nessa réplica, palavras tomam um tom de desprezo, ameaçando a irmã com o ódio da heroína e do morto. Ao mesmo tempo que ignora com grandiosa indiferença as suspeitas humilhantes de sua irmã, ela mantém, impassível, seu projeto a fim de evitar "uma morte que não é bela", o que sugere, evidentemente, a morte não bela que arrisca Ismênia ao omitir-se do sagrado dever (AH 98-99).

É muito surpreendente (e da maior importância para a interpretação) que Ismênia – que viu claramente o perigo de uma alienação inquietante – não se impressiona muito com o faiscar de hostilidade de sua irmã. Pelo contrário, ela responde a esse discurso violento com uma sincera demonstração de respeito e de amizade, dizendo que as palavras e as ações de Antígona, apesar de sua aparência insensata (*ánous*), fazem jus aos vínculos de amizade entre parentes e que, consequentemente, ela será amada pelos seus com razão (*phýlloid d'orthôs philê*). Hölderlin altera o sentido desse verso, ressaltando que – apesar de todos os impropérios de Antígona – é o *tom* que faz a música:

> tu falas [como uma] insensata, porém amável, num tom amável.
> (AH 101)

O sentido das representações, dos sentimentos e dos raciocínios depende, portanto, do tom, da melodia que integra elementos relativamente indiferentes num conjunto *sui generis*. O tom está além do significante manifesto, ele fornece a profundidade que envolve a sucessão dos significantes bem

70 ANTÍGONA, INTRIGA E ENIGMA

determinados[12]. A admiração de Ismênia é como um acorde musical, um fecho que imprime à melodia do prólogo uma significação específica: a peça começa com a afirmação de que Antígona é amável e amada, que ela merece a amizade – e isto apesar das palavras insensatas e de seu humor intratável e cru que ela acaba de lançar contra a sua irmã.

Antígona é bela e amável, e sabe disso. Convencida de que o Coro aprova seu gesto (AH 530), ela receberá mais uma prova de amor por parte de Ismênia, que aceitará morrer com a heroína. E, no entanto, não se comove. Pelo contrário, Sófocles parece realçar, com uma insistência que foi notada por todos os comentaristas, que esta heroína está totalmente isolada e só, apesar do afeto quase unânime que nela converge. O Coro, sua irmã, Hêmon e até o Guarda deixam transparecer amizade, porém todas essas marcas de afeto são impotentes. Elas não rompem o isolamento aparentemente obstinado que valeu à heroína a reputação de ser "vítima tão terrivelmente voluntária"[13]. Não apenas Creonte a acusa de ser a "única" em toda a cidade que ousou agir contra o decreto (AH 682), o Coro também acentua que ela "vive sua própria vida", "única" entre todos (AH 849-850). Ela mesma, enfim, não cansa de insistir sobre essa solidão que a põe inteiramente à parte do mundo da cidade e dos interesses dos vivos: "sem lamentações, sem amigos, sem marido" (AH 898) – eis como ela se vê ao abandonar o mundo. Hölderlin reforça ainda essa impressão de desamparo ao verter de modo friamente objetivo o último verso dessa lamentação: "Meu destino, ... *ninguém* o chora" (AH 912-913); em vez de "nenhum dos amigos-parentes", o poeta coloca "ninguém", ponto final, como se as lágrimas do Coro, de Ismênia e de Hêmon não tivessem o menor valor. É possível que essa objetivação (que vai além da correção filológica) seja mais pertinente do que se crê. Ela abre sobre a solidão heroica, quem sabe, uma perspectiva ligeiramente diferente daquela que predomina na exegese de Antígona.

---

12 Nas *Observações Sobre Édipo*, Hölderlin insiste sobre esta distinção entre a sucessão e o "sentido vivo" (*lebendiger Sinn*) ou "conteúdo" (*Inhalt*). Cf. F. Hölderlin, AOe, DKV, v. 2, p. 849 (*Observações Sobre Édipo*, trad. K. Rosenfield, *Antígona*, p. 385).

13 J. Lacan, op. cit., p. 290.

A maioria dos críticos viu nessa redundante afirmação da solidão a prova de que a heroína evadiu-se numa paixão idiossincrática pelos mortos (e, em particular, por Polinices), isto é, uma inversão do amor pela vida em "projeto de morrer"[14], um fechamento puramente egocêntrico que daria uma conotação irônica e amarga à mais bela das réplicas que ela lança contra o seu tio. Com efeito, em pleno meio da praça, no final de sua grande altercação com Creonte, Antígona recusa-se a considerar seu irmão como um inimigo odioso da cidade, resumindo sua disposição num verso pesado de significação:

Não sou de odiar, mas de amar

Zum Hasse nicht, zur Liebe bin ich.
(AH 544)

Ela está aí para amar – *symphileîn*, diz ela. Mas "enquanto esperamos o amor compartilhado, o 'amar-com', Antígona escolheu de estar só;" – comenta N. Loraux[15], e tudo parece confirmar essa "escolha" que faz dela a "vítima voluntária", "obstinada" ou "obsessiva"[16]. Ela é a heroína "antipolítica"[17] e, mesmo que se coloque "antipolítico" entre aspas[18], essa qualificação convida a refletir sobre as relações entre o amor (falho, perverso ou obsessivo?) e a política. Foi dito inúmeras vezes que a boa medida – tanto no que diz respeito às coisas políticas quanto às do casamento – seria a de Hêmon, e que a indiferença inquietante de Antígona em relação à cidade e ao noivo provoca a exacerbação da misoginia latente (e muito ateniense) de Creonte. Quando este fala do "frio" abraço que Hêmon ganharia casando com ela, queria ele assinalar a indiferença moral da rebelde ou a frigidez feminina hostil à

---

14 Divergindo das inúmeras interpretações, citemos N. Loraux, Sophocle, op. cit., p. 140: "Não acredito, como S. Benardete (Reading I, p. 158), que o suicídio de Antígona seja necessário para cumprir sua missão 'suicidária', diz ele." Para Loraux, a morte de Antígona não é um "suicídio" no sentido negativo, criminoso, poluidor, que os antigos davam a este ato: "pois, neste caso, teria sido conveniente que o suicídio tivesse sido designado como tal [suicídio, *autokheir*] no momento em que ocorre, o que precisamente não é o caso".

15 N. Loraux, op. cit., p. x.

16 Os três adjetivos foram usados, respectivamente, por R. Knox, op. cit.; Lacan, op. cit.; B. Williams, op. cit.

17 R. Rossanda, Antigone ricorrente, em Sophocles, *Antigone,* p. 40.

18 N. Loraux, op. cit., p. xiv.

72 ANTÍGONA, INTRIGA E ENIGMA

submissão no casamento? É conhecido este tema da bela moça núbil, porém hostil a qualquer união matrimonial – trata-se da frieza que empurra Atalanta a fugir do casamento e a evadir-se na floresta onde ela caça... seus pretendentes[19]. Mas esse não é o negócio de Antígona.

Antígona não é *antiáneira* ("semelhante ao homem" e "contra o homem") como Atalanta[20]. Esta, sim, substitui à realização do casamento – que é, para os gregos, o próprio cumprimento da feminidade – a caça de um ser inocente e inofensivo, a caça de seus pretendentes. Isso não tem nada a ver com o alvo da heroína de Sófocles. Embora se possa dizer que ela aparece em certos momentos como verdadeiramente crua e bárbara – por exemplo, no seu último discurso, onde ela diz com todas as letras que não teria arriscado sua vida para sepultar um marido ou seus próprios filhos, já que estes são substituíveis, enquanto nada lhe permitiria ter outro irmão –, embora tenhamos de admitir que isso é uma alusão deliberadamente bárbara que obscurece a imagem de piedade impecável da heroína de Sófocles, essas palavras são hipotéticas, ainda não confirmadas pela ação, pelos fatos e pelas constelações materiais. Antígona não é o equivalente da princesa persa de Heródoto, que deixa que morram o marido e os filhos, porque escolhe liberar o irmão – parente mais próximo e "do mesmo sangue"[21].

Entretanto, o que faz com que Antígona nos inspire ao mesmo tempo mais confiança e mais dúvidas do que a "bárbara" princesa persa ou Atalanta? Em que consiste sua desmedida – desmedida que não pode ser um vício unívoco, mas uma coisa mais difícil de definir –, aquilo que Aristóteles chama de

19 Ovid, *Metamorphoses*, x.
20 Para uma exposição lógica mítica dos gestos de Atalanta, cf. M. Détienne, *Dionysos mis à mort*, p. 86 e 105 s. O autor salienta a oscilação entre a ausência do desejo erótico e o excessivo desejo sexual, a possessão erótica que se apresenta sob a aparência de um contrato matrimonial regular, mas que empurra os falsos esposos à loucura e ao coito selvagem, provocando a metamorfose em animais. Essa problemática da caça selvagem, das uniões bestiais e da crescente desumanização não falta na tragédia *Antígona* (ela aparece, de certa maneira, na imagem do "leito louco" de Édipo e Jocasta, casamento esse que resulta na caça selvagem dos seus filhos, na guerra pervertida e desumana do fratricídio). Mas as circunstâncias e o momento de Antígona são bem diferentes. Ela se situa, ao que parece, além da vida bestial (incesto, fratricídio) ou vegetal (dilaceração dos *spartoí*, guerreiros "semeados"), recuando em direção à mineralização.
21 Cf. Heródoto, *História*, iii, p. 19.

A BELEZA DE ANTÍGONA SEGUNDO HÖLDERLIN   73

"alguma falha"[22]. É verdade que Antígona jamais fala de Hêmon, nem de seu outro irmão, Etéocles. Seu silêncio anula a existência do noivo, filho de Creonte, como a do "bom" irmão, recuperado por Creonte como modelo da justiça – como princípio ético da cidade sobre o qual o novo rei funda seu próprio governo[23] (não é preciso mencionar novamente quão duvidosa é essa recuperação). Ela rejeita também Ismênia, a irmã que mostrou amizade demais pelo tio. Antígona opõe-se, portanto, principalmente a tudo o que possa sustentar o reino do homem que governa a cidade: ela é *contra Creonte,* que ela chama, num tom de deboche, nosso "bom" Creonte, esse "tirano". Nesse sentido, pode-se dizer que ela é *antiáneira,* "contra o homem" e, mais do que isso, pode-se dizer também que adota uma linguagem que a faz "semelhante ao homem". Fala como se quisesse ela mesma ditar as leis ao rei, à irmã e aos anciãos, fala uma linguagem que as mulheres não falam normalmente.

E, no entanto, se chama de Anti-gona: "semelhante à mulher" e "contra a mulher". Porém, que mulher? Ou que tipo de mulheres? Podemos, primeiro, pensar em Níobe, com a qual a heroína se compara no seu diálogo cantado com o Coro. Com efeito, chamou atenção que a "pequena" Antígona é representada como um pássaro-mãe que chora a perda de sua ninhada[24] com gritos estridentes. E muitos críticos disseram que ela "esquece" que o traço dominante de Níobe é a maternidade. É preciso, porém, notar que esse "esquecimento" provavelmente não é esquecimento. Quem presta atenção ao modo como Antígona se compara com Níobe notará que Sófocles não estabelece uma analogia vaga entre traços dominantes que resultaria na comparação torta da virgem sem marido nem filhos com a esposa de Anfião, mãe formidável de sete filhas e sete filhos. Sófocles estabelece um paralelismo entre a *viagem* iminente que levará Antígona para o Hades e a *metamorfose* que transformou Níobe em rocha estéril. No nível desses dois processos, a analogia é impecável, uma vez que a morte próxima de Antígona deixa entrever o horror da

22 Aristóteles, *Poética,* 1453 a 10.
23 O discurso inicial de Creonte apoia-se sobre os direitos de sucessão (cf. B. Knox, op. cit., p. 91), porém omite certos detalhes desse direito – por exemplo, a sucessão pela filha *epíklêros* que seria, nesse caso, Antígona.
24 J. Lacan, op. cit., p. 307.

74 ANTÍGONA, INTRIGA E ENIGMA

extinção da "última raiz" de uma grande linhagem que se extenuará num túmulo rochoso.

O olhar de Hölderlin admirou essa lucidez, a precisão de um juízo implícito que reside na simples justaposição de dois processos: do lado de Antígona, o paradoxo da "morte viva", o terrível entre-dois da "vida" subterrânea na caverna, à qual corresponde, do lado de Níobe, o "crescimento rochoso" (*petraía blastá*), a "riqueza da vida" que se transforma em "deserto" (AH 852 s.)[25]. A perspectiva do tradutor alemão ensina a ler às avessas das tendências atuais. Ela restitui o equilíbrio dessa personagem maravilhosa-e-terrível, fazendo o elogio do "superlativo da beleza" dessa heroína e assinalando algo "amável, compreensivo e inteligente no infortúnio" que vem equilibrar esse caráter. As ricas nuanças às quais a versão hölderliniana restitui a ambiguidade do texto grego atenuam os aspectos da cólera e do sofrimento trágicos. Hölderlin admira a perspicácia "onírica-e-ingênua" que Sófocles deu a Antígona e ele considera como o ápice de seu enigmático encanto a "ironia sublime"[26]. Ironia supõe distanciamento, flexibilidade das emoções e elasticidade intelectual. A heroína, por momentos, extremamente delicada e terna, não carece, na versão hölderliniana, de traços rudes e "terríveis". Nesse *dégradé*, Hölderlin vê surgir uma heroína supremamente lúcida e inteligente, não somente uma obcecada, possuída por uma "vontade inflexível" ou "atravessada pelo desejo"[27]. Ela é amável e bela, apesar da extrema violência e da dureza que tornam seus discursos às vezes assustadores.

ANTÍGONA: AMIGA-E-INIMIGA DA CIDADE, FILHA E "RAINHA" DE TEBAS

O que distingue Antígona – seu segredo, sua beleza – é algo indefinível. Hölderlin esboça-a com adjetivos substantivados:

---

25 Nas *Observações Sobre Antígona*, Hölderlin cita o início da comparação e comenta: "Eis precisamente o traço supremo de Antígona. A ironia sublime – na medida em que a loucura sagrada é o fenômeno humano mais alto, sendo aqui mais alma do que linguagem – supera aqui em grandeza todas as suas outras falas." (F. Hölderlin, AA, DKV, v. 2, p. 915; trad. K. Rosenfield, *Antígona*, p. 401).
26 Ibidem.
27 J. Lacan, op. cit., p. 218, «*traversée par le désir de la mère*».

"o amável, o onírico-ingênuo..." Antígona não é ingênua no sentido vulgar do termo, mas sua beleza tem a potência e o charme que exercem sobre nós a inteligência livre das crianças, a juventude não contaminada pelas convenções de um raciocínio utilitário e a reflexão apoiada nos interesses práticos da vida adulta. É preciso notar, aliás, que apenas Creonte chama Antígona de *gyné*, mulher, enquanto o Coro refere-se sempre à "criança/filha" ou à virgem núbil (*paîs, korê, nymphê, neânis*)[28]. Todos esses termos situam a heroína num momento de transição entre a infância/adolescência e a idade adulta – momento delicado e potente, no qual as qualidades antagônicas dos dois estados parecem realçar-se mutuamente. Acrescenta-se a essa ambiguidade mais uma – a que a situa entre o masculino e o feminino. É o Coro de novo que sublinha os modos "crus" e "intempestivos", que tornam Antígona semelhante (senão igual) ao seu pai Édipo.

A heroína ocupa, portanto, os lugares simbólicos mais diversos – o da criança, o da mulher e mesmo o do homem por excelência de Tebas. Como conciliar tudo isso, semelhante ao homem, semelhante à mulher, contra o homem, contra a mulher, criança às avessas dos valores da vida adulta e da pólis, ao mesmo tempo que criança semelhante ao que a civilização tem de mais precioso: "raiz" de vida – de sobrevida física e moral, pois não se deve esquecer que a rebelde defende os costumes ancestrais, as leis mais sagradas do que as que escrevem e pensam os homens. Hölderlin acentuou ao máximo o aspecto paradoxal da peça – dramatizando, de um lado, a crueza e a selvageria, realçando, do outro, os aspectos pacíficos, a ternura e as medidas conciliadoras. A criança política que age contra o homem da pólis e contra os interesses dos vivos em Tebas fará, justo antes de deixar a cena, o discurso mais político que existe: Hölderlin a faz falar como "Rainha" (AH 978), como heroína da ordem política de Tebas.

Essa mudança, que substitui à formula grega "criança/filha de nossos reis" (*ten basilída*) o título de "a Rainha", seria ela um preconceito "romântico", a ironia subversiva de um partidário da revolução francesa que aqui procede a uma anacrônica

---

28 *Korê*: A 395, 769, 889, 1100, 1204; *nymphê*: A 568, 628, 633, 796; *paîs*: A 378, 423, 472, 561, 654, 693, 949, 987; *neânis*: A 783.

"reviravolta de todos os modos de representação"[29]? Ou trata-se da ironia do próprio Sófocles que faz de Antígona – a virgem rebelde com a qual acaba a grande linhagem de Tebas – a mais bela das heroínas, a que faz luzir o brilho daquilo que poderia ser uma cidade civilizada? Não seria, na verdade, a intenção de Sófocles nos apresentar Antígona como a "Rainha", cuja beleza e cuja grandeza condensam tudo o que é de Tebas: a cidade cujo nome remete diretamente ao problema da fundação, à instauração da ordem visível nas construções bem erguidas?[30] Não captou Hölderlin a ironia do próprio Sófocles quando ele faz dela – a "crua", a rebelde, a bárbara que somente se preocupa com os parentes mortos – a Rainha supremamente compreensiva, bela e irônica, que deixa os anciãos de Tebas sem imprecações e sem uma palavra odiosa contra Creonte? No lugar de uma violenta maldição que poderíamos esperar, essa condenada à morte contempla com serenidade a morte injusta que lhe foi imposta, e ela exorta os anciãos – que ela trata, tal verdadeira Rainha-mãe, como filhos – a interrogarem a lei paradoxal que condena à morte aquela que observou a piedade do enterro, sem a qual não haveria mais nem cidade, nem civilização, nem "homem", nem "mulher", nem "filho" no sentido humano do termo. Não seria esse efetivamente o segredo e o enigma de Antígona?

Esse enigma a torna semelhante à esfinge do pai. Quando ela encerra seu último discurso (no qual diz coisas horríveis sobre filhos e marido que ela não enterraria), ela faz surgir diante dos anciãos um enigma como o da esfinge: o que é o homem entre a crueza de uma virgem livre de recusar um enterro ao marido e aos filhos hipotéticos e a clemência celestial de uma criança-rainha que poupa seus carrascos – os anciãos, notáveis da cidade, e o rei – de toda e qualquer imprecação? As

---

29 Embora as *Observações Sobre Antígona* mencionem essa ideia, Hölderlin insiste sobre a necessidade de manter, na representação artística, as escalas de valores históricos – ele se opõe, portanto, à alteração e à modernização arbitrárias.

30 Cf. E. Benveniste, *Les Origines de la formation des noms en indo-européen*, p. 200-202; idem, *Problèmes de linguistique générale*, p. 291-292; sobre a raiz *dhe- (colocar, estabelecer) que participa na formação de termos gregos como Tebas, *themis, themeleia, tithenai*, cf. M. Détienne, *Apollon*, p. 22, 105 s., 175 s., expõe as vicissitudes desse elemento no imaginário grego.

últimas palavras dessa heroína, das mais irônicas e paradoxais, não questionam mais o decreto ou a legitimidade de Creonte, porém a lei no sentido amplo do termo: o *verdadeiro* poder que vale e que move o mundo – o poder do *destino*. É esse poder que a empurra agora à morte e ela morre, então, como homem-e--mulher, Rainha-e-mãe, terna-e-cruel, "crua"-e-civilizada. Ela deixa a cena colocando a questão do destino – de um destino que lhe traz a morte; de uma morte, porém, que coloca em questão no futuro de Tebas.

Tudo indica que é preciso procurar o enigma de Antígona no campo de tensão entre o homem, a mulher e a criança, entre o "cru/intempestivo" e o terno/pacífico, entre os comedores do cru e do cozido, entre os homens, as feras e os deuses. Ela é semelhante a tudo – isto é, sua excessiva mobilidade entre termos que deveriam permanecer distintos e opostos (pelo menos para os humanos) faz dela um ser enigmático – desumano ou sobre-humano. Ela torna-se, assim, a própria figura da tara incestuosa de Tebas. Essa tara não é de ontem. Ela não foi causada por Laio ou por Édipo. Ela é inerente à origem dessa cidade, que deve sua vida e sua fundação à fertilidade prodigiosa-e-monstruosa da Terra-mãe tebana. Essa recebeu uma semente – os dentes da Serpente da qual crescem, como vegetais, os semeados, *spartoí*. Os ancestrais das grandes linhagens de Tebas desconhecem, então, as distinções, tão preciosas para os humanos, entre mãe e pai, entre parentes e filhos, entre gerações anterior e posterior.

ANTÍGONA E A "CRUEZA" DAS SERPENTES

Nesse ponto, mais uma vez, as indicações de Hölderlin são preciosas. Sua tradução intensifica e "dramatiza" e, assim, lembra-nos que Tebas carrega o emblema da serpente de uma forma diferente da que o aristocrata do século XIX carrega o brasão de sua família. Quando Hölderlin evoca o deus-protetor de Tebas, Dioniso, que habita a cidade "onde a goela do dragão apanha, perto das cercas, o sopro [humano]" (AH 1173), ele censura nosso gosto dos lindos emblemas e das alegorias decorativas. Ele proíbe-nos de saborear os nomes dos deuses como se se tratasse de alegorias literárias e decorativas e obriga-nos a sair de uma compreensão mecânica. Ele convida assim seu leitor a lembrar-se do problema que Sófocles inscreveu na sua tragédia, oferecida à cidade ateniense. Para esta, a Tebas do mito é a imagem de uma ameaça sempre presente. A bela cidade construída com tanta arte pelos descendentes da serpente não parece jamais ter concluído o ato de fundação, pois a construção emenda na destruição, a geração na degeneração e na morte – progredindo, Tebas parece regredir cada vez mais.

O que Antígona vê olhando o "espelho" de Níobe é a fase "mineral" de uma progressão que coincidiu (e sempre de novo coincidirá) com uma regressão do humano: o movimento paradoxal que leva da fertilidade à extenuação desértica parece manter uma relação com a natureza da serpente tebana, cujos dentes fornecem uma ampla progenitura, mas uma progenitura que se destrói ela mesma. O excesso de abundância de Níobe inverte-se em uma esterilidade ainda mais radical do que aquela dos leões ou das serpentes aladas da Arábia que Heródoto descreve na sua *História*[31]. O paralelo com Heródoto não é uma analogia extravagante, pois é perfeitamente claro que a ameaça do endocanibalismo paira sobre Tebas – o parricídio, o incesto, o fratricídio, a acusação de Eurídice, segundo a qual Creonte causou a morte dos dois filhos –, eco da acusação que Jocasta poderia ter lançado contra seu marido – são atos de uma monstruosidade crescente que converge em direção ao ápice da selvageria das serpentes que se devoram entre elas[32]. Pais e filhos, maridos e mulheres tebanos parecem-se com as pequenas serpentes que roem o ventre de sua mãe a fim de abrirem passagem para sair. O hino sobre o homem "formidável" evocou a agricultura como uma audácia: o homem "dilacera" (*reibt auf*) o ventre da Terra-mãe. Em compensação, o medo constante dos homens de Tebas diante das mulheres de sua cidade parece brotar da vaga lembrança de fêmeas como a Terra-mãe de Tebas. Esta precisa somente de uma semente, não de um marido ou de um pai para seus filhos – exatamente como a fêmea do dragão da Arábia. "Quando essas feras se acasalam

---

31 Heródoto, op. cit., III, p. 108-109; cf. M. Détienne, *Dionysos mis à mort*, p. 110s.
32 Sobre os paradoxismos do horror nas desordens de Tebas, cf. N. Loraux, op. cit., p. 125.

A BELEZA DE ANTÍGONA SEGUNDO HÖLDERLIN   79

e quando o macho põe fora seu sêmen, a fêmea o apanha pela garganta e não o larga antes de tê-lo devorado."[33]

Não é essa selvageria bárbara – árabe, persa ou simplesmente bestial – que Sófocles queria evocar ao borrar os belos discursos de Antígona com as sombras de uma crueza feroz? Não seria a linguagem incongruente de Antígona reveladora precisamente no que diz respeito ao problema do fundamento do qual nenhum cidadão de Tebas (ou de qualquer outra cidade) pode escapar? A fundação procura *instaurar* as diferenças culturais, os nomes e os estatutos que regulam as relações nas famílias e entre famílias. Quando a bela princesa-rainha fala como uma bárbara, sua indiferença assinala, sob a máscara de um problema psicológico, o problema da falta de diferenciação dos termos de parentesco que se deve ao autoengendramento no momento mais recuado da fundação de Tebas – ao "incesto" originário da Terra que engendrou consigo mesma, sem pai. Essa lembrança deforma o tecido linguístico da bela heroína e Hölderlin achou conveniente conservar essas dissonâncias que parecem ter sido colocadas por Sófocles[34]. Se Antígona falasse como uma "cidadã", não sobraria nada da tragédia além de uma hagiografia cristã.

Ora, a grande virtude de Sófocles, esse cidadão dos mais serenos de Atenas, era a de fazer lembrar aos seus pares, com tranquilidade sorridente, que mesmo numa cidade tão civilizada quanto Atenas, tão segura dos seus méritos políticos, o jogo da humanidade não é jamais ganho, e que a selvageria, a "goela da serpente", os crimes contra a humanidade podem alojar-se na simples execução da lei. Ele sabia também que o valor e a excelência das leis dependem inteiramente das conjunturas sempre moventes das circunstâncias.

Eis o "destino" que espera o cidadão como a esfinge que se erguia diante de Édipo. Eis a grandeza e a beleza que Hölderlin atribui a Antígona. No calor da ação, ela não perde o equilíbrio do olhar irônico; ela choca-se contra o decreto de Creonte, mas não se fecha nesse confronto com o ressentimento de Hêmon

---

33 Heródoto, op. cit., III, p. 109.

34 Contrariamente ao que sugere Goethe, que, numa das suas conversas com Eckermann (28 mar. 1827), deseja que um "sólido filólogo" demonstre a inautenticidade dos versos nos quais Antígona fala como uma bárbara.

ou de Eurídice; ela perde, porém olha sua perda como a imagem de um destino fixado para ela e para os outros cidadãos de Tebas; ela vê que ninguém nessa cidade pode escapar da lei que faz de qualquer progresso uma regressão ainda pior do que a anterior. Eis o equilíbrio do qual fala Hölderlin quando envolve Antígona – a heroína e a tragédia – nos véus do paradoxo.

4. Terceiro Ato

Hino "Felizes os Que Não Provam o Mal" (A 583-625, AH 604-649)
Creonte e Hêmon (A 625-780, AH 650-810)
Hino a Eros, (A 781-800, AH 811-834)
Kommós de Antígona (A 806-943, AH 835-973)

O terceiro ato é a parte mediana, é o ato mais longo da peça – ele supera em mais de cem versos os atos anteriores e posteriores, e contém dois hinos. O primeiro desses cantos corais abre o terceiro ato com uma sombria contemplação das ruínas que destroem os tempos felizes (A 583-625, AH 604-649), deixando ao homem desamparado nada além da "esperança, andarilha errante" (A 614, AH 638). O canto prepara o clima para o infeliz encontro entre Hêmon e Creonte. O hino seguinte, dedicado a Eros, está mais ou menos no meio desse ato (A 781-800, AH 811-834); ele faz a transição entre o diálogo que revela a paixão violenta de Hêmon (A 625-780, AH 650-810) e a estranha e bela intensidade de Antígona (A 806-943, AH 835-973).

O recorte dos episódios na versão hölderliniana realça esse contraste entre o Eros violento – verdadeiro "espírito de guerra" de Hêmon – e o "espírito de paz" predominando na disposição de Antígona. A leitura hölderliniana projeta uma nova luz sobre a multiplicidade das relações afetivas entre, de um lado, Creonte e seu filho, de outro, Antígona e as demais personagens.

COMO SUPERAR O CONVENCIONAL DESGOSTO COM CREONTE?

É proverbialmente difícil gostar de Creonte. E isso tem boas razões. Mas não significa que ele seja um simples vilão, um tirano sedento de poder e riqueza. Essa simplificação distorceu o senso crítico e inviabilizou uma apreciação das sutis ironias de Sófocles. Críticos pouco observaram o complicado rendilhado de amor e ódio nessa peça; Édipo e Jocasta, Etéocles e Polinices são exemplos do trágico curto-circuito que faz coincidir hostilidade e amizade – e este impasse mortífero atingirá também Creonte e seu filho. Hölderlin foi o primeiro a reconstituir, com grande faro poético, as imagens de afeto e inimizade inextricáveis nas quais os parentes próximos estão enredados – em particular, Hêmon, Antígona e Creonte. Este último tem razão de se preocupar com o noivado de seu filho, porém não só por sua sobrinha ser fruto de um incesto, mas também pela íntima aliança que manteve com sua própria irmã, Jocasta – sua via de acesso às benesses do poder. Creonte está implicado em todos os atos dos governos anteriores, e o casamento de Jocasta com o próprio filho transforma Hêmon e Antígona em primos-mais-que-primos. Ele não viu ainda que essas proximidades em muitos planos (genealógico, simbólico, prático) poderiam afetar Hêmon mais do que ele próprio, como pai, o deseja. No início do diálogo, Creonte é apenas um patriarca zeloso pelo bem de seu filho e de sua linhagem, não um tirano caricato que empurra o filho ao suicídio, como pensam muitos leitores.

Hölderlin foi um guia pioneiro no labirinto desses complicados sentimentos trágicos: iluminou o enigma da beleza de *Antígona* fazendo sentir novamente as ricas matizes e os contrastes significativos (renunciando a fórmulas conceituais demasiadamente simples). A parte mediana de *Observações* dá algumas diretrizes para esse modo inédito de leitura, embora a brevidade desses comentários ilumine o caminho com uma luz muito tênue. Entre outras observações, Hölderlin cita uma réplica de Antígona para o seu tio; ela pontua a diferença de posturas, de estilo e tato das personagens. Justapondo ao argumento racional de Creonte uma conjetura hipotética da heroína, o poeta convida seu leitor a sentir e saborear a diferença das atitudes:

CREONTE: [Queres] Nivelar o bom com quem comete o mal?
ANTÍGONA: Quem sabe, lá em baixo, não seja bem assim.
(AH 541s., A 520s.)

É uma diferença *estética* (não uma distinção moral) que constitui o contraste entre a "fraqueza" do argumento racional diante do "virtuosismo trágico"[1]. Ao contrário de Creonte, mais "fraco" no registro trágico (*tragisch-mässig*), Antígona tem o "virtuosismo heroico" – uma forma peculiar de sentir, pensar e agir que lhe permite sustentar seu desafio até o fim. É um misto de amabilidade, inteligência, ingenuidade e perspicácia que sabe evitar, no momento certo, os impasses dos silogismos e os curtos-circuitos dos argumentos racionais. Essa leveza lhe confere a beleza "superlativa" que admiramos: "e é preciso falar da [sua] beleza em termos superlativos, porque essa atitude repousa, entre outras coisas, sobre o superlativo do espírito humano e do virtuosismo heroico"[2].

Em outras palavras, não é o conteúdo ético de suas ações, nem a razão superior de seu argumento, mas o *modo* de sentir, imaginar e agir que os diferencia. Para evidenciar que o problema não está no domínio moral, Hölderlin compara Creonte e Antígona com lutadores numa competição atlética (AA, v. 2)[3]; ele pensa em particular em corredores – uma bela imagem para o paralelismo dos seus esforços: ambos alvejam o mesmo alvo, ambos têm as melhores intenções e, num primeiro momento, nenhum dos dois é indigno do outro. O paralelismo entre os dois protagonistas evita a simplória polarização do bem e do mal que prevalece na maioria das leituras até hoje.

A superioridade que concedemos intuitivamente a Antígona é um complicado efeito estético, não repousa (pelo menos

---

1   Cf. F. Hölderlin, AA, v. 2, DKV, v. 2, p. 915; obsA, p. 401: para Hölderlin, o herói distingue-se por um misto de coragem, sensibilidade e inteligência – uma audácia quase selvagem temperada pelo distanciamento da ironia sublime, que se manifesta como aura ou "alma" da personagem, como efeito emergindo entre as linhas de suas palavras.

2   Idem, AA, v. 2, DKV, v. 2, p. 914, obsA, p. 401.

3   Idem, AA, v. 2, DKV, v. 2, p. 920; obsA, p. 408: "A configuração de tais personagens é comparável, como em Antígona, ao combate atlético dos corredores, no qual aquele que primeiro tem necessidade de tomar fôlego (e) se choca contra seu adversário, perde, enquanto que se pode comparar a luta de Édipo com o pugilato e a de Ajax com a esgrima."

84 ANTÍGONA, INTRIGA E ENIGMA

não na sua maior parte) numa qualidade moral ou racional. E ela tampouco exclui uma visão equânime das duas trajetórias. No arco da vida que se estende até a morte, a trajetória de Creonte permanece inacabada; embora a peça termine num dos momentos mais fracos do percurso trágico, não se sabe como terminará a vida, pois tais momentos de fraqueza, nos quais o protagonista não consegue sustentar (*aushalten*) as tensões produzidas pela ação, acontecem também nos percursos de grandes heróis. *Édipo Rei* é o melhor exemplo dessas oscilações inevitáveis – Hölderlin comenta o "momento de fraqueza sublime" (*hohe Schwäche*) desse herói poderoso, que se expõe por momentos com gestos "lastimáveis" e "tolos" que acrescentam matizes "dignas de compaixão"[4].

Hölderlin é quase o único crítico que não despreza Creonte, embora ame a heroína com o mesmo entusiasmo que Goethe e a maioria dos leitores. Hölderlin capta com precisão criteriosa como Creonte, embora não seja um vilão e, de certo modo, até tenha razão, perde nossa simpatia:

> O momento mais audacioso no curso de um dia ou de uma obra de arte é aquele onde o espírito do tempo e a natureza, a coisa celeste que apanha o homem e o objeto pelo qual ele se interessa, se opõem da maneira mais selvagem, pois o objeto sensível alcança apenas uma metade, enquanto o espírito se acorda da maneira mais poderosa quando começa a segunda metade. Nesse momento, o homem deve sustentar-se/segurar-se com a maior firmeza e, por isso, se expõe o mais abertamente no seu caráter.
>
> Aquilo que é tragicamente moderado e murcho quanto ao tempo, [aquilo] cujo objeto não é propriamente interessante ao coração, segue da maneira mais imoderada o espírito do tempo torrencial e este aparece, então, como selvagem, ele não poupa os homens, como um espírito diurno, mas ele é sem piedade (*schonungslos*), como um espírito do caos selvagem e do mundo dos mortos – mundos eternamente vivos e não escritos.[5]

O que distingue os dois heróis não se situa tanto no nível das razões boas ou más, legais ou ilegais de suas ações, mas no âmbito de atitudes mais difusas. Na visão de Hölderlin, Creonte procura segurar-se num raciocínio e tenta convencer o Coro e

4 Idem, AOE, v. 2, DKV, v. 2, p. 851; OBSÉ, v. 2, p. 389.
5 Idem, AA, v. 2, DKV, v. 2, p. 918, OBSA, v. 2, p. 406.

a si mesmo. Ele se prende no pensamento como se fosse a própria coisa sensível, e (no exemplo citado acima) acirra o mesmo argumento com ênfase sentenciosa – uma máquina de bons preceitos e promessas. Antígona dispensa essa retórica esperançosa e duvidosa, contenta-se com toques leves, com sugestões hipotéticas – se sustenta, com elegância e leveza, num nível de elevação suspensa. Nessa leveza elegante da heroína revela-se o valor de sua paixão trágica – de um *élan* tão amplo e todo--abrangente que se mantém vivo até mesmo no infortúnio mais miserável, como mostram a sutil inteligência e a serenidade amável que a heroína mantém até a morte. Ela não se segura em argumentos e raciocínios. O que a guia é uma atitude de outra ordem, aquela segurança "onírico-ingênua" admirável dos sonâmbulos ou das crianças sem segundos pensamentos. Essa qualidade estética – de tom e de tato – é o véu de beleza insuperável da heroína, e seu vigor ou "virtuosismo" trágico.

Mas voltemos ao comentário do "momento mais audacioso" citado acima. O que significa: "Aquilo que é tragicamente moderado e apagado/murcho quanto ao tempo" (*das tragischmässige Zeitmatte*)? O poeta o explica na seguinte perífrase: "[aquilo] cujo objeto não é propriamente interessante ao coração, segue da maneira mais imoderada o espírito do tempo torrencial". A maioria dos tradutores compreende essa frase como uma referência a "épocas sem brilho trágico"[6], mas todo o contexto – a menção do "homem" que se expõe no "seu caráter" no momento culminante da trajetória, assim como o "interesse do coração" no segundo parágrafo – sugere que o poeta pensa nos protagonistas: no "murcho" Creonte, cuja atitude não está à altura do perigoso risco de sua tarefa – ele não sabe encarar com inteligência equânime o possível (provável) fracasso de seu esforço; o olhar preso a cegas esperanças, ele procura justificar a violência de sua transgressão (tragicamente necessária). Antígona, ao contrário, sente e assume a todo momento essa dimensão assombrosa e violenta de sua ação: é uma atitude imponderável – bela, não moralmente elevada – que "sustenta" seu *élan*.

A passagem se esclarece também como retomada tácita das *Observações Sobre Édipo*, onde Hölderlin dá exemplos

6 Cf. a tradução de F. Fédier: F. Hölderlin, *Œuvres*, p. 960.

do(s) momento(s) de fraqueza da trajetória heroica. Depois de ouvir que Políbio morreu de morte natural, ele se sente, por um momento, livre do seu destino anunciado pelo oráculo; entrega-se a uma lassidão momentânea, a vãs esperanças que contrastam com a potência dos momentos fortes, com o "virtuosismo heroico". Outro exemplo, mas agora de uma fraqueza trágica total, é Hêmon que insiste em viver nas ilusões de sua paixão. Édipo esquece só por um curto instante da "reviravolta categórica do tempo", que arranca o homem do seu equilíbrio heroico: "Assim aparece Hêmon na *Antígona*. Assim o próprio Édipo (embora apenas por um instante) no meio da tragédia de Édipo." (AOe, v. 2).

Dar a lei e pôr à prova a lei são atos sacrílegos, porque "movem o sagrado, que é intrinsecamente imóvel"[7]. Devido à situação caótica, Antígona, como também Creonte, foram obrigados a cometer esse sacrilégio. Mas ele tenta escapar desse dilema: raciocina compulsivamente para convencer o Coro (e para *se* convencer) de sua legitimidade, como se procurasse esquecer o perigo da situação, a precariedade de seu *status* no trono, sem falar do decreto cuja legalidade também é questionável. Antígona, ao contrário, tem o faro trágico certeiro; "sabe" intuitivamente o que faz – não através de cálculos cerebrais, mas com uma certeza visceral. Num relance ela viu e entendeu tudo – sobretudo, que não pode esperar nenhuma solução viável para si mesma. Só tem uma coisa a fazer – aquilo que salva sua honra e a dos seus. Ela está plena no seu ato, é visceralmente uma com sua ação, ao passo que os raciocínios condenam Creonte a constantes ruminações – promessas, esperanças, desesperos. Seu decreto pouco tem a ver com o "objeto sensível" – o corpo lívido de Polinices estendido no solo de Tebas –, mas tem sua débil raiz em cálculos racionais e em laboriosos raciocínios éticos. É essa postura ou "fraqueza trágica" que lhe custa nossa admiração e simpatia.

---

7 G.F.W. Hegel, elabora com sutileza a ambiguidade da ação heroica. Mostra que tanto Creonte, ao emitir o decreto, como Antígona, que põe à prova a validade desse decreto, cometem o sacrilégio heroico. A *Fenomenologia* fala da "insolência tirânica" e da "temeridade do saber" de ambas personagens que se arrogam o direito de mover o que por definição deveria permanecer imóvel – a lei. Cf. *Phänomenologie*, p. 320 s.; *Fenomenologia*, p. 301 s.

TERCEIRO ATO

A urgência do momento obrigou Creonte a agir e ele começou no melhor espírito trágico – ousando coisas maravilhosas-e-terríveis (*deina*), como vimos na análise das ponderações do Coro a respeito de sua proclamação. Mas, num segundo momento, ele fraqueja, agarra-se ao decreto como se essa lei do momento tivesse fundamento, como se garantisse a esperança de um futuro feliz.

Creonte procura projetar-se para além do tempo e das conexões humanas, ele expõe seu caráter em toda a sua fraqueza ao ser arrastado pelo tempo torrencial. Cabe aqui citar um dos comentários que Walter Benjamin tece em torno das observações hölderlinianas sobre o destino, o direito e o castigo. Assinalando a errônea identificação do direito (*Recht*) com a justiça (*Gerechtigkeit*), Benjamin atribui a essa confusão o fato de que "a ordem do direito, que é uma mera remanescência da era daimônica da existência humana, durante a qual direitos estabelecidos [*Rechtssatzungen*] não determinavam apenas as relações humanas, mas também seu vínculo com os deuses, tenha-se conservado para além do tempo que inaugurou a vitória sobre os daímones"[8].

A reflexão benjaminiana modula (sem citá-las) as observações de Hölderlin, segundo as quais o momento de fraqueza trágica pode transformar o próprio herói – mediador que sustenta a humanidade nas tensões entre o sub e o sobre-humano. O risco do herói é de perder seu estado suspenso e de assumir o "espírito do caos selvagem e do mundo dos mortos – mundos eternamente vivos e não escritos". A ânsia de Creonte visa estabelecer com rapidez novos critérios mais claros e racionais, critérios não comprometidos com as confusas ambiguidades do incesto. É um projeto perfeitamente compreensível no caos tebano, mas sua execução abre a porta para deduções macabras e medidas cada vez mais violentas. Ele parte da necessidade legítima de instaurar uma nova ordem cívica e termina por convencer-se de que teria a obrigação de condenar à morte Antígona e Ismênia – princesas e sobrinhas. Parece entrar num turbilhão de sentimentos secundários que emergem de seus

---

8   W. Benjamin, *Gesammelte Schriften*, II, 1, p. 174. Traduzimos *"dämonisch"* por "daimônico" para não induzir à confusão entre as forças da natureza do imaginário antigo e a demonologia cristã.

raciocínios e reflexões – de ressentimentos transformando a lealdade familiar em rechaço. Prendendo-se nesse vórtice, Creonte não pode mais ser o "espírito diurno" que "poupa" vidas humanas, mas se obriga a esquecer os sentimentos diurnos e humanos, legando/condenando suas próprias parentes ao "mundo dos mortos".

CREONTE, ANTÍGONA E HÊMON: OS PRINCÍPIOS DA TIRANIA E DO GOVERNO LEGÍTIMO

Mas voltemos ao diálogo do pai com o filho, que inicia no melhor entendimento e com palavras de devoção filial que dão a entender que Hêmon tem o maior respeito, senão admiração, por Creonte. Observemos, portanto, como o desentendimento se produz. É significativo, por exemplo, que Hêmon não fale do seu noivado e muito menos de afetos por Antígona. Suprimir sinais de amor, mesmo quando se trata de uma noiva, é normal na Grécia antiga. O que é um pouco estranho, entretanto, é que ele, em vez de reivindicar os direitos jurídicos dos noivos, escolha uma retórica impessoal e aparentemente neutra (uma neutralidade talvez *fingida*). Com grande esmero, destaca o catálogo das virtudes sociais (flexibilidade, adaptabilidade) e cívicas (tolerância), e só então passa aos louvores de Antígona – elogios burilados do "belo" como num exercício de estilo homérico. Igualmente notável é o desconforto de Creonte com a menção de tais feitos de destaque. Já no diálogo anterior com a sobrinha, ele mostrou grande irritação quando a heroína defendeu seu enterro como um ato "belo", evocando a aura da glória mítica que não deixa de impressionar o Guarda e o Coro, Hêmon e Ismênia (AH 525, A 514). Essa irritabilidade repete-se agora com o *plaidoyer* de Hêmon em favor do gesto "glorioso" e "belo" de Antígona. É compreensível que Creonte tema a simpatia pública suscitada pelos "belos feitos"; seu discurso inicial mostrou que gostaria de ver enterrada e esquecida toda a glória da casa de Édipo. Ressentido e irado com a memória heroica dos labdácidas, ele chegou ao ponto de acrescentar mais uma acusação à lista de crimes de sua sobrinha: declarou que Antígona seria uma traidora das "coisas belas" (*kallunéin* AH 516 s., A 495 s.), pois ela apresenta o "feio/mau" (*kakoîsí tis*) como belo. E Creonte enfatizou que ela ousou vangloriar-se desses feitos, ridicularizando a autoridade do tio e da cidade (AH 502 s., A 483). Na cultura arcaica e na clássica as "coisas belas", os elogios e a admiração pelos feitos destacados conferem *status* e poder. Creonte procura eliminar esses perigosos pontos de cristalização do apreço público e declara como vã glória e afronta toda palavra envolvendo o belo. A heroína sente imediatamente essa intenção de destruir sua integridade simbólica e retruca: "Tu queres mais, agora que me tens nas mãos, que me matar?"

A inteligência "onírico-ingênua" da heroína captou o ponto de fuga da ânsia de seu tio: abolir a aura de beleza dos labdácidas, destruir a memória que dá vida e poder a essa linhagem que, segundo ele, só trouxe miasmas a Tebas. Mas a solução que propõe – instaurar sua linhagem no trono – escamoteia o parentesco com Jocasta, e o envolvimento do próprio Creonte em todos os governos – principalmente na tentativa de filicídio de Laio e Jocasta. O destino estende inúmeros laços que enredam os protagonistas à revelia de sua vontade e das suas intenções. Creonte não quer ver esses laços trágicos, convenceu-se (como Laio quando decidiu matar o filho) de que pode livrar-se deles – eis o que significa o comentário de Hölderlin sobre a maneira "imoderada" de "seguir [...] o espírito do tempo torrencial": ele se atribui o poder de um espírito assombroso e selvagem cuja lei emula as próprias potências naturais. Usou a lei cívica com tanto ardil que parece agora estar obrigado a sacrificar suas próprias parentes, sem suspeitar que sua sombria coragem irá empurrar seu próprio filho "ao caos selvagem e ao mundo dos mortos" (AA, v. 2; DKV, v. 2, p. 918; ObSA, p. 406).

Precipitando-se no esforço imoderado de fundar uma nova lei e um novo reino sobre um encadeamento de raciocínios e deduções, ele arma sua própria armadilha. Instaura a lei sobre a fictícia pureza de sua linhagem, sem notar que Hêmon guarda pelos labdácidas e por Antígona uma admiração bem mais passional que o Coro. Os anciãos deixaram-se convencer pelos argumentos e aguardam as novas decisões com fria imparcialidade. Mas no filho parece arder uma veneração inquietante; ele

90 ANTÍGONA, INTRIGA E ENIGMA

ama o pai e adora a noiva e a família de sua tia. Em breve, essa oscilação transforma-se no mesmo misto de amor e ódio que vimos nos labdácidas: cegado por paixões obscuras, Hêmon não sabe mais bem o que fazer – assassinar o pai ou cometer suicídio: o miasma atingirá a linhagem de Creonte e ainda irá superar o dos labdácidas na escala do horror que o imaginário grego atribui aos diversos crimes entre parentes.

Até a entrada em cena de Hêmon, e ainda no início do diálogo com o filho, Creonte pode ter tido a impressão de que todas as suas decisões foram aprovadas – nem o conselho dos velhos da cidade, nem Tirésias lhe opuseram objeções. O conflito começa a aguçar-se apenas na metade do encontro entre pai e filho. É importante não perder de vista que toda a primeira parte dessa conversa desenrolou-se de maneira muito branda. Por isso, cabe reavaliar com cautela a opinião de muitos leitores e comentaristas que atribuem toda a culpa à brutalidade tirânica do pai[9]. Hêmon é, como bem sublinhou Reinhardt, a personagem cuja função é provocar a reviravolta no destino de seu pai[10], mas isso não significa que os conselhos aparentemente cívicos do filho sejam adequados para a situação, nem que lhe deem razão. É questionável a ideia de Reinhardt quando considera que Creonte não soube avaliar a opinião dos Grandes da Cidade, nem as convicções cívicas e democráticas do filho[11]. Tampouco é obrigatório compartilhar a visão de tantos leitores e críticos que veem em Creonte apenas a sede de poder e de riqueza[12]. Todo o ritmo das cenas sucessivas indica uma outra lógica: num primeiro momento, o Coro concorda com seu programa de governo, Tirésias não se manifesta inicialmente, o que significa que não discerniu signos divinos nefastos no momento da promulgação do decreto, e também a primeira parte do encontro com Hêmon parece confirmar a confiança de todos no bom juízo do regente que agora aspira à realeza.

9 Para a questão de saber se Creonte é um "rei" ou um "tirano", cf. infra e J.-P. Vernant; P. Vidal-Naquet, *Mythe et tragédie*, v. II, p. 183; assim como supra, cap. 3.

10 K. Reinhardt, *Sophokles*, p. 93 s.; *Sophocle*, p. 124 s.

11 Idem, *Sophocle*, p. 125.

12 Cf. R.P. Winnington-Ingram, *Sophocles: An Interpretation*, p. 124-127 e 170, fala de "volúpia do poder e avidez de dinheiro". Cf. também E. de Souza, Leitura de "Antígona", *Revista da Universidade de Brasília*, p. 12.

Na verdade, Creonte merece um outro olhar – ele não tem bem a envergadura do tirano, mas tentou assumir esse papel por obrigação. Depois do primeiro *élan* heroico, volta a ser o que sempre foi, um homem de segundo plano, um conselheiro com dificuldades para assumir os riscos e perigos de sua ousadia, um cidadão médio. Convencer o Coro foi fácil, e não prevê que Tirésias pudesse se opor à mutilação prolongada do cadáver. Por um momento ele teima: mas depois da primeira resistência às diretrizes de Tirésias ele volta a si e escuta o Coro, assumindo seu papel de bom cidadão. Voltemos agora a uma análise mais detalhada do diálogo com Hêmon. Um olhar mais atento descobre que Creonte é sensato e procura ser um bom pai, tal como sempre foi um bom regente. Sua falha fundamental é de ser fraco demais para sustentar o desafio do herói fundador.

O que dá a Creonte a aparência de um "tirano caricato" é sua argumentação que não assume com a mesma franqueza que Antígona o sacrilégio tirânico que todo ato de (re)fundação exige. Ele procura justificar sua medida com legalismos, mas essa tentativa de justificar o injustificável o enfraquece – *qui s'excuse, s'accuse*.

Creonte é lento em perceber o que os labdácidas e Antígona representam para Hêmon. Não seria o próprio nome *Haimon* um lembrete dos laços de consanguinidade – *xyn-haímon* – que já existem com a linhagem da noiva, criando uma solidariedade irracional com tudo que lhe pertence? É em vão que Creonte procura negar esse excesso de *philía* com os filhos incestuosos de sua irmã Jocasta. O infeliz engano virá à tona na conversa de surdos com seu filho. Quais são os sentimentos que Hêmon dissimula com tanta cautela atrás de sua bela retórica? O Coro previu os perigos de Eros e anunciou explicitamente que o noivado (e a paixão) de Hêmon poderiam atrapalhar as medidas de Creonte. Do ponto de vista afetivo, social e jurídico, Hêmon teria todas as razões de estar zangado. Pois, prendendo Antígona, seu pai se arrogou uma autoridade que não lhe cabe: a instituição do noivado passa a ascendência jurídica para o cônjuge. Surpreendentemente, entretanto, ele não chega com as reivindicações que o Coro esperava.

No entanto, esse aspecto não parece afetar Hêmon, que apenas se alonga em conselhos democráticos e elogios que mostram sua admiração pela noiva e o prestígio dessa linhagem. Embora Creonte tenha toda a razão em temer um casamento demasiadamente consanguíneo (para não dizer incestuoso), seu filho não compartilha os profundos sentimentos de revulsão indignada contra os desmandos nefastos dessa família.

Muito pelo contrário, Hêmon usa primeiro a docilidade diplomática como "embrulho" para o assunto que lhe é caro, mas que não ousa explicitar. Começa com uma retórica que beira a adulação (e não há pai que não ouviria com agrado palavras como essas):

> Pai, sou teu. Tu tens suaves pensamentos,
> Julgas reto para mim. De bom grado te sigo.
> Pois não estimo nenhum casamento
> Mais do que teu sucesso no reino.
> (AH 659-662, A 636-638)

O segundo instrumento dessa sua missão diplomática é uma impecável retórica democrática, cuja respeitabilidade cívica – sentenças genéricas e sabedorias universalmente reconhecidas – oculta inicialmente o fervor amoroso que é seu verdadeiro motor. Pois o que corre nas entrelinhas de toda sua argumentação é um pedido pessoal: a liberação de Antígona.

E toda a diplomacia filial e cívica não consegue esconder o amor e a admiração por Antígona – uma espécie de veneração que se estende à família toda dos labdácidas. A intensidade dessa adoração equivale à negação do esquecimento que Creonte procurava decretar.

Para compreender essa cena no registro trágico, convém suprimir por um momento nossa simpatia romântica por Hêmon. No contexto clássico, Hêmon é tudo, menos um tipo ideal – Aristóteles até qualifica sua ação como repugnante. Paremos um momento para perguntar: por quê? A resposta seria, talvez, a tremenda inconsistência dessa personagem "tocante". Ele passa da melíflua abertura a admoestações sentenciosas – ele, um jovem, por enquanto sem destaque, arroga-se superioridade sobre um homem mais experiente. Não contente com esse *faux pas*, rejeita a primeira e bastante pacienciosa objeção do pai com uma franca injúria, para chegar a um paroxismo passional no final do diálogo: Hêmon foge com sombrias

TERCEIRO ATO 93

ameaças – de parricídio ou suicídio –, desmentindo a aparente docilidade inicial.

Apenas à primeira vista Hêmon parece ser um herói trágico, que aceita a morte para a realização da sua ação. Há leitores que o veem como o herói trágico que vai ao fundo do seu desejo (o que corresponderia à definição psicanalítica do trágico[13]). Nessa analogia, perdemos de vista o fundamento substancial da transgressão trágica. O ímpeto "cru" de Antígona (desejo, paixão, *orgé*) é não apenas franco e direto, ele fica perfeitamente suspenso entre crime e ação ética. Esse gesto (que inspirou as leituras de Lacan e N. Loraux[14]), não encontramos no caso de Hêmon.

Tudo é incoerente nesse jovem apaixonado. Ele jura obediência incondicional ao pai, mas no fundo pede – quase exige – que o pai satisfaça seu desejo. Sem dar espaço a qualquer conselho paterno, Hêmon alonga-se em elogios ditirâmbicos da noiva. O estilo desse louvor evoca os hinos que as virgens da cidade entoavam para cantar a glória dos heróis homéricos saindo vitoriosos do combate. Com grande sutileza, Sófocles coloca Hêmon na posição feminina diante da noiva que brilha, aos seus olhos, como um guerreiro triunfante. Mas ele toma cuidado de ofuscar essa inversão atribuindo a visão gloriosa ao "povo" que nutriria essa admiração irrestrita por Antígona (a retórica de Hêmon contradiz as evidências – vimos que Hölderlin assinalou com muita lucidez a imparcialidade fria do Coro).

Mesmo assim, o filho recomenda ao pai respeitar esse veredito supostamente democrático enquanto ele mesmo faz ouvidos moucos para os argumentos paternos que recomendam, com muita sensatez, a escolha de uma noiva viável. Cada frase que Creonte consegue introduzir, com certa dificuldade, nas cascatas retóricas do filho, recomenda apenas o óbvio: cabe evitar a repetição das alianças incestuosas. Ele fala da importância da casa (*dómos*), do lar (*oíkos*), da estirpe (*génos*) e do

13 J. Lacan, *Séminaire VII*, p. 326-331; *Seminário VII*, p. 339-346, define assim a ação trágica: "Agiste conforme o desejo que te habita?" Essa formulação, no entanto, não permite ver qualquer diferença entre Antígona e Hêmon.
14 Cf. N. Loraux, Introduction: La Main d'Antigone, em Sophocle, *Antigone*, p. 117, que assinala a "fatalidade do genos" nas formulações estranhas empregadas por Antígona, e p. 121, onde ela menciona a ironia do *xyn-* em relação a Hêmon. "Gramática imaginária [...] para as necessidades trágicas." (p. 119).

sólido fundamento que essa base dá ao bom governo (*arkheín*) do homem na família e de seu poder justo e legítimo na pólis (*krátos*).

Pequenas "alterações" na versão hölderliniana exploram a polissemia inerente às palavras gregas derivadas de *arche/archein*, termo que significa tanto "poder/reino" quanto "origem/princípio". Ao traduzir esses derivados, Hölderlin varia os termos alemães, passando de "dominação" e "dominar" (AH 695) a "sem dono/*dominus*" (AH 697 *Herrnlos*) e à "autoridade" (AH 701 *Obrigkeit*), recorrendo, finalmente, à segunda opção etimológica: "princípio/começo originário" (AH 773 *Uranfang*). Por que ele varia as expressões, enquanto outros tradutores vertem *arche* e *archein* invariavelmente por "poder" ou "dominar/governar"? Hölderlin trabalha o duplo sentido – político e genealógico – da ideia de governar/dominar que se complica, em Tebas, pela inextricável confusão das relações de parentesco com as alianças políticas. As modulações fazem sentir que governar/dominar depende de um "princípio" que Creonte se esforça de "iniciar": seu ato heroico visa dar origem a uma nova linhagem não comprometida com o miasma que levou ao desmoronamento da regra de exogamia. Esse duplo sentido evoca a esperança de um recomeço que ponha fim às confusas alianças domésticas e políticas; ele dá uma insuspeita complexidade ao discurso aparentemente simplista de Creonte e modifica a imagem do tirano caricato.

Creonte não simplifica em excesso, como disseram muitos críticos[15], quando salienta que a distinção entre amigos e inimigos precisa ser rigorosamente observada; ele apenas procura sanear as inextricáveis confusões do público e do privado, do legítimo e do ilegítimo que o incesto introduziu. Hêmon, cegado por fervores juvenis, parece ignorar esse problema com a impertinência dos adolescentes apaixonados. Por isto, é perfeitamente sensato quando seu pai lhe pede para "rechaçar uma mulher pérfida" (A 650-653, AH 676 s.), a fim de não procriar "filhos inúteis e inaptos" (*untauglich*, AH 669), que faltarão com seu(s) pai(s). É clara a alusão à maldição que Édipo legou aos seus filhos, pois estes introduziram os inimigos na família e na

---

15 A título de exemplo, cf. M. Nussbaum, *The Fragility of Goodness*, p. 54 s.

cidade (alusão à guerra dos irmãos e aos aliados argivos com os quais Polinices atacou a cidade). As desavenças dos labdácidas dão prazer e risos somente aos inimigos (AH 669-672). Hêmon deveria entender que casar com Antígona irá perpetuar esse caos dos labdácidas. Por isso, seria melhor deixá-la "noivar no Hades" (A 654, AH 679 s.). A lição paterna gira em torno do adágio "Se são inaptos/as e indóceis os/as de casa, que se procrie com os/as de fora." (A 659 s., AH 684; *Verdirbt das Eingeborne, nähr ich fremd Geschlecht, AH 685*). Hölderlin realçou o sentido com uma tradução literal: *das Eingeborene* (o engendrado e nascido dentro da própria linhagem) assinala o perigo da endogenia incestuosa. Hêmon deveria de fato buscar uma boa mulher fora da estirpe poluída, não uma moça "inapta e indócil" como Antígona.

Dadas as circunstâncias, é sensato o conselho de Creonte, não fosse sua forma tão crua e cínica. Mas Hêmon não entende a mensagem de seu pai, ou a ignora deliberadamente nas suas respostas. Onde Creonte sublinhou a urgência de evitar os erros específicos dos labdácidas, Hêmon se alonga em sabedorias e preceitos políticos atenienses. Com palavras que retomam quase textualmente frases antológicas de Péricles, ele adverte seu pai contra o perigo das decisões unilaterais e autocráticas que desconsideram os conselhos alheios: "Que cidade é essa que pertence a um só homem?" (A 737, AH 766 *Es ist kein rechter Ort... der eines Mannes ist*). Mas Creonte conhece bem a retórica de Péricles e responde com outro adágio do líder venerado: "Mas não dizem que a cidade está nas mãos do chefe?" (A 738, AH 767). Sófocles tira seu diálogo do estoque de "ideias recebidas" da época clássica, alimentando o conflito entre o pai e o filho com sentenças contraditórias de Péricles, cuja validade depende de situações específicas.

"Somos chamados de democracia", diz Péricles numa situação, advertindo; numa outra, afirma que "os atenienses detêm seu poder/império (*arche*) como uma *tyrannís*"[16].

O poder, em Atenas, é como "o de Édipo, não um poder de herança, mas algo novo no mundo grego, um poder obtido através da realização de si próprio"[17], isto é, através de leis instauradas

---

16 Cf. Tucídides, *História da Guerra do Peloponeso*, 2.37 e 2.63.
17 B. Knox, *Word and Action*, p. 91.

96 ANTÍGONA, INTRIGA E ENIGMA

pelo fundador e que este se compromete a cumprir. Afirmada pelos atenienses, a frase de Péricles expressa o orgulho de uma consciência segura de si e confiante de que a transgressão tirânica redundará no bem coletivo; na boca "dos inimigos de Atenas"[18], entretanto, ela se transforma em acusação.

Esse diálogo, mais que qualquer outro, recebe seu colorido vivo da história política de Atenas na época de Sófocles. Pois, na altercação entre Hêmon e Creonte, o problema da política tebana corresponde ao dilema da política democrática ateniense. Poucos anos depois de Sófocles, a *História* de Tucídides descreve Atenas como uma democracia deliberativa, ordeira e equitativa, mas que controla seu império (*arkhé*), apesar de tudo, como um *tyránnos*.

Eis o desafio que Creonte enfrenta: ele acredita, com toda honestidade, que Tebas só será salva se ele impedir o casamento de Antígona e Hêmon, e essa convicção o obriga a cometer o "sacrilégio tirânico". Como os tiranos atenienses, ele espera refundar a cidade, tirando-a do caos, e, assim, merecer o trono. Diante da lucidez do pai, a admoestação do filho soa quase hilária:

> Serias um soberano para o mundo selvagem!
> (AH 768, A 739)

Hêmon é parcialmente cego quando acusa o pai de reinar numa "terra deserta", esvaziada de humanidade (*erémes gês*), termo que Hölderlin traduz como "mundo selvagem" – *Wildnis*. Fala como se não estivesse em Tebas – a cidade dos miasmas incestuosos e fratricídios que de fato esvaziaram a cidade de suas características humanas. E o sacrilégio tirânico – a *tyrannís* tal como a entenderam os contemporâneos de Sófocles – seria justamente aquela ousadia que procura remediar essa ruína, dando um novo "princípio" – início de uma nova ordem e de regras válidas para todos. Eis o que Creonte responde à tolice do filho apaixonado:

> Seria afronta ser fiel ao princípio (*arkhé*) que funda o reino?
> (A 744, AH 773)

18 Idem.

O pai procura abrir os olhos do filho: Tebas é tão caótica, que a primeira tarefa do governante é estabelecer os princípios básicos. O pobre Creonte tem que conciliar essa tarefa heroica com uma didática doméstica para ouvidos filiais pouco dispostos a ouvir. Uma péssima combinação, embora seja tocante nesse diálogo a paciência do pai que reformula sempre de novo a mesma mensagem: os labdácidas são sinônimo de caos e

> Seria grandioso honrar (*huldigen*) o caos que contraria o cosmos?[19]
> (AH 759)

Creonte faz valentes esforços para restabelecer os princípios mínimos de um estado. Mas Hêmon responde com a típica obstinação dos adolescentes apaixonados; ignora a boa vontade e o bom senso paternos, e lança mão de ardis retóricos: é a voz do povo (não a paixão do noivo), leciona o filho, que deveria guiar Creonte no governo:

> Não é príncipe legítimo quem não honra o (nome do) deus.
> (A 745, AH 774)

A impertinência filial esgotou a paciência de Creonte. Diante da retórica escusa do filho, ele estoura: "Menino sem vergonha, pior que sua fêmea! Tudo o que dizes é só para ela!" (AH 775-777, A 746-748). É claro que Hêmon persegue, sob o manto da retórica democrática, seus fins amorosos. E apesar de nosso pendor sentimental moderno, não há como negar que sua tenacidade é ainda mais cega e tirânica que a de seu pai.

A partir desse ponto, o debate de pai e filho se move num círculo vicioso, retornando sempre de novo ao dilema da fundação de Tebas. Eles debatem as honrarias devidas às divindades ctônicas numa cidade cuja relação com os antepassados é excessiva e monstruosa. Nascidos desse dilema dos *spartoí*, cultivam relações impróprias com deuses e homens, e Tebas falhou, desde o início, na tarefa de alcançar uma ordem

---

19 A tradução "mundo" (*Welt*, 1732, AH 759) foi assinalada por J. Schmidt (F. Hölderlin, DKV, v. 2, p. 1992) como recurso a etimologias que não corresponderiam exatamente ao sentido idiomático da construção em grego.

98 ANTÍGONA, INTRIGA E ENIGMA

plenamente humana. Hêmon tem, sem dúvida, razão quando chama de "vazias" as opiniões paternas, mas ele não vê que dar sentido pleno a palavras requer uma ordem da linguagem que repousa, por sua vez, numa ordem das relações de parentesco e das alianças sociais e políticas.

AMORES

A segunda cena, centro do terceiro Ato, reúne o hino a Eros (AH 811-910) e o diálogo lírico de Antígona com o Coro (AH 911-974)[20]. Nessa posição central, o hino cria múltiplos ecos: primeiro, retoma e modula o hino inicial sobre as ruínas em cascata que atingem os homens e varrem as linhagens mais ilustres. Segundo, comenta os amores frustrados de Hêmon, cuja paixão ficou bastante clara não só para Creonte, mas também para o Coro. Terceiro, a reflexão sobre a ambivalência de Eros – ora Espírito de amor, ora de paz, na tradução hölderliniana – anuncia a reflexão sobre a abrangência dos poderes de Eros e sobre a peculiaridade do amor de Antígona. E, de fato, é notável a diferença de posturas dos noivos; o ardor insensato de Hêmon não poderia encontrar maior contraste que a serena lucidez de Antígona! Esta fala com extrema economia e intensidade das pessoas que ama, reflete com franqueza sobre os aspectos chocantes e monstruosos dos amores na sua família e nunca fala de seu noivo. Hêmon, ao contrário, evita qualquer menção a Eros, falando com o ar da objetividade superior dos bons preceitos morais. Parece que ele mesmo não sabe que sua paixão fala alto no tom de seus discursos "diplomáticos". Ele não se conhece – nem quando procura convencer seu pai a liberar Antígona, nem quando cai no desespero e rompe em ameaças terríveis. Nem sabe se tem em mente trucidar o pai ou a si mesmo – como confirmará a cena da caverna, na qual a frustrada tentativa de assassinato dá lugar ao suicídio. Em comparação, Creonte é muito mais ponderado. Depois das ameaças

---

20 Hölderlin recortou os últimos sete versos desse diálogo, para dar o máximo peso às últimas palavras de Antígona antes de sua morte. Esse legado é o destaque que abre o quarto ato, emoldurando, em posição estratégica, o contraste entre a intensidade lutuosa da heroína e a fria neutralidade do Coro.

de Hêmon, ele se aconselha com o Coro, cede aos conselhos dos anciãos, liberando Ismênia e modificando a condenação de Antígona. Ela não será mais apedrejada – uma pena que pressupõe um veemente ressentimento da comunidade contra a vítima –, mas abandonada numa caverna, sua sorte entregue nas mãos dos deuses.

A antiguidade desconhecia os sentimentos interiorizados e o espaço íntimo dos amores modernos. Eros, para os gregos, é uma força avassaladora e temível que nos aliena de nós mesmos, não uma emoção louvável e romântica. Um homem apaixonado é ameaçado pelo ridículo que beira o risco da vergonha quando admite o amor por uma mulher. Eros é imprevisível como Dioniso – arruína e salva. Antígona o sabe melhor que ninguém, como o mostra sua contínua reflexão sobre os amores e casamentos insólitos dos labdácidas. Por isso, Hölderlin altera o texto grego e honra Eros de duas maneiras; como "Espírito do Amor", potência ambivalente e perigosa – "sempre vitoriosa, porém sempre em guerra"; e também como "Espírito de Paz". As perífrases da versão hölderliniana realçam o entrelaçamento de amor e guerra, paz e beleza, ou seja, o potencial paradoxal do amor – um tema ressoando em todas as articulações da peça.

O Coro enaltece o amor como uma potência que ameaça nivelar tudo – homens, deuses e animais. Um tal nivelamento é incomum na poesia que coloca os animais domésticos (*ktémata* designa o gado como possessão, coisa possuída) em geral como uma categoria antitética ao homem e aos deuses. Isso reforça a dimensão cósmica do Amor como potência fundamental que preside a tudo e transcende tudo, de forma que essas ruminações não dizem respeito apenas à paixão de Hêmon por Antígona, mas também aos pensamentos dela no seu canto lutuoso posterior. Pois a heroína é obrigada a encarar agora, de modo muito concreto, seu novo modo de existência: nem com os vivos, nem com os mortos, mas exposta numa caverna de rocha que a iguala à matéria mais inerte. Não foi por acaso que Hölderlin, ao dividir a tragédia em atos e cenas, recortou esse hino como abertura do lamento de Antígona, não como o final do diálogo entre Creonte e Hêmon.

ANTÍGONA ENTRE O AUTOENGENDRAMENTO
E O AUTOCONHECIMENTO

É uma pena que nem Gluck, nem Wagner tenham escolhido o lamento de Antígona como tema central de uma ópera. Seu canto intensifica um tipo de *páthos* que pede aquele desdobramento musical dos compositores com afinidades românticas e trágicas. São eles que nos dão a noção de quanto perdemos com o desconhecimento da música grega. Ao longo desse *kommós* entoado pela jovem heroína, o Coro intervém com consolo e reprimenda, e termina por se juntar aos lamentos lutuosos. Os paradoxos de suas palavras teriam a maior sintonia com o espírito barroco: Antígona chama a Morte de seu marido, o túmulo de leito nupcial, seu corpo jovem e prestes a dar a vida é condenado à esterilidade e ao apodrecimento – o verbo *phthineín* enfatiza a morte vergonhosa e privada de heroísmo, pois normalmente só corpos sem dignidade alguma, as coisas selvagens da natureza, perecem sem honra nem sepultura. Os anciãos, angustiados com a morte da princesa que amam, procuram consolá-la (e a si mesmos) com a ideia de que sua morte será "única" e conforme uma lei que vale apenas para ela. Com palavras ambíguas e inconsistentes, eles ora a louvam pelo heroísmo incomparável, ora a repreendem por flertar com a má morte.

O canto de Antígona é uma resposta sombria ao hino do Coro. Ela canta os amores trágicos de seus ancestrais. Remonta muito além de Édipo e Jocasta – a Níobe, a grande figura materna envolta nas brumas do passado mítico. Essa grande mãe orgulhou-se demais de sua contribuição para a construção da cidade. Níobe enalteceu a sua própria fertilidade – seus sete filhos e sete filhas – como um tesouro, superando a prole da deusa Leto. E, prontamente, os filhos de Leto, Apolo e Artemisa, lhe mostram quão efêmero são os tesouros humanos: abatem todos os filhos com suas flechas. A heroína evoca também Édipo e Jocasta procriando dentro da mesma estirpe; lamenta, sem falsos pudores, "A loucura materna/nos leitos, abraços autoengendrados" (AH 893-894 selbstgebährend), que engendraram a ela e aos seus irmãos. Sem a pudica timidez da irmã e do Coro, ela nomeia a tara que Jocasta lhe legou, quando dividiu o leito real com o próprio filho. Em tudo isso, aflora o debacle que

TERCEIRO ATO

remonta a Laio e além: pois, sempre de novo, a rainha associou também o irmão Creonte ao reino do "mesmo": ora ele participa na decisão de eliminar Édipo, ora no reino de Jocasta como mãe-esposa. Nos mitos, as rainhas tebanas reiteram, sempre de novo, a tara dos gestos autocentrados: apoiando seu poder no irmão, Jocasta escolhe com rapidez um novo marido e lhe passa a terceira e mais importante parte do poder real[21] – esquecida do outro marido, cujo nome não é mais mencionado durante os anos felizes do reino de Édipo.

É essa tara terrível que tornou incertos e perigosos todos os casamentos tebanos, todas as amizades e todas as alianças. Assim, quando a heroína menciona as "perigosas núpcias" do irmão, ela se refere somente em parte ao casamento com a princesa argiva que viabilizou a aliança com os inimigos e a guerra civil. Suas palavras evocam também a monstruosa união dos irmãos na morte comum – outras núpcias sangrentas e suicidas e, mais do que isso, um paroxismo da endogenia invertida: verdadeiro endocanibalismo que responde com auto-outro-destruição ao autoengendramento.

Antígona parece ter o mais profundo entendimento dessa situação. Ela sabe que somente sua morte pode livrar Tebas dessa tara, e ela parece usar Creonte para a indesejável tarefa da supressão de mais casamentos incestuosos. Essa hipótese daria mais uma explicação à sua insistência no segundo enterro – gesto desnecessário e obstinado que não é mais um dever religioso, mas tão somente a autoafirmação da assombrosa grandeza – gloriosa-e-vergonhosa – dos labdácidas. Fornecendo, por livre e espontâneo arbítrio, a legitimação legal para sua execução, ela parece paradoxalmente estar num secreto acordo com Creonte. E sua lucidez terrível dá um outro sentido à fórmula lacaniana quando o psicanalista fala de Antígona como a "vítima tão terrivelmente voluntária" e como "guarda da dimensão criminosa do ser"[22]. E essa inteligência onírica apontada por Hölderlin mantém em limites os aspectos patológicos dessa afirmação de pulsão de morte: ela não tem mais as conotações nefastas do ódio, mas aparece no horizonte da

---

21 Lembremos que Sófocles menciona explicitamente esse arcaico poder triádico de Tebas no discurso apologético de Creonte (*Édipo Rei*, v. 583-600).

22 J. Lacan, op. cit., p. 329; op. cit., p. 342.

visão abrangente da heroína, como uma confirmação de que "nasci para amar, não para odiar" (A 523, AH 544).

Desesperadamente esperançosa, ela se limita às honrarias que ainda estão ao seu alcance, deixando a outros a tarefa de formular os princípios e leis que justificam a ordem da vida e da morte. O que cabe a ela, Antígona, é apagar-se do modo mais honroso e Nicole Loraux observou o cuidado poético de Sófocles, que apresentou essa morte com todos os sinais da graça e da beleza, afastando dela as marcas cruas da automutilação e as violências dos suicídios em cascata dos seus antepassados. Seu fim é evocado com palavras que realçam mais a serenidade de seu desaparecimento sem gestos odiosos, atiçando as forças do Hades contra os sobreviventes de Tebas.

Como já vimos em capítulo anterior, a tara do autoengendramento é o tema onipresente nessa tragédia[23]. Hölderlin, entretanto, não só enfatizou esse trágico enredamento, como também apontou que a heroína transforma essa tara; ela metamorfoseia o incestuoso autoengendramento no autoconhecimento délfico – o adágio "Conheça-te a ti mesmo" ressoa no refrão sonoro entre *selbsterkennen/selbstgebährend* (autognôtos [selbstgebährend AH 906]/autogennetos [Selbsterkennen AH 894]). Na sua versão, Hölderlin recria esse eco sofocliano de tal maneira que o leitor fica com a impressão do íntimo elo que leva Antígona – e somente ela – do comprometimento incestuoso ao cumprimento da máxima délfica: enfrentando sem medo nem vergonha sua origem poluída, a heroína encontra seu destino com plena consciência. Reconhecendo-se à luz dos seus antepassados, ela é infinitamente mais sábia que Hêmon. Apenas ela, a única, reconhece que não pode haver saída feliz de sua origem amaldiçoada, que para ela não há casamento normal, nem sentimentos de família. Seu estigma a exclui dos bons costumes e das convenções sociais – nesse sentido objetivo, ela tem perfeitamente razão quando lamenta que não poderia ter amor e casamento, amizades e alianças em Tebas e que não há como fazer o luto de um ser selvagem como ela (AH 907 s.):

---

23 Cf. supra, a análise da autofagia dos labdácidas (no segundo capítulo sobre o Hino de entrada). Sófocles disseminou em toda a tragédia construções reveladoras com o prefixo "auto-", como lembrete lexical da perversão da reciprocidade em reflexividade. Cf. N. Loraux, op. cit., p. 105-143.

TERCEIRO ATO

Sem pranto, sem amigos e himeneu,
Miserável, vou sendo conduzida
Por esta trilha se abrindo à minha frente,
[...] E ninguém para chorar meu Destino, nenhuma lágrima
amiga!
(A 876 s., AH 907)

Como seu pai, Antígona encontra-se numa situação desastrosa da qual não há saída feliz. E com a mesma magnífica lucidez de seu pai, ela mobiliza a assombrosa coragem de abraçar, plena e deliberadamente, seu destino. De episódio em episódio, ela vê, com clareza crescente, que o impasse de Tebas está vinculado ao seu próprio impasse, e que o poder de rompê-lo está em suas mãos: liberar Tebas requer liberar a cidade do miasma que ela encarna – ou seja, a cidade padece da "coisa terrível-e-maravilhosa" (*deinos*) que ela é e que depende dela. Hölderlin encontra os sinais deste nó trágico na duplicidade dos versos de Sófocles, nos quais intuímos, a todo momento, a íntima associação do brilho heroico e da miséria vergonhosa, da honra e da abjeção. Tornando-se cada vez mais lúcida da existência inviável à qual sua linhagem chegou, ela vê a morte como uma solução, mais que um fim. Sua indiferença para com o mundo das alianças (novamente incestuosas) possíveis para ela é uma resposta bastante adequada, que pouco tem de um patológico pendor mórbido[24]. São esses aspectos de gentileza amorosa que tornaram Antígona a heroína predileta dos leitores cristãos. Mas a ardilosa construção poética de Sófocles não isenta sua heroína de traços mais sombrios e pouco convenientes para uma mártir cristã.

---

24 M. Nussbaum, op. cit., p. 65, fala da compulsão por *Nekros*, encarnação da morte, que seria uma resposta simplista à situação. Trajano Vieira (T. Vieira, *Antígone*, p. 17) segue essa tese hoje consensual: assinala "impossibilidade [da heroína] de deslocar seu desejo para fora do âmbito de uma família marcada pelo incesto o que a leva ignorar o próprio noivo". Ela estaria presa nos "elos obsessivos que aprisionam seu clã incestuoso". (T. Vieira, op. cit., p. 18). De Knox (B. Knox, *The Heroic Temper*, p. 104-105) a Lacan (J. Lacan, op. cit., p. 327) e de S. Benardete (A Reading of Sophocles' Antigone I, *Interpretation 4*, p. 158) e M. Nussbaum a B. Williams (*Shame and Necessity*, p. 86) e M. Griffith (M. Griffith (ed.), *Antigone*, p. 266), a maioria das leituras contemporâneas fixou-se na tese psicanalítica que desloca a tensão hegeliana entre o domínio privado e o público para o domínio afetivo: o antagonismo opondo as pulsões de vida e de morte.

UM FIM SUSPENSO ENTRE
CRUEZA EXTREMA E BELEZA SUBLIME
(SOBRE OS VERSOS A 905-920, AH 939-952)

Essa impressão sem dúvida foi reforçada na terceira e última cena desse longo ato que confronta a heroína a Creonte. O general ordena que ela seja levada para o seu túmulo e Hölderlin altera levemente o sentido das palavras gregas (Creonte diz: "Da sociabilidade aqui em cima ela nada sabe") e reforça que ela carece de todas as qualidades de um ser sociável:

> *Die Häuslichkeit hier oben aber fehlt ihr*
>
> Ela carece da aptidão social do mundo de cima
> (AH 921)

Não se trata de um engano, mas de uma intensificação deliberada que prepara os versos enigmáticos no *kommós* da heroína, palavras cuja crueza chocou não só os contemporâneos de Hölderlin:

> Jamais, se eu fosse mãe em luto de filhos, nem se o marido
> Fosse jogado no ermo para apodrecer,
> Não teria afrontado o poder da cidade.
> Então que princípio me faz agir assim?
> Se perdesse o marido, encontraria outro,
> E com outro homem faria outro filho [...]
> (A 905-910, AH 939-949)

Goethe desafiou os filólogos do seu tempo para que provassem a inautenticidade destes versos, que manchariam a imagem da heroína mais perfeita. Hölderlin mantém esse traço cruel e ainda acentua os traços selvagens, pois eles foram notados e comentados, no interior da peça, pelo Coro. Os anciãos pontuam duas vezes a "crueza" da heroína e a franqueza rude de suas palavras. Na primeira, comparam-na, num tom apologético, à crueza de Édipo. Na segunda, logo depois de seu longo monólogo no terceiro ato, os velhos confirmam essa marca da estirpe dos labdácidas: "É sempre o mesmo temporal / E vento em posse desta alma!" (A 929 s.). Sem falar do comentário de Aristóteles que confirma a autenticidade desses versos.

TERCEIRO ATO

Sem nenhuma dúvida, esses versos temperam a beleza moral e piedosa com dissonâncias estridentes. E eles marcam um forte contraste com a diplomática cordialidade que sempre atenua as falas das outras personagens que preferem eufemismos e elisões para evitar o que seria impróprio. Nem a ruína da família e das relações sociais no caos incestuoso é capaz de abolir esse senso de decência – o que elucida a pressão que a sociedade ateniense colocava sobre a decência e o brilho elegante das falas públicas. A fala de Antígona é escandalosa, ela diz coisas inomináveis sem embelezá-las. Muitos críticos notaram que Sófocles reescreve a história da princesa persa que prefere pedir a vida do irmão, não a do marido. No entanto, apesar de seu rude linguajar, a heroína grega transcende o raciocínio centrado na própria estirpe da esposa de Intaphernes[25]. E – *pace* Freud, cujo princípio do prazer se apoia na única lógica mítica do desejo incestuoso – essa tragédia de Sófocles dá razão à ideia hegeliana a respeito da singularidade do amor entre irmã e irmão[26]. No modo de morrer da heroína, a virtual tara incestuosa é suspensa: Antígona se afirma – e desvanece – como um ser único, "órfã" simbólica, que se desvincula, na morte, dos elos de sangue que a atrelavam ao destino de seus pais.

Como então entender e aprovar seu rude *franc parler*? Ele dá voz ao "sentido vivo" da situação trágica e assombrosa de Tebas. Na linhagem incestuosa que Antígona representa, a (pro) criação bascula na destruição, as diferenças desmoronam e sua visão de maridos e filhos indiferentes, substituíveis como gado, é a perspectiva que o destino lhe deu. Ela tempera essa dura verdade com palavras de sincero pesar: ela gostaria de viver, ter marido e filhos, mas percebeu que o incesto tornou isso impossível. O que lhe resta é sua derradeira missão – piedosa-e-escandalosa – de sepultar o irmão com o ambíguo gesto

25 Heródoto, *História*, 3, p. 119. Cf. R.C. Jebb, em Sophocles, *The Plays and Fragments: Antigone*, p. 260 s. Também T. Vieira (*Antígone*, p. 15) afirma que Antígona careceria de "maleabilidade" e que "obcecada por valores da tradição familiar, [ela se posicionaria] à margem do próprio cosmos."

26 Derrida, *Glas*, p. 168 s., apresenta os avessos irônicos dessa visão pré-freudiana de Hegel sobre a suspensão do desejo sexual nas relações entre irmã e irmão. A crítica se desdobra na teoria derridiana da orfandade estrutural – espaço livre do autoengendramento simbólico do sujeito. Encontramos em R. Musil (*Tagebücher*, v. 1, p. 601) uma ideia semelhante a respeito do valor positivo (não transgressivo) do amor entre irmão e irmã.

de reverência ritual e excesso erótico, que é a tara de sua família. Sua trajetória trágica lhe ensinou a sentir e compreender essa tara: a precária oscilação de sua família entre amor e ódio e entre conquistas civilizatórias que desmoronam, sempre de novo em ruínas bestiais.

Reconhecido o incesto no seu enraizamento profundo em todas as relações da família, da sociedade e do governo, ela explicita a verdade crua. As conquistas heroicas dos seus ancestrais coincidem com acasalamentos obscenos que destruíram todas as distinções simbólicas – nomes, honrarias, hierarquias. Não lhe resta tempo para bonitezas. Ela diz a verdade mais profunda e trágica que resume o belo paradoxo de sua existência: não haveria, para ela, casamento feliz, nem viável. Em particular, a união com Hêmon seria um vínculo inominável de parentes próximos demais na espiral da endogenia. É a realidade de Antígona que é escandalosa, não sua linguagem. Ela o sabe melhor que ninguém, e essa compreensão a faz escolher a morte como a única saída. Mas escolhe um modo de morrer que tem a aura da mais extrema dignidade, celebrando seu sacrifício com um canto que a tornará inesquecível. Diferentemente da maioria dos outros heróis trágicos que morrem com maldições ferozes, ela não reitera nenhuma das desmedidas odiosas dos seus parentes:

> Sem pranto, sem amigos e himeneu,
> Miserável, vou sendo conduzida
> Por esta trilha se abrindo à minha frente,
> […] E ninguém para chorar meu Destino, nenhuma lágrima amiga! (A 876 s., AH 907)
> Agora, Creonte me conduz, as mãos dos seus serviçais me prendem
> Sem leito nupcial, sem canto lutuoso (AH 952 s., A 876 s.)

5. Transição do Terceiro Para o Quarto Ato

os paradoxos de "Antígona" através dos olhos de Hölderlin

Pantóporos / Aporos ...

SÓFOCLES, V.360S.

Allbewandert, unbewandert

F. HÖLDERLIN

Cheio de tramas, preso na trama

L.F. PEREIRA

Überall hinausfahrend unterwegs,
erfahrungslos ohne Ausweg

M. HEIDEGGER

Roublard, couillonné...

J. LACAN

Há muitos modos de se traduzir uma tragédia – e os exemplos na epígrafe mostram quão inovadora é, ainda hoje, a versão de Hölderlin. Ele foi o primeiro a realçar o pessimismo subliminar que perpassa o famoso canto às maravilhas do homem. Muitos intérpretes modernos o seguiram nessa via, consolidando a visão – mais moderna e mais grega – da leitura hölderliniana da tragédia. Não há leitor mais perspicaz que Hölderlin quando se trata de descobrir as ambiguidades que dão aos versos aparentemente claros de Sófocles sentidos mais instáveis, paradoxais, desconcertantes. Os maiores críticos concordam que sua tradução intensifica os traços selvagens e arcaicos do mito em detrimento do polido clássico.

Teria Hölderlin assim criado *sua Antígona*: uma tragédia "barroca", uma individualidade excêntrica e um sujeito descentrado? Muitos críticos acreditam que sim. Segundo eles,

108 ANTÍGONA, INTRIGA E ENIGMA

a heroína hölderliniana anteciparia a instabilidade do sujeito moderno, traindo os traços característicos de uma heroína grega[1]. No entanto, esse argumento talvez falhe em reconhecer a empatia poética de Hölderlin com Sófocles, sua capacidade de discernir no texto original os ardilosos jogos estéticos – detalhes especificamente gregos que poucos leitores souberam captar. Sua leitura não se fixa no conteúdo moral, mas na beleza dessa tragédia, num arranjo de contrastes e num equilíbrio difíceis de definir, pois a aura trágica da heroína e o fascínio da peça repousam sobre a sutil construção dos efeitos ficcionais. Estes efeitos não cabem em fórmulas e juízo morais, pois dependem tão somente do sutil equilíbrio poético mantendo as ambiguidades e dissonâncias suspensas numa nebulosa intangível que paira ao redor das personagens. Hölderlin tem o maior cuidado com os matizes de tom e de estilo que diferenciam os dois protagonistas. Esses contrastes tonais contam bem mais do que afirmações e juízos morais. A versão hölderliniana torna mais tangível essa diferença de tom e de tato. Onde Creonte justifica suas ações com verbosa cautela, apelando a longos argumentos, à lei e às demandas do aqui-e-agora, Antígona entrega-se a uma lógica mais ampla e remota, abre-se com vigor espirituoso ao seu destino: limita-se a pontuar o imponderável de sua ação com alusões breves, irônicas e tristes. O poeta alemão via nessa inteligência "onírico-ingênua" um dos segredos da enigmática beleza dessa figura, justificando sua ideia da poesia trágica como um entendimento quase divino, como "metáfora de uma intuição intelectual". Sua tradução realça, mais que qualquer outra, a irônica construção do poeta grego, o delicado estilo da heroína, que é mais gracioso e elegante que o de Creonte.

Hölderlin vê a superioridade da heroína menos em qualidades éticas do que em traços essencialmente estéticos. Não elogia sua elevação moral, mas sua capacidade de captar sua situação de modo veloz (sem argumentos e discursos): ela vê, sente a apreende toda a infindável trama de (im)possibilidades

---

1 W. Schadewaldt, Hölderlins Übersetzung des Sophokles, em J. Schmidt, *Über Hölderlin*, p. 247; W. Binder, Hölderlin und Sophokles, *Friedrich Hölderlin: Studien*, p. 160; Ph. Lacoue-Labarthe, *Hölderlin, Antigone de Sophocle*, comentário aos versos AH 466 s. Quanto às características barrocas da tradução, cf. H. de Campos, *A Arte no Horizonte do Provável*, p. 95-101.

TRANSIÇÃO DO TERCEIRO PARA O QUARTO ATO 109

que a enredam. Sua calma vem do saber de que ela e seu tio estão presos no mesmo nó trágico; intui que dele não há saída, faça o que fizer.

Na tradução e nas observações de Hölderlin, a heroína aparece mais nitidamente como uma idealização estética. Nela vemos o que a realidade raramente permite ver. Por exemplo, aquela atitude serena diante do desastre: Antígona contemplando sua situação fatal num estado que o poeta alemão descreve como "amável, inteligente no infortúnio" (*Das Liebenswürdige, Verständige im Unglück* AA 914)[2]. Ela sabe que faz parte – corpo, alma e ação – da fertilidade excessiva-e-estéril da cidade de Tebas que se autogerou e está prestes a se autodestruir. Nas imagens de Níobe, de Édipo e Jocasta, de Polinices e Etéocles, vê a fatal inclinação autorreferente de seus antepassados. Ela mesma é fruto dos "abraços autoprocriadores" de seus pais incestuosos (AH 894, A 864).

É essa peculiar serenidade trágica – orgulhosa-e-triste, nem irada, nem envergonhada e chorosa como Ismênia – que Hölderlin tenta captar em sua tradução; o faz com particular audácia quando enfatiza que Antígona reconhece claramente a conexão entre a "autoprocriação" e o "autoconhecimento" fatais (*selbstgebährend*, AH 894; *Selbsterkennen*, AH 906). Ele recria palavras com o mesmo prefixo e afinidade sonora, tal como no original de Sófocles, que traz um claro eco sonoro. A atitude da heroína desconcerta não somente os leitores, mas também o Coro – os anciãos não sabem se ela merece repreensão pelo seu zelo obstinado ou admiração pelo "afã de autoconhecimento", *zorniges Selbsterkennen* (AH 906), que dá à sua ação seu vigor radiante. Recuperando essa ambivalência entre amor e neutralidade do Coro, Hölderlin apenas pontua uma possibilidade de sentido já presente no original: realça as afinidades da trajetória heroica com uma aventura espiritual, um desenvolvimento gradual do autoconhecimento. Antígona descobre a tara trágica do destino de seus ancestrais e do seu próprio, assumindo-o e carregando a responsabilidade, mesmo sabendo que isso irá destruí-la: "*Dich hat verderbt das zornige Selbsterkennen*" (*se d'autóynôtos ôles orgá*; A 874 s., AH 905 s.) significa

2 F. Hölderlin, AOe, v. 2; DKV, v. 2, p. 914.

literalmente "Destruiu-te teu afã de autoconhecimento" – e esse coincide com o reconhecimento da tara incestuosa, auto-geradora, de Tebas.

Antígona não somente sepultou seu irmão, mantendo intacta a honra de sua estirpe; ela sabe que esse gesto não tem futuro. Mais: sabe que precisa desaparecer para Tebas ter uma chance de se reerguer. Por isso, Hölderlin torna mais ambíguo o sentido convencional e não traduz como o tradutor francês: "Tua paixão só ouviu teus próprios conselhos e, por isso, te des-truiu"; ele suspende a heroína no espaço plenamente trágico, belo e poético de um saber maravilhoso-e-terrível – tema do hino *pollá tà deiná*, que coloca os heróis além do bem e do mal.

Hölderlin antecipa ideias e ponderações filológicas que virão à baila somente com a antropologia do século xx – com estudos como o de Nicole Loraux, que chamou atenção para as inovações poéticas e gramaticais de Sófocles, por exemplo, as estratégi-cas repetições do prefixo "auto-" na peça[3]. Sófocles emprega o prefixo para apontar um curto-circuito nas relações humanas, cívicas e políticas. Ele dramatiza, na lógica mítica, uma falha da reciprocidade que se torna reflexiva e compulsiva, mantendo, com obstinação, o foco no próprio eu em detrimento da abertura aos outros e à alteridade. Afinal, isso é Tebas, onde as pessoas podem ser seus próprios filhos. Em lugares assim, quem pode-ria dizer onde termina o "eu" e onde começa o "outro"? Mas existe uma diferença notável entre a representação (pejorativa) da autogenia autodestruidora dos ancestrais tebanos e o sutil entendimento que Antígona adquire do destino de sua estirpe. No suicídio de Jocasta, por exemplo, vibra uma carga de ódio e ressentimento quase insuportável. O gesto de Antígona, em comparação, é sereno e quase conciliador. Hölderlin admira essa aura "onírico-ingênua" da "inteligência amável no infortúnio" e Loraux concorda com o poeta ao destacar a arte com que Sófo-cles conseguiu apagar as conotações nefastas do seu suicídio.

A atitude de Antígona pouco tem a ver com orgulho no sentido usual. Como filha de Édipo e irmã de Polinices, ela defende a honra de sua família contra a tentativa de humilhação

---

3 N. Loraux não hesita em afirmar que os "ardis" de Sófocles criaram uma "gra-mática para fins trágicos". Cf. N. Loraux, Introduction: La Maine d'Antigone, em Sophocle, *Antigone*, p. 120 s.

e de usurpação de Creonte. Mas não de uma forma simples. Diferentemente de seu tio, que tem a visão limitada, ela não luta para vencer. Ela sabe que sua ação em nome da civilização provavelmente não atingirá seu alvo, como os esforços de seus ancestrais tebanos. Mas sua glória heroica está precisamente em tentar mesmo assim.

Aqui, Hölderlin é magistral. Num giro paradoxal, ele torna ascendente a trajetória da heroína à medida que o drama descamba rumo ao final. Sua Antígona ergue-se ao nível dos ancestrais, chega a uma espécie de revelação, na qual os grandes nomes de Tebas, Níobe, Édipo e toda a amaldiçoada linhagem heroica, são revelados em sua glória e também em sua insignificância. Na cena de reconhecimento com o Coro, Hölderlin traz à tona o sentido profundo da condição trágica que ressoa forte quando o Coro canta – "Há muitos assombros (*deina*), mas nada tão assombroso quanto o homem" (AH 349).

Heidegger retomou essa visão hölderliniana ao enfatizar a diferença entre a concepção moderna do pensamento e o pensamento pré-socrático. Na esteira de Hölderlin, ele enfatizou a diferença capital entre a tradição metafísica ocidental, que pensa de forma discursiva e racional, e o pensar poético dos antigos: *noein* entendido como uma forma específica de "pensamento" que apanha, num átimo, as conexões mais remotas entre imagens, metáforas, sons e ritmos. O que Heidegger admira em Sófocles e Hölderlin é que *sua* Antígona não "pensa" no sentido moderno, ela não articula argumentos com categorias e esquemas conceituais; em vez disso, ela "reconhece" e "compreende" como se estivesse escutando e examinando (*vernehmen, Vernehmung*), aceitando (*hinnehmend*) como pensamento aquilo que sua sensibilidade apreende (*vornehmen*) e o que está escondido e revelado ali. A ideia heideggeriana é moldada tanto pela versão de Hölderlin, quanto se inspira no *noein* de Parmênides: "Vernehmung als das hinnehmende Vornehmen (in der) das Seiende als solches eingeschlossen wird und so in die Unverborgenheit her-vor-kommt."[4]

Demorou mais de um século para pensadores como Heidegger e Dieter Henrich reconhecerem a alteridade dessa forma

---

4   Cf. M. Heidegger, *Einführung in die Metaphysik*, p. 127.

112 ANTÍGONA, INTRIGA E ENIGMA

peculiar de pensar que Hölderlin chama de "lógica poética" –
embora Hegel mencione (provavelmente ainda sob a influência
do amigo Hölderlin) a questão da coloração peculiar (*eigentümliche Tinktur*) da tragédia[5]. São processos intuitivos e
não propriamente conscientes de ver, entender e agir. Esses
modos de "pensar" têm um estatuto próprio em algumas poéticas ou estéticas, por exemplo, no parágrafo 49 da *Crítica do
Juízo*, de Kant, ou no capítulo 6 da *Poética* de Aristóteles. Kant
sugere que a ideia estética consiste no desdobramento de uma
grande riqueza de pensamentos que ampliam o conceito (nós
chamaríamos essa ampliação de associações). A riqueza potencialmente infinita inviabiliza a nomeação sintética que resume
o conteúdo em conceitos. A "ideia estética" de Kant remete,
assim, a uma espécie de nebulosa significante que "envolve" e
amplia um eixo conceitual, e não pode ser reduzido a conceitos
determinados. Em Aristóteles encontramos uma ideia análoga,
quando a *Poética* distingue o caráter ético (*éthos*, os elementos
estáveis da personalidade) da figura ficcional do herói trágico.
Ele observa que os grandes heróis da dramaturgia trágica não
se apresentam, inicialmente, com seus caracteres éticos definidos; eles revelam seu caráter paradoxal através de ações cujo
sentido ou valor não é unívoco: "É através de suas ações que se
desenham as personagens" (*sumperilambánousin*[6]). Em outras
palavras, uma abordagem que procurasse captar essa riqueza
num conceito ou numa fórmula, falharia em dar voz aos inúmeros sentidos e à própria densidade da grande poesia e das
grandes personagens poéticas. A poesia é, para Hölderlin, uma
"metáfora da intuição intelectual"[7]. Em outras palavras, seu sentido se manifesta no processo todo da enunciação, ele está entre
as linhas, proporcionando uma apreensão efêmera de uma
"significância" que está além da concretude de cada conceito,
palavra ou frase. Essa significância "gira em torno" (sentido literal do termo *sumperilambanousin*, usado por Aristóteles) de um
centro invisível, a construção poética que denominamos herói

5　Cf. D. Henrich, *Der Grund im Bewusstsein*, p. 519. Também na *Fenomenolo-
　gia*, p. 279 (*Phänomenologie*, p. 296), aparece a questão da coloração peculiar
　(*eigentümliche Tinktur*) que sobredetermina o texto poético.
6　Aristóteles, *Poética*, 1450a 20.
7　F. Hölderlin, DKV, v. 2, p. 553 (Über den Unterschied der Dichtarten).

ou heroína. Ao criar a personagem de Antígona, ao ajudá-la a revelar seu caráter por meio de palavras e ações, Sófocles dá vida ao pensamento pré-socrático com força poética e sutileza.

DO PONTO DE VISTA "TORTO" AO PRINCÍPIO DA LEITURA E DA TRADUÇÃO HÖLDERLINIANA

Antecipemos rapidamente uma observação a respeito do "Quarto Ato". Hölderlin observou que o contraste entre intensidade da heroína e a neutralidade do Coro que canta o hino a Dânae forneceria o "ponto de vista mais adequado" para compreender essa peça[8] – embora todo ponto de vista estável introduza uma ângulo "torto". Hölderlin sublinha que Antígona está prestes a descer ao seu túmulo, porém ainda é capaz de mostrar sua serena "inteligência no infortúnio", ao passo que o Coro suprime a compaixão e procura refletir com imparcialidade sobre o destino da heroína, colocando-o no horizonte mítico das histórias de Dânae, de Licurgo e dos Fineidas. É claro que a primeira evocação – Dânae é presa pelo rei Acrísio e exposta em alto mar pelo próprio pai, que teme ser destronado por um sucessor – contém uma nítida alusão a Antígona. Mesmo tentando ser neutro, o Coro tem ainda a esperança de que também ela seja salva pela intervenção de "seu Zeus", e de que a ordem divina trabalhe a favor da heroína. Por mais que seu gesto tenha sido rebelde, incompreensível, louco e "cru" (a comparação com a crueza assombrosa do pai Édipo sempre vem à mente do Coro), seria sua loucura sagrada como o delírio inspirado por Dioniso, como o transe das Ménades que o mítico Licurgo tentava repreender? Somente a terceira evocação – o mito do terrível destino dos Fineidas, descendentes do deus Boreu que raptou uma filha de Erechteu – mostra que o Coro não tem mais muita esperança. Seu canto apenas sublinha que há regras divinas de pertencimento ao espaço e do ordenamento do tempo que ninguém pode violar impunemente. Mas

---

8   Idem, AA, v. 3, DKV, v. 1, p. 921: "uma vez que o espírito dos estados do mundo não pode, de qualquer forma, ser captado de outra maneira senão de um ponto de vista torto", a atitude do Coro representa "o ponto de vista mais apropriado" (OA, 3, p. 408).

o comentário de Hölderlin assinala que os próprios anciãos não saberiam dizer quem violou essas leis: foi Édipo quem perturbou a correta sucessão das gerações com o incesto? Ou Creonte, que agora procura excluir Antígona de sua casa e de sua função de gerar uma nova geração, um sucessor para o seu pai Édipo?

O poeta alemão viu com clareza a lógica dos três mitos: eles tratam da disputa pelo poder e pelo espaço simbólicos (trono, palácio, cidade) e das perturbações que tais rivalidades infligem à progressão do tempo e à sucessão das gerações. Por isso, o poeta acrescenta, como chave de ouro para a leitura dessa peça, os versos nos quais Dânae, mãe de um filho de Zeus, "teve de zelar pelo fruto de Zeus, nascido da chuva de ouro" (Paul Mazon). Não é fortuito que Hölderlin realce a questão da ordem do tempo que é central nesta passagem:

> Ela contava ao pai do tempo
> As loiras pancadas das horas.
> (AH 987-988)[9]

Hölderlin acentua o centro nevrálgico do conflito trágico: Tebas padece de uma séria perturbação das coordenadas do tempo e do espaço. Essa perspectiva faz aparecer o problema da distribuição do espaço físico e simbólico entre Creonte e Antígona – problema esse que suscita a questão: por que o Coro e Tirésias inicialmente aceitam as crassas distorções que Creonte ordenou, reagindo apenas quando é tarde? O que aconteceria se os dois cadáveres fossem convenientemente enterrados fora da cidade, nos lugares indicados para os suicidas? Ou se ambos fossem devidamente honrados com um enterro?

Muitas das "alterações" da tradução hölderliniana apenas mostram o caminho para nós modernos sentirmos de novo as perturbações que subvertem a lógica argumentativa demasiadamente unilateral. Os miasmas de Tebas e da humanidade remontam sempre a tempos e relações que o conhecimento imediato não abrange. Por isso, o drama e a poesia oferecem

---

9   Nas *Observações Sobre Antígona*, o poeta comenta: "Em lugar de: ela administrava para Zeus o devir que corre como um fluido de ouro. [Isto] para aproximá-lo de nosso modo de representação. Quando refletimos seriamente, é melhor [traduzir]: pai do tempo ou pai da terra" (F. Hölderlin, AA, v. 2, DKV, v. 2, p. 916; ObSA, v. 2, p. 402).

TRANSIÇÃO DO TERCEIRO PARA O QUARTO ATO 115

um olhar mais amplo. A lógica poética suscita dúvidas e perguntas nas quais aparece o "sentido vivo", pois são as resistências ao sentido habitual que trazem à tona virtualidades insuspeitadas do jogo poético. Entre as palavras e frases carregadas de duplos sentidos, entre cenas, imagens e metáforas começam a emergir virtualidades semânticas que ultrapassam as ideias recebidas – um sentido mais rico e complicado que se revela apenas no equilíbrio do conjunto[10].

Essa posição teórica – contra a suposta "clareza racional" neoclássica – permite a Hölderlin captar a dupla face do pensamento poético e, em particular, o virtuosismo da arte de Sófocles. Ele penetra mais fundo que a superfície clara que dá à peça a aparência de simplicidade apolínea; encontra, no interior de uma mesma frase logicamente impecável, estruturas oblíquas, lacunas ou obscuridades; essas sugerem uma outra ordem de leitura e remetem a correspondências para além da frase isolada. Às avessas da significação estabelecida pela inferência inicial, essas torções suscitam inúmeras induções – uma densidade do texto (e da vida poética ou heroica) que exige infinitas reflexões. O conjunto dessas perturbações e equilíbrios é o "ritmo" da poesia. Hölderlin sublinha a necessidade de admitir essa combinação paradoxal: harmonias e dissonâncias. Ele convida a (re)aprender a sentir-apanhar-entender num mesmo lance rápido as grandes unidades rítmicas e melódicas do texto. Fortalecer a sensibilidade poética abre possibilidades para além dos (pré)conceitos: faz entrever a conexão do todo *antes* de a reflexão dominar a significação determinada das partes isoladas. A tradução "desconexa e assindética" através da qual Hölderlin transforma os "períodos finamente articulados e matizados" de Sófocles[11] é o complemento indutivo e obscuro que desarticula e rearticula as frases claras e racionais segundo uma *outra* lógica, pois sua clareza é intrinsecamente falaciosa e precária. O método hölderliniano tem, portanto, duas vertentes: uma, que impede o endurecimento interpretativo que

10 São esses ardis poéticos que inspiram as reflexões de Heidegger sobre o "questionar" enquanto modulação "reverenciosa" do impensável que precisa, mesmo assim, ser pensado (*Fragen ist die Frömmigkeit des Denkens*); cf. Heidegger, *Vorträge und Aufsätze*, cf. apud J. Derrida, *De l'esprit: Heidegger et la question*, p. 25.

11 Cf. T. McCall, The Case of the Missing Body, *Le Pauvre Holterling*, n. 8, p. 67.

congela a compreensão segundo um certo aspecto ou ponto de vista; outra, que libera ou obriga o leitor a seguir o movimento fluido de um conjunto rítmico e melodioso no qual as partes determinadas se relacionam segundo múltiplas combinações.

Eis por que Hölderlin insiste, nos seus fragmentos teóricos, sobre a importância do rápido apanhar (*rasches Erfassen*[12]) que caracteriza o modo de perceber do espírito poético. Ele mesmo o praticava, anteriormente, nos lances dos períodos imensos dos seus fragmentos filosóficos. Essas frases-avalanches soldam uma multiplicidade de pensamentos em uma mesma unidade, graças a sintaxes um pouco obscurecidas pela sua extensão gigantesca, embora impecavelmente construídas. Cada uma dessas reflexões exigiria provas e demonstrações no que diz respeito à sua consistência num desenvolvimento sistemático – mas Hölderlin parece ter renunciado deliberadamente a esse trabalho sistemático, deixando seu pensamento voar e singrar – não porque ele se encontraria no limiar da loucura, mas porque ele se esforça por apanhar, no arco de um único sopro, a coesão global dos diferentes pensamentos.

O princípio do rápido apanhar rege a tradução e, além disso, convida a ler em conjunto as três partes das *Observações Sobre Édipo e Antígona*, pois esses comentários procuram: primeiro, reensinar como ler poesia com maior sensibilidade e menos preconceito; segundo, eles propõem novos critérios de crítica literária, sugerem mais tolerância com relação à alteridade constrangedora da outra cultura; terceiro, procuram fazer a transição da experiência crítica à teoria do trágico. Para unir novamente as duas formas de pensamento – a poética e a teórica –, o equilíbrio rítmico é essencial. Hölderlin não prega a rejeição da racionalidade em favor de intuições obscuras. Ele procura unir precisão e faro, e isso tudo depende do ritmo. É o equilíbrio rítmico que permite manter um estado de confiança sensível e espiritual, é ele que permite passar das intuições vagas e das sugestões imaginativas para a verificação crítica, ao passo que a concentração racional no lento trabalho de análise e reflexão tende a perder essa elasticidade que abrange o todo.

---

12 Cf. F. Hölderlin, *Über die Verfahrungsweise des poetischen Geistes*, DKV, v. 2, p. 527-553.

As construções "assindéticas" não constituem, portanto, em si mesmas e isoladamente, a leitura – boa ou má – que forneceria diretamente o sentido exato da tragédia. Elas acentuam certas nuanças secundárias e seus sentidos implícitos assinalam que existem diversas ordens possíveis entre os elementos de uma frase, de um parágrafo, de um episódio ou de um canto. Convidam a fazer jogos de permuta que justapõem diferentes ordens de significação comprimidas nas mesmas proposições. Essas variações do tema nas modulações de tom devem, então, ser dispostas em torno do eixo da perspectiva adotada. Eis o caminho e o método que a tradução hölderliniana traça para a nossa leitura.

6. Quarto Ato

Última Demanda de Antígona (A 937-943, AH 974-980)
Hino a Dânae, Licurgo e aos Fineidas (A 944-980, AH 981-1024)
Creonte, Tirésias e o Coro (A 988-1114, AH 1025-1161)

A ÚLTIMA DEMANDA DE ANTÍGONA

É com espírito firme mas conciliador que Antígona profere
sua última demanda. O trecho pertence ao episódio anterior,
mas Hölderlin intensificou o efeito dramático, ao recortar as
sete últimas linhas de seu lamento. Suas palavras graves abrem
o quarto ato e a derradeira aparição da heroína em cena. O
terceiro ato terminou com os ríspidos comandos de Creonte
ameaçando seus guardas com severas penas caso demorem em
executar sua ordem de murar sua sobrinha na caverna. Quando
Creonte sai, Antígona apenas diz: "Ai de mim, justo antes da
morte / tais palavras!" (AH 972 s., A 936 s.)

Na cena seguinte, ela é novamente dona de si e dirige-se
ao Coro com palavras cheias de serena dignidade. Invoca, primeiro, a Terra e os deuses dos seus ancestrais, ainda na dúvida
se realmente será guiada para a prisão subterrânea; depois desafia os anciãos e o povo tebano:

> Olhai, ó patronos de Tebas,
> Dos vossos reis esta última rainha,
> Olhai o tributo e honra que recebo de homens honrosos

120 ANTÍGONA, INTRIGA E ENIGMA

Por estar presa no temor de deus.
(A 940 s., AH 977 s.)

Hölderlin enfatizou novamente o papel de destaque da heroína: no lugar de "princesa real" ou "filha de reis" (*basilída*), ele lhe conferiu o título "última Rainha". Essa menção do papel genealógico e político na última fala permanece como um *memento mori* do duplo dilema – do impasse da heroína e do impasse ético de Tebas. Por mais que Antígona ame sua cidade e por mais que os anciãos a amem, eles encontram-se agora irremediavelmente separados.

A solidão da heroína ultrapassa aqui o isolamento subjetivo e psicológico; é um fato objetivo que suas conexões com os viventes são nulas e vãs. Ela está só, exatamente como Édipo no final de *Édipo Rei*, quando ele se chama um "ninguém" e um "nada". Para Hölderlin, o isolamento da heroína tem um sentido específico: ela morre com o majestoso e inelutável orgulho de quem está prestes a purificar o miasma de sua estirpe, anulando, na morte, a vergonha que ela carrega. É esse gesto que lhe vale, na versão hölderliniana, o título de "Rainha". Seu recuo solitário não é uma obsessão psicológica, nem de um obstinado egocentrismo (como pensam Knox[1] e muitos críticos depois dele). Sua saída para a morte é uma necessidade, mas, por mais que seja suave e sem imprecações contra os carrascos, nada tem da misericórdia cristã.

Antígona constata com sentimentos paradoxais a paradoxal (in)justiça de sua morte iminente. Sem acusar nem Creonte, nem os anciãos tebanos, ela se dirige à cidade como um todo e convoca todos os tebanos (com um plural indeterminado, A 937, AH 974 s.) a refletir sobre o seu destino iminente. Seu triste fim tem suas raízes, ela sugere, na longa cadeia de impropriedades que remontam ao seu nascimento. Ela, Antígona, encarna e carrega, como um bode expiatório, as relações inviáveis e injustas nas quais seu pai e seus irmãos já foram enredados antes. Inaptos todos para a vida civilizada, eles foram, todos, como ela, "Alheios à domesticidade dos viventes de cima" (*metoíkia*).

---

1   B. Knox, *The Heroic Temper*, p. 110. Knox fala do "impulso passional, irracional" da heroína; Antígona seria obstinada, "stubborn" (p. 109). A interpretação de M.C. Nussbaum, que vê Antígona e Creonte como "simplificadores" de uma situação complexa (*The Fragility of Goodness*, p. 59 s.), é um desdobramento da leitura de Knox.

QUARTO ATO   121

Antígona é uma personagem muito incomum na história da tragédia – figura poética que contém e sustenta toda uma teoria do trágico. O fado de uma linhagem e de uma cidade pesa sobre ela, mas ela recebe sua morte com estranha doçura e lucidez. Deixa ao Coro um enigma a resolver, porém um enigma sem as ameaças da esfinge e sem as violentas maldições que os suicidas trágicos costumam legar à sua cidade. Invoca o juízo dos deuses sem atiçar as forças do Hades. Como se reconhecesse plenamente o impasse insolúvel de sua existência, ela apenas implora à justiça divina a restabelecer as relações apropriadas com a humanidade tebana. Sófocles passa sob silêncio o que há de violento na sua morte: o mensageiro usa um eufemismo – a fórmula de que a vida da heroína se esvaiu no nó de sua cintura – que mantém a dignidade honrosa e o silêncio elevado que Franz Rosenzweig destacou como a característica das tragédias de Ésquilo[2].

A resposta do Coro a esse sublime adeus é, como Hölderlin bem comentou, surpreendentemente neutra. Apesar do acontecimento dilacerador se desenrolando diante dos olhos dos anciãos, o Coro põe à distância esse terrível acontecimento, como se pertencesse já ao passado mítico – a uma sabedoria plasmada nos mitos de Dânae, Licurgo e dos Fineidas[3]. Mas a contida frieza equivale, no entender do poeta, a um calor específico. É o calor da compaixão dos velhos cidadãos que começam a ver o dilema através dos olhos da própria heroína – vendo que ambas trajetórias são sem saída. Nesse sentido, Hölderlin observa:

[Antígona e Creonte] são [figuras] perfeitamente proporcionadas uma em relação à outra, apenas distintas segundo o tempo, de forma que uma perde pela única razão que [fora ela quem] *começou*, a outra *ganha, porque seguiu após*. Neste sentido, o estranho Coro [o canto em honra de Dânae, Licurgo e dos Fineidas] que acabamos de mencionar se ajusta da maneira mais hábil ao todo, e sua fria imparcialidade é calor, precisamente porque ela se encaixa de maneira tão estranhamente apropriada (*eigentümlich schicklich*).[4]

2   Cf. Franz Rosenzweig, *Der Stern der Erlösung*, p. 98-100; cf. também W. Benjamin, *Gesammelte Schriften*, v. i, p. 286-287; v. ii, p. 418 s. (o ensaio *Schicksal und Charakter*).
3   Já comentamos os temas míticos desse hino no capítulo anterior (Do ponto de vista "torto" ao princípio da leitura e da tradução hölderlinianas).
4   AA, v. 2, DKV, v. 2, p. 917; ObsA, p. 405.

Os comentários do poeta são uma verdadeira "educação sentimental" e, depois de tantos séculos de condicionamento ético e filosófico, uma reeducação do coração, da mente e do espírito. Hölderlin se propôs a pensar através da poesia para "fazer sentir novamente" e para poder pensar além dos estereótipos e das convicções morais correntes (AA, V. 3, DKV, V. 2, p. 921, ObsA, p. 408). Sua sensibilidade para as nuanças de tom e para o sentido que emerge de configurações sutis mostra-se também na interpretação inovadora do papel do vate.

TIRÉSIAS

O profeta tardou em aparecer. Isso é um detalhe importante, pois as últimas palavras de Creonte, nesse quarto ato, mostram que o rei-regente é muito mais dócil do que se pensa. Assim que supera o choque e a surpresa de ver seu plano contrariado e aprende que os anciãos compartilham a visão do vate, ele se apressa a cumprir seus conselhos:

> Agora que mudou a opinião (*doxa*)
> Eu mesmo que a atei, eu a desatarei.
> Temo que mais vale, elo resto da vida
> Manter todo o respeito à lei instituída.
> (A 1111-1114, AH 1158-1161)

Essas palavras no final do quarto ato iluminam também o que falta em Tebas: palavras francas e bons conselhos no momento oportuno. O Coro calou assim que ouviu o general; Hêmon usa uma retórica pouco confiável, cheia de veladas intenções passionais; Tirésias guarda longo silêncio e inicia sua ação somente depois da descida da heroína para a caverna-tumba. Outro detalhe importante: o vate não se refere a ela inicialmente, não condena sua execução – apenas critica o modo inconveniente: um ser vivo debaixo da terra e o cadáver pútrido de seu irmão em cima, entre os vivos, ofendem a ordem das coisas. É a forma, mais que o fundo da ação, que o vate procura retificar. Assim, a primeira parte do encontro com Creonte é muito amena: Tirésias desempenha um papel de conselheiro que pretende trazer uma solução bastante simples – enterrar

QUARTO ATO 123

o cadáver que agora está sendo dilacerado por pássaros e cães, poluindo todos os recantos da cidade, inclusive os altares. O velho vate sabe que irá ferir a vaidade do regente que se compraz no papel de herói e rei; por isso seus rodeios iniciais, as longas referências ao bom entendimento de longa data e as explicações demoradas sobre os signos divinos – a estranheza que distingue os sinais do além da comunicação humana.

Os diálogos levaram a argumentação *ad absurdum*, girando em círculos viciosos. O esvaziamento dos debates levou a impasses insolúveis, que os cantos líricos pontuam com apreensões nebulosas. Agora Tirésias entra em cena para abrir um espaço outro, além das formas da comunicação humana. Sua palavra desloca a percepção normal, os raciocínios e as cadeias causais que esgotaram o entendimento. Hölderlin chama a palavra do profeta de "linguagem pura", pois ela diz o que é e deve ser, sem explicação racional e sem possibilidade de argumentação. A função desse outro dizer é a de marcar uma "cesura", isto é, uma pausa que traz à tona a possibilidade de um *outro* sentido, de outras combinações dos sentidos conhecidos, de uma comunicação mais ampla. Tais alternativas aparecem na poesia graças à síncope métrica de um verso, à cesura de um hexâmetro, por exemplo: a simples interrupção, quase imperceptível, da frase introduz um espaço-tempo que suspende a sintaxe normal, e essa suspensão oferece uma outra perspectiva sobre o "mesmo" conteúdo. A organização métrica, rítmica e tonal da poesia sobrepõe à ordem lógica racional uma outra ordem e, com ela, um sentido mais vivo e complexo que a sucessão dos sentidos lexicais e sintáticos. É importante notar que os termos usados por Hölderlin são emprestados à terminologia essencialmente poética, não aos discursos éticos.

Assim, a fala de Tirésias não se coloca como julgamento a decidir quem teria razão – Antígone ou Creonte. Sua palavra é "pura" porque não se compromete com os argumentos envenenados, porém visa reconfigurar a visão do todo. Nas malhas e margens do mundo organizado por cálculos e argumentos, poetas vislumbram um outro mundo – não bem o que nós chamamos de "irracional", mas uma Ordem mais ampla que não cabe em deduções e causas, e que precisa ser "adivinhada". Eis a dimensão que Hölderlin contempla ao abrir um

124 ANTÍGONA, INTRIGA E ENIGMA

espaço próprio para um saber de outra ordem – a *Ahnung* ou *das Ahnen*[5].

O adivinho não é um árbitro infalível nem um sábio bondoso – mas ele abre o pensamento humano para a "possessão", o entusiasmo divino; nesse outro estado, ele capta as conexões que correm entre as palavras e os argumentos, uma coesão toda abrangente que ameaça a integridade dos protagonistas, como a "potência natural". Diante do "tempo torrencial" que anima as forças cósmicas, até a audácia heroica corre perigo de perder o equilíbrio e de cair naquilo que Hölderlin chama de "deslocamento alienado" (*Verrückung, Entrückung* – "deslou-camento"[6]). A palavra pura intervém no momento em que a trajetória heroica não se sustenta mais no fio da navalha entre a ordem do entendimento finito e um modo de conhecer infinito (sub ou sobre-humano, ou ainda desumano), que é incomensurável com os interesses e necessidades humanas: "Tirésias irrompe na progressão do destino, como guardião da potência natural, que, tragicamente, arranca o homem da sua esfera de vida, do centro de sua vida interior; desloca-o da intimidade própria e familiar para um outro mundo, e o arrasta para a esfera excêntrica dos mortos."[7]

Tanto Ésquilo como Sófocles mostram Tirésias como a figura que restabelece o frágil elo entre este mundo e o além, mas em todos os casos esse restabelecimento requer um sacrifício sangrento[8]. Nas *Fenícias* de Eurípides, Creonte procura salvar seu filho dessa tarefa heroica assombrosa reivindicada pelo oráculo de Tirésias, mas Meneceu a assume na ausência

5   A linguagem pura faz o contraponto das ironias brilhantes com o argumento das ideologias democráticas e jurídicas que tiveram um papel tão importante na sociabilidade ateniense.

6   AOE, v. 1, DKV, v. 2, p. 851; obsé, p. 387. Os verbos, substantivos e adjetivos construídos com "-*rücken*" (*entrückt, verrückt*) designam diversos desvios de uma trajetória "normal". *Ruck* é um solavanco que lança um corpo fora de sua órbita centrada, alienando-o dos comércios e trocas familiares. Para os cidadãos acomodados, é "louco", "tresloucado" ou "raptado" (*verrückt* ou *entrückt*) quem desliza para um estado contemplativo, ou outras formas de sentir, pensar e saber. Essas aproximações do divino, sobre ou sub-humano, são inquietantes e podem terminar numa total alienação ou num deslocamento (*Entrückung* ou *Verrücktheit*) do entendimento humano.

7   AOE, v. 1, DKV, v. 2, p. 851; obsé, p. 387.

8   Sobre a relação entre o vidente, a terra e a serpente-dragão, cf. L. Brisson, *Le Mythe de Tirèsias*, p. 47; e F. Vian, *Les Origines de Thèbes*, p. 206.

QUARTO ATO

do pai, jogando-se das muralhas na cova do Dragão para garantir a vitória da cidade sobre o caos. A pureza da linguagem oracular implica que ela é intocada pelos interesses humanos imediatos e indiferente ao sofrimento e à felicidade dos indivíduos particulares. Esse avesso sombrio da profecia vale ao vate a desconfiança e a hostilidade dos cidadãos[9]. Diferentemente de outras falas, que auxiliam os homens na tarefa de dominar o mundo, a palavra pura revela um mundo que se subtrai ao domínio humano. Hölderlin salienta essa diferença ao opor os raciocínios e cálculos ao "sentido vivo" da reviravolta trágica – antecipando estudos filológicos mais recentes (por exemplo, o de N. Loraux), que se surpreendem com a excêntrica "gramática para fins trágicos", que permite a Sófocles torcer o sentido convencional do léxico e da sintaxe[10].

Antes de apresentar sua arte da vidência, Tirésias coloca-se como bom conselheiro de longa data, e Creonte o acolhe com respeito e grata docilidade:

T.: E tu, escuta o teu agoureiro!
C.: Teus conselhos, eu nunca deixei de escutá-los.
T.: E por isso guiaste a nau por sendas certas...
C.: Nisso tu foste, é bem verdade, muito útil.
(A 991-995, AH 1029-32)

Mas quando Tirésias introduz a primeira advertência:

Não notas que caminhas no fio do destino?
(A 996, AH 1033)

Creonte fica alarmado:

O que há? Tuas palavras me enchem de pavor.
(A 997, AH 1034)

Escuta os sinais que o vate leu no voo dos pássaros. Duas águias dilaceraram-se em pleno voo, num estado de fúria destruidora que evoca claramente a guerra fratricida do início da tragédia:

9 L. Brisson, op. cit., p. 35.
10 N. Loraux, Introduction: La Main d'Antigone, em Sophocles, *Antigone*, p. 119.

126 ANTÍGONA, INTRIGA E ENIGMA

Uma zoada túrbida de horror e furor,
E vi, pela fúria do frêmito das asas,
Que as aves se rasgavam e matavam coas garras.
(A 1002-1004, AH 1039-1042)

As palavras escolhidas por Sófocles para especificar a
ira selvagem do mútuo assassinato (*bebarbarômenô, allelous
phonais*, 1999 s.) evocam o terrível encontro dos irmãos dila-
cerando-se na sétima porta. A analogia suscita na mente de
Creonte, e na do leitor, uma conclusão equivocada: quem raciocina na ordem dos silogismos humanos poderia pensar – como
Creonte o faz – que a luta nefasta dos pássaros dá razão ao seu
modo de ver. Ele interpretou a morte dos irmãos como um
novo miasma, ao passo que o vate chega a uma conclusão diametralmente oposta. O sinal no céu é apenas um preâmbulo
para o ritual de vidência que Tirésias oferece no altar de seu
santuário; e esse sacrifício propiciatório revela uma outra verdade que requer de Creonte uma leve mudança de rumo. O
fogo – potência civilizatória e "mestre de todas as artes" desde
Ésquilo[11] e dos mitos mais antigos – recusou-se no rito de Tirésias: "Hefesto/o fogo não salta no altar" (A 1006 s, AH 1044).
Em vez de tostar as carnes lançando para os céus os perfumes
que agradam aos deuses, a oferenda afoga num vapor úmido e
nauseabundo. Os sinais do vate não se encaixam bem no raciocínio humano que pautou a ação até agora. Por exemplo, fica
incompreensível por que os deuses, num primeiro momento,
nada revelaram a ele, de forma que Tirésias faltara com conselhos, uma vez que os deuses *não* sancionaram a mutilação
do cadáver até o momento em que seus altares foram poluí-
dos com os restos mortais: "Pois as aras e os lares puros foram
sujos / Quando abutres e cães fizeram um repasto / Do pobre filho
de Édipo" (A 1016-1018, AH 1054-1056). Apenas a progressiva
putrefação e o dilaceramento pelos animais criaram o miasma
alarmante que moveu Tirésias a intervir, e o vate usa cuidados
diplomáticos para não ferir a honra do rei. Apresenta seu conselho como uma retificação parcial de rumo, recomendando
o enterro de Polinices, sem desaprovar a punição da rebelde
Antígona. Creonte, entretanto, está sob o impacto das críticas

11 Ésquilo, *Prometeu Acorrentado*, v. 110 e 234.

QUARTO ATO 127

violentas de seu filho; demora a aceitar essa nova perspectiva e atribui as palavras do vate a intrigas subversivas. A súbita ira mostra que Creonte é sincero e que acredita na legitimidade de seus próprios esforços de purificação da cidade, o que o leva a desconfiar do *momento – um tanto tardio –* da intervenção de Tirésias. No universo das conquistas e dos raciocínios humanos é, sem dúvida, duro ouvir frases como esta de Tirésias: "É pelo teu pensamento que a cidade sucumbiu à doença." (AH 1053) Tais palavras são penosas sobretudo para Creonte, que acaba de perder seu filho Meneceu como vítima expiatória oferecida para salvar a cidade – exigência de Tirésias na noite anterior! Creonte demora para entender que o vate não fala no âmbito dos raciocínios e deduções humanas. Agarra-se na certeza de que suas medidas foram inicialmente aprovadas pelo Coro, pelos deuses e por Tirésias (pelo menos implicitamente) e perde a presença de espírito para responder adequadamente a esse novo desafio.

É importante registrar que Tirésias em nenhum momento critica a condenação de Antígona, nem a de Ismênia – apenas recomenda o sepultamento do corpo já bastante profanado de Polinices. Este rito repararia a situação e representaria uma solução favorável para Tebas. Eis a visão inicial do vate. Mas os insultos de Creonte despertam nele aquele fundo obscuro da percepção que se encontrava em repouso – *unerschüttert, akineta* (AH 1101, A 1060). Imagens sombrias começam a se constelar, mas Creonte ignora as prevenções e agride o vate. Convencido de que tudo não passa de intriga e embuste, Creonte provoca: "Desperte-o (*Erschüttre es, kineîtai*)! Mas tome cuidado de não falar em proveito próprio!" (AH 1103, A 1061) É a insolência dessa certeza ilusória que provoca a ira de Tirésias e uma nova intuição divinatória.

Segue-se, então, a segunda parte do presságio – o anúncio das terríveis compensações que esperam Creonte. Este anúncio, Tirésias o diz explicitamente, não fazia parte do oráculo que ele veio pronunciar diante do rei. A mudança do tempo verbal (do conselho no presente para o anúncio do futuro) mostra, sem equívoco, que as terríveis ameaças que pairam sobre a casa de Creonte não eram ainda previsíveis no início do diálogo. Elas começam a tomar forma no instante em que o adivinho se indigna diante das acusações de traição e eclodem plenamente quando o rei não desiste de seu acesso de ira. Tirésias ignorava essa segunda profecia no início do diálogo e somente nesse instante começa a ver e anunciar as mortes iminentes na casa de Creonte – ruína generalizada que compensaria o caos tebano: a confusão das categorias elementares (o alto e o baixo, o vivo e o morto, o humano, o sub e o sobre-humano). O desprezo dos ritos funerários causou o desmoronamento dos limites entre o humano e o não humano – indiferenciação que ameaça, doravante, a nova linhagem de Creonte e seu plano para reerguer a cidade.

Onde está Antígona nesse mais novo conflito? Tirésias teve muitos conselhos e muitos reparos a respeito de Creonte, mas todos eles giraram em torno de Polinices e dos respectivos lugares que corpos mortos e vivos devem ocupar numa cidade bem ordenada. A indiferença com a sorte de Antígona – sua condenação e morte iminente – faz um contraste drástico com as fortes emoções das demais personagens; Hêmon, Ismênia e o Coro se mostram todos profundamente afetados pelo destino da heroína. Diante dessa mais que fria neutralidade do vate, é bom lembrar que Hölderlin o aproxima das potências selvagens da natureza. E com efeito, Eurídice, em breve, acusará seu marido de ser a causa da morte dos dois filhos – cúmulo dos pesadelos do imaginário grego na descida da civilização para a barbárie. Hölderlin captou como ninguém o papel de Tirésias no declínio da bela cidade para a selvageria. Observa, na terceira parte de suas *Observações Sobre Antígona*[12], que a vida humana é inapta para revoluções totais, pois o entendimento finito está concretamente ancorado – corpo, alma, mente – nas formas do seu vir a ser. Em contraposição aos deuses e *daímones* (que Hölderlin concebe como inteligências radicalmente diversas – sub ou sobre-humanas), o homem paga com a vida sua audácia de mudar radicalmente os costumes e as leis – mesmo que essa mudança seja um esforço civilizatório louvável. Na medida em que a trajetória heroica obriga as personagens trágicas a superar os hábitos e as leis que permitiram à cidade deslizar para o caos, seu caminho é necessariamente

---

12   AA, V. 3, DKV, V. 2, p. 919; ObsA, p. 407.

QUARTO ATO

"excêntrico", "desenraizado" e aberto para o caos do mundo dos mortos e a selvageria da natureza – ambos "hostis ao homem"[13]. O ser humano, limitado pela fraqueza de seus sentidos e do seu entendimento, não sabe penetrar nesses enigmas, a não ser através do face a face com a morte. Eis o que realiza o herói ao tentar, contra todas as evidências, o impossível.

numa reviravolta patriótica durante a qual toda a configuração das coisas se modifica, a natureza e a necessidade, que sempre subsistem, pendendo em direção a uma outra configuração, quer se torne selvageria, quer nova configuração. Numa modificação deste tipo, tudo o que é apenas necessário toma partido da modificação; eis por que mesmo [uma personagem] neutra, não apenas aquela que é contra a forma patriótica, pode, na possibilidade de uma tal modificação, ser forçada a tornar-se patriótica, [tornando-se] presente, numa forma infinita, à [dimensão] religiosa, política e moral de sua pátria (*prophánethi theós*)[14].

As *Observações Sobre Édipo e Antígona* contêm inúmeras referências veladas ao horizonte político da época de Hölderlin – aos desafios do homem e do cidadão em épocas de grandes reviravoltas e promessas, de caos e terror (como aquela da Revolução Francesa). O esforço heroico transforma as limitações humanas em medida do infinito.

---

13   AA, V. 3, DKV, V. 2, p. 918; ObsA, p. 406.
14   AA, V. 3, DKV, V. 2, p. 920; ObsA, p. 408.

7. Quinto Ato

Hino a Dioniso (A 1115-1152, AH 1162-1202)
Êxodo (A 1155-1260, AH 1203-1316): relato do mensageiro anunciando as mortes de Antígona, Hêmon e Eurídice
Kommós de Creonte (A 1261-1352, AH 1317-1402)

O Quinto Ato abre com o hino a Dioniso. O coro dirige-se ao deus protetor da cidade com palavras cheias de apreensão e esperança. Hölderlin acentua as premonições assombrosas dos versos de Sófocles, iluminando o papel altamente ambíguo desse deus "protetor" da cidade. Ele é mais próximo de uma potência vital – criadora e destruidora –, que pouco tem a ver com as características de um padroeiro cristão. Para realçar essa força temível, o poeta altera a invocação do primeiro verso desse hino: "Deus do múltiplo nome, glória da jovem de Cadmo, / Rebento do trovejante Zeus" (A 1115 s., AH 1162 s.) – investindo Dioniso explicitamente com poderes do Criador. Ele o chama de *Namenschöpfer*: "Criador de nomes, orgulho das águas que Cadmo amou, e parte daquele que troveja no eco [...]" (A 1115, AH 1162-1164). Esse poder criador revela-se, na versão höderliniana, bem mais indômito e presente do que o domínio de Baco evocado nas traduções correntes. Nas traduções de Kitto e Mazon, por exemplo, a evocação de Baco reinando na Tebas materna projeta o dragão num remoto passado – "Ó Baco, aqui tua terra materna, / Aqui onde escoa o úmido Ismeno, onde outrora brotaram os dentes do selvagem dragão." (A 1121-1124 s.) Na versão hölderliniana, ao contrário,

Dioniso parece confundir-se com as devorações do dragão. Ele ocupa e possui Tebas de um modo incerto e angustiante. Pertence a um limbo selvagem que ainda rodeia a cidade:

> Em Tebas moras, na beira do frio Ismeno, perto das cercas,
> onde a goela do Dragão apanha o sopro humano.
> (AH 1171-1173).

O "protetor" ou "Salvador" paradoxalmente ameaça destruir sua cidade.

Outra alteração importante encontramos na primeira antístrofe:

> E viu-te o fumo ritual que se ergue harmonioso sobre
> Os dois ombros do penhasco rochoso
> junto ao Cócito, onde se precipitam, báquicas, as águas, e
> Também o bosque de Castália.
> (A 1127-1130, AH 1174-1178)

Hölderlin omite a menção das ninfas corícias (que encontramos em quase todas as outras traduções), associando Dioniso ao Cócito e a quedas d'água – ambos evocações de torrentes fatais para o homem. O desvio do original é claro e sua intenção implícita é evitar as imagens amenas e românticas. A versão hölderliniana realça, ao contrário, um vínculo associativo entre, de um lado, Dioniso e Ares (por intermédio do Dragão, guardião da fonte de Ares), de outro, entre Dioniso e Hades por intermédio do rio Cócito, o rio dos infernos[1]. Essa associação reitera e modula a cumplicidade que unia o deus de Tebas, no Hino ao Sol, a Ares e Hefesto, ressaltando a comunicação que este deus assegura entre mundos radicalmente diversos – o dos homens e o dos deuses, dos mortos e o dos vivos. Podemos pensar também que a introdução insólita do Cócito se deva a uma certa afinidade de Dioniso com Hades, deus com dupla visagem – terrível quando recolhe a vida, rico e favorável quando aparece como o grande "dispensador" (Plutão). A versão hölderliniana reforça a imagem "formidável" do deus, cuja aparição iminente inspira tanto terror quanto esperança. Na última estrofe, os anciãos

---

1 Homero, *Odisseia*, X, 514.

QUINTO ATO 133

imploram a Dioniso que apareça – seja vindo do Parnaso, seja do "vau gemedor" (*seufzende Furt, stonóenta porthmón*, I 1140, AH 1195). A imagem do vau gemedor refere-se ao estreito marítimo do Euripo, cujas correntezas violentas e imprevisíveis evocam a terrível fragilidade do destino do homem[2].

Qual é, exatamente, o perigo da ambígua aparição de Dioniso? Sua presença põe face a face o deus e os homens e, assim, evidencia a incomensurabilidade do divino e do humano. A força da natureza, embora sustente a vida humana, torna-se fatal e arrasadora quando irrompe com a máxima potência divina ou *daímonica*. A princesa tebana Sêmele, objeto do desejo de Zeus, é apenas uma das infelizes testemunhas dessa incomensurabilidade: morre fulgurada quando ele se revela a ela na união amorosa cujo fruto é Dioniso. Zeus arranca o filho do ventre da mãe moribunda e abriga-o na sua coxa. Fruto de uma união inconcebível, ele permanece para os tebanos um eterno estranho, sua divindade é suspeita – nele os tebanos temem uma estranheza e uma ambivalência imprevisível que adivinham obscuramente na própria existência humana. Hölderlin foi particularmente sensível a essas figuras dos (des)encontros do divino e do humano. Nas *Observações a Antígona*, o poeta invoca o aparecimento do deus – *prophánethi theós* –, reiterado na exclamação do Coro *prophánethi Naxíais* (I 1146). Hölderlin vê, nesse desejo do divino ou do infinito, a segunda tendência da vida humana, a que transforma a submissão, as necessidades impostas da existência determinada, em "arco trágico", isto é, tendência que suspende o homem entre dois mundos.

O desafio heroico é de manter o equilíbrio entre o sub e o sobre-humano, entre a selvageria das forças naturais e a ordem olímpica. Pois a finitude humana é incapaz de suportar a natureza na sua potência divina. Tebas não prospera quando está muito próxima do crescimento selvagem. As lavouras arcaicas de Cadmo suscitaram uma fertilidade indiscriminada, natural e desumana que sempre ameaçou a cidade como tara caótica. Ao emular demasiadamente a geração formidável da Terra, Tebas sucumbe ao peso das heras vicejantes[3] e aos brotos mons-

---

2   Cf. A. Pauly; G. Wissowa, *Der Kleine Pauly*, verbete "Euripos".
3   Cf. as imagens paradoxais do crescimento rochoso (1827 *petraía blastá*) e do peso excessivo da planta parasitária (a hera de Dioniso, I 825 *kissos ôs atenés*) ▶

truosos que Cadmo semeou. Essa desmedida é inadequada à ordem humana e, no ponto onde chegou Tebas, ela tornou-se realmente "hostil ao homem". Ela criou curtos-circuitos e contradições tais que nenhuma saída parece mais ser viável. Hölderlin explicita essa ameaça caótica no último hino. A cidade está cheia de limbos onde o "sopro [humano] é apanhado pela goela do dragão", ela oscila entre prosperidade e desertificação. O encadeamento das imagens retoma a lógica do relato de Níobe, matrona destruída pela sua fertilidade, que se inverteu na esterilidade da rocha.

Dioniso é invocado enquanto instância capaz de curar os males de Tebas. Mas são claramente nefastas as imagens noturnas dessa aparição ao "lume das tochas", e a espera por um deus emergindo no meio das "estrelas que respiram o fogo" tem as mais nítidas conotações de uma hostilidade vingadora[4]. Dioniso lança brilhos e sombras sinistras sobre Tebas[5], e eles lembram a macabra guerra noturna dos irmãos, iluminada pelas tochas de Hefesto, paroxismo da loucura "báquica". Mesmo Jebb, que interpreta o último canto como "cheio de alegria", menciona a estranheza da primeira menção do deus no hino de entrada – "o único lugar", segundo ele, "onde Sófocles associa a possessão maléfica com o nome do deus que evoca essa ode"[6].

O hino abre e dá o tom do último ato. O diálogo entre o Coro e o mensageiro ocupa a primeira cena, que confirma a reviravolta da fortuna de Creonte. O general vitorioso, pai de numerosa prole, monarca invejável (*Alleinherrschaft*, AH 1211) descobre a loucura do filho. Tendo forçado a abertura da caverna, Hêmon encontrou Antígona morta. Quando seu pai implora para que ele saia da gruta, ele se suicida – mas não sem tentar matar o

---

▷ que sufocam o humano em Tebas. Também a palavra humana (1828, *phatis andrôn*) parece dissolver-se na água da geleira que cobre Níobe.

4   R.P. Winnington-Ingram, *Sophocles: An Interpretation*, p. 113-114, ressalta essa sugestão de hostilidade, remetendo ao artigo de J.F. Hoey (Inversion in the Antigone, *Arion*, n. 9, p. 344) que menciona o sentido geralmente hostil e maléfico da metáfora do guia das estrelas respirando o fogo (A 1146), ou "tu que avanças em meio ao fogo" (AH 1195). Hoey menciona uma única exceção num verso de Píndaro (*The Odes*, 7.71), onde essa metáfora evoca um esforço vigoroso ou violento.

5   R.P. Winnington-Ingram, op. cit., p. 115: "é noite, e pode haver algo sinistro na luz sombria das tochas".

6   Cf. R.C. Jebb, *The Plays of Sophocles*, o comentário ao v. 154.

QUINTO ATO   135

pai. Rejeitando qualquer pertencimento à própria família, ele parece querer fundir-se com Antígona do modo mais macabro e atroz. Aristóteles qualifica como revoltante esse jovem que exala o último suspiro salpicando de sangue o corpo morto da noiva. Quanta diferença entre o discreto e sereno desaparecimento de Antígona e a violência espetacular do suicídio "assassino" de Hêmon! Única de sua família, a heroína não é representada como tendo voltado "mãos suicidas" contra si mesma, mas ela é vista de longe (na câmara mais longínqua da caverna, diz o mensageiro, A 1220, AH 1274), como inofensivo corpo morto, balançando no cinto preso na nuca (A 1221 s., AH 1275).

Os sentimentos paternos de Creonte ficam óbvios na desesperada tentativa de trazer Hêmon de volta para o mundo dos vivos, e também no seu luto após a morte do filho. A curta segunda cena foca tão somente o reconhecimento desolado da perda irreparável (A 1261-1377, AH 1317-1334). Na terceira cena, Creonte continua seu canto lutuoso, escutando da boca do mensageiro as notícias do suicídio da esposa. A desgraça precipitou Eurídice no mais profundo desespero, conta o Mensageiro. Cegada pela dor, ela proferiu as piores imprecações contra o marido, antes de golpear-se no fígado com um punhal. Para a maioria dos leitores atuais, esse gesto violento e autodestruidor parece evidenciar a culpa de Creonte. Mas o texto de Sófocles é mais ambíguo, pois a ruidosa violência ancestral é colocada num contraste falante com a serena quietude da heroína. Não é tão simples a verdade de Creonte, e nada confirma que Eurídice tem razão ao acusá-lo de ter causado a morte dos dois filhos.

Antes dessa derradeira catástrofe, quando Creonte retorna com o corpo de Hêmon nos braços, o coro anuncia sua entrada com palavras suspensas entre a solenidade contida da oração fúnebre. Os anciãos tentam manter a postura, exaltando a honra do defunto e de sua linhagem; mas em seguida explodem num grito de dor, que expressa o horror de ver o rei e sua estirpe tomados pela "loucura desastrosa" (até):

> Mas o rei vem, em pessoa.
> Um grande memorial ele segura nas mãos.
> É preciso dizer, pois é justo, que não é pela
> Loucura alheia (*allotrian aten*), mas pelo seu próprio erro.
> (AH 1313-1316)

136 ANTÍGONA, INTRIGA E ENIGMA

A expressão "memorial" (*mnêm epísemon*, I 1254, A 1258, AH 1314), ou "monumento muito claro", designa, nos discursos fúnebres oficiais de Atenas, a coisa mais digna da memória cívica, isto é, o corpo do guerreiro morto em combate com as distinções heroicas[7]. Os anciãos esforçam-se desesperadamente para dar uma forma conveniente, grave e composta aos acontecimentos (horrendos) da família real. Ora, a segunda parte da mesma frase anuncia a reviravolta inevitável desse esforço de contenção do horror e a irrupção do mais puro e incontido desespero. A imagem do pai que segura nas mãos o filho morto por sua culpa, aproxima-se do horror da cena final das *Bacantes* de Eurípides, onde Cadmo contempla os restos de Penteu nos braços de sua mãe, desvairada pela loucura (*até*) báquica. A fria neutralidade do Coro não pode mais conter o desmoronamento definitivo com formas apropriadas. Terminou o que os antropólogos chamam de "estratégias viris e cívicas para apagar a dor da morte através da glória cívica"[8], pois Creonte assume agora, ele mesmo, o luto desenfreado que é normalmente reservado às mulheres. Ele se entrega a uma forma paroxística e contagiante de dor – aquela mesma que ele procurou conter no início da tragédia[9].

Ora, esse contraste ressalta um detalhe do *kommós*, que foi pouco comentado pela crítica e, a nosso ver, merece mais atenção. Com efeito, não se pode ignorar que Antígona, na iminência da morte que a espera, encontrara palavras infinitamente mais compostas e solenes do que seu tio. Nesse sentido, sua ação pode agora ser vista como aquele feito exaltado nos epitáfios atenienses: o ideal de ter agido só para realizar uma ação nobre, piedosa e heroica[10].

7 Cf. Tucídides, *História da Guerra do Peloponeso*, 2.43.2, discurso fúnebre de Péricles, que indica aos que combateram valentemente um túmulo notável (*ton taphon episêmotaton*). Cf. também C. Segal, *Sophocles Tragic World*, p. 120.

8 Cf. C. Segal, op. cit., p. 121.

9 Para esse aspecto da reviravolta, ver C. Segal, op. cit., p. 119 s. ; R. Rehm, *Marriage to Death*, p. 63-65; L. Bennett; W.B. Tyrrell, "Sophocles' Antigone and Funeral Oratory", *American Journal of Philology*, n. 111, p. 441-456. As formas viris e cívicas procuram proteger a ordem e a sociedade ameaçadas pelo ressentimento da dor.

10 Cf. C. Segal, op. cit., p. 123; L. Bennett; W.B. Tyrrell, op. cit., p. 445, e N. Loraux, *L'Invention d'Athènes*, c. I, p. 37 s.

8. Ritmo, Linguagem e Tempo da Tragédia

> *O trágico burguês pode ser o conflito entre o indivíduo e a lei. Mas o trágico poético é a contradição na lei.*[1]

Nenhum poeta desenvolve suas ideias num vácuo. Com vigor juvenil, Hölderlin desafiou a concepção reinante do classicismo de Weimar que definia Sófocles como um modelo de moderação e clareza racional. Acrescentou suspense e complexidade à solução simples do trágico burguês de Schiller e Goethe e descobriu – no original grego – a paradoxal harmonia entre os diálogos racionais e seus avessos arcaicos. O poeta alemão acrescentou dissonâncias selvagens ao aparente equilíbrio clássico, enfatizando o entusiasmo excêntrico, isto é, a precariedade que arranca o herói do âmbito estável da sociabilidade humana. O editor de Hölderlin, Friedrich Beissner, afirma que o equilíbrio clássico da poesia trágica teria impedido, na obra de Sófocles, os estranhos excessos que encontramos nas traduções do poeta alemão[2]. Mas o verniz "clássico" do original não impede as discretas irrupções das correntes submersas – de uma constrangedora selvageria que vimos despontar aqui e ali nas metáforas do original. Hölderlin foi o primeiro e, até hoje, quase o único tradutor a atribuir importância a esse avesso da

---

1   R. Musil, *Tagebücher*, v. I, p. 470.
2   F. Beissner, *Hölderlins Übersetzungen aus dem Griechischen*, p. 168.

138   ANTÍGONA, INTRIGA E ENIGMA

razão clássica. Viu no espelho liso da poesia de Sófocles e Píndaro não só as figuras claras e determinadas da pólis racional, mas também as sombras de suas raízes nos mitos arcaicos – toda a indeterminação "irracional" que *scholars* como Dodds e Burkert[3] redescobrem somente um século depois de Nietzsche. Hölderlin jamais usaria a falaciosa dicotomia racional-irracional. Ele foi pioneiro na descoberta das múltiplas lógicas que se sobrepõem na poesia trágica, e explicita essa descoberta nas suas *Observações*, assinalando que a clareza da lógica e dos discursos formalizados resulta do seu foco claramente circunscrito e... estreito. Em comparação, a "lógica poética" é bem mais abrangente, permitindo o encontro e as sobreposições de diferentes ordens de raciocínio – razão pela qual ela pode parecer, num primeiro momento, imprecisa e contraditória.

A CONCEPÇÃO DO RITMO, DA LINGUAGEM E DO TEMPO NAS "OBSERVAÇÕES" DE HÖLDERLIN

Num primeiro momento, as *Observações Sobre Édipo e Antígona*[4] podem parecer obscuras. Hölderlin combina um resumo hermético de sua concepção da lógica poética e do ritmo (segmento 1) com esclarecimentos sobre sua leitura--interpretação-tradução das peças de Sófocles (segmento 2). No terceiro segmento, ele esboça sua teoria do trágico, que retoma as reflexões de outros fragmentos anteriores. Segundo Hölderlin, há um pensamento poético – isto é, uma ordem própria, uma lógica da poesia. O modo estético e sensível de pensar espraia-se na ordenação interna dos sentimentos que se encontram articulados com as representações, e que, por sua vez, são determinados por conceitos e raciocínios ao mesmo tempo que sobredeterminam e modulam esses conceitos e razões. Mas o traço mais peculiar do "pensamento poético" é a autorreferência da imaginação – uma ideia que Hölderlin desenvolve provavelmente na esteira do "jogo da imaginação

---

3   Cf. E.R. Dodds, *The Greeks and the Irrational*; W. Burkert, *Greek religion*.
4   F. Hölderlin, DKV, v. 2, p. 849-858, 913-922. Trad. port. K. Rosenfield, *Antígona*, p. 385-408.

RITMO, LINGUAGEM E TEMPO DA TRAGÉDIA

e do entendimento" de Kant[5]. O poema trágico toca apenas tangencialmente nas formas determinadas dos esquemas conceituais. Como a imaginação no estado livre, a poesia evita a determinação unilateral do esquematismo e procura associar, num equilíbrio rítmico, diversas possibilidades de esquematizar determinados conteúdos proposicionais. Em outras palavras, a lógica poética supera a limitação do pensamento claro e distinto e escapa, assim, da finitude do entendimento. Por isso, Hölderlin aproxima a poesia do um entendimento "mais infinito", com uma abrangência quase divina que se permite pensar mundos possíveis que aparecem numa efêmera presença. Eis a ideia que sustenta a fórmula um tanto enigmática que ele cunhou para a poesia trágica, definida como "metáfora de uma intuição intelectual"[6]. Sabemos que Hölderlin partiu da reflexão kantiana, que concede à inteligência humana somente a intuição sensível, reservando a intuição intelectual às inteligências sub e sobre-humanas (divinas). Vários *fragmentos* hölderlinianos mencionam explicitamente esse pano de fundo kantiano e propõem uma teoria da poesia que fosse além dessa limitação de Kant[7]. Ao longo dos anos, essa concepção fica mais clara, e as *Observações* introduzem uma terminologia nova que reivindica um estatuto lógico para a imaginação poética. Hölderlin chama de "lógica" as qualidades mais elusivas da poesia: os possíveis raciocínios inscritos (virtualmente) no ritmo e nas entonações, nos sabores e coloridos que acrescentam ambivalências e polissemias ao primeiro nível da expressão. Em outras palavras, a lógica poética não é inferior ou rudimentar, mas mais ampla que a lógica formal e os raciocínios que se deixam captar em determinações discursivas.

A nova terminologia das *Observações* emerge da experiência tradutória – da reflexão do poeta sobre a *"mekhané"* (a

---

5 I. Kant, *Kritik der Urteilskraft*, p. 115-125. No juízo de gosto, diz Kant, a imaginação não é subordinada ao entendimento, mas entra num livre jogo com possíveis conceitos em geral, nunca se limitando a um conceito determinado.

6 Cf. DKV., v. 2, 553: "O poema épico é a metáfora contínua de Um só sentimento. O épico [...] [é] a metáfora de grandes propósitos. O poema trágico [...] é a metáfora de uma intuição intelectual."

7 Cf., em particular, a carta na qual Hölderlin propõe uma "ampliação e simplificação" da análise kantiana do belo e do sublime. Carta a Neuffer, DKV, v. 3, p. 152.

artesania ardilosa) dos antigos, sobre o "ritmo" e a "lógica poética". O poeta elabora, no corpo da tradução e nos comentários, ideias antropológicas, por exemplo quando assinala a incomensurabilidade entre natureza e cultura que obriga a humanidade a enfrentar a "natureza eternamente hostil ao homem". Toda essa terminologia parece estar suspensa entre metáforas e conceitos, seu leque semântico amplo enriquece o léxico teórico dos fragmentos anteriores, com suas definições da tragédia como "paradoxo" ou "metáfora de uma intuição intelectual".

A tradução hölderliniana destaca-se pela sua dura literalidade que obscurece o sentido convencional projetado sobre as tragédias. Vimos, ao longo deste ensaio, que as alterações ousadas do léxico e da sintaxe carecem de uma contextualização muito ampla para revelarem toda a gama de sugestões. Hölderlin deixa subsistir, na sua versão, uma aura de estranheza –uma estratégia deliberada, destinada a atiçar a curiosidade pelos segredos poéticos de Sófocles, e para despertar a sensibilidade pela diferença da cultura e da língua antigas. O poeta alemão transporta para sua língua e métrica modernas o estranho ritmo fixo do grego: acolhe, no sistema de sílabas tônicas e átonas do alemão, as harmonias das sílabas longas e curtas gregas, cujas pronúncia e escansão permanecem relativamente inalteráveis face às intenções expressivas do locutor. Hölderlin lança mão da mobilidade expressiva da língua acentuada para enfatizar as emoções implícitas que a língua grega sugere com sutis alusões a mitos, instituições e fatos históricos. Os traços de violência e selvageria permaneciam implícitos no original (pois eram imediatamente acessíveis devido ao contexto e à familiaridade com as práticas da pólis clássica); na cultura moderna, ao contrário, perdeu-se todo o rendilhado de referências às ameaças míticas e às práticas cívicas – razão pela qual Hölderlin sublinha essas sugestões com uma expressividade "selvagem" e protoexpressionista. Ele trabalha contra o dilema da educação e do conhecimento modernos com sua (excessiva) expertise, especialização e formalização conceitual do saber. A (excessiva) confiança no aprendizado e nos conceitos compartilhados diminui a sensibilidade e, com isso, a habilidade de sentir, ver e pensar de outros modos igualmente possíveis – de sentir-e-pensar de modo poético. Hölderlin vê

RITMO, LINGUAGEM E TEMPO DA TRAGÉDIA 141

a poesia não como uma alternativa ao pensamento conceitual, mas como um espaço outro que permite repensar o que acreditamos e aceitamos como verdadeiro. A teoria hölderliniana do trágico está intimamente ligada à sensibilidade pioneira do poeta pelas diferentes concepções da linguagem e do tempo. Ela repousa sobre a distinção de dois níveis ou dimensões heterogêneos nos quais nosso pensamento ocorre de modo simultâneo. De um lado, o pensamento, a linguagem e o tempo podem ser compreendidos num sentido humano e relativo. Nesse nível, a linguagem é um instrumento para concebermos determinados objetos; ela produz conhecimentos e representações, sentimentos e raciocínios esquematizados em conceitos comunicáveis. Mas essa dimensão da realidade familiar deixa subsistir um espaço e um tempo totalmente diferentes: Hölderlin considera esse outro cosmos como a dimensão absoluta da linguagem (e do tempo) que permanece inacessível ao entendimento e aos conceitos habituais. A dimensão absoluta da linguagem e do tempo pode somente ser adivinhada, obscuramente entrevista.

Os elementos dessa teoria do trágico lembram, sem dúvida, o idealismo alemão (Kant, Fichte, Schelling e Hegel). Como já mencionado, Kant distingue a intuição sensível (humana) da "intuição intelectual". Essa última é um saber incondicionado (ou divino) inteiramente referido a si mesmo, no qual saber e ser coincidem. Nenhuma consciência o coloca e ele não é produzido por um procedimento conceitual. Para Hölderlin e Schelling, a sensibilidade poética é uma inteligência peculiar que se aproxima deste saber-e-ser todo abrangente reservado a inteligências sobre e sub-humanas. Schelling, por exemplo, faz uma analogia entre o esquematismo kantiano (enquanto procedimento universal da imaginação para fornecer ao conceito sua imagem[8]) e o intelecto divino. No "Ensaio Sobre a Poesia" (*Dichteraufsatz*), essa aplicação da intuição sensível a objetos puramente intelectuais é entrelaçada com uma reflexão sobre a poesia: "O produto do poeta" e "o efeito maravilhoso cujas causas naturais não podem ser claramente distinguidas" são atribuídos, por Schelling, à "arte inata da alma que sempre

8   I. Kant, *Kritik der reinen Vernunft*, B 179 s.

142 ANTÍGONA, INTRIGA E ENIGMA

trabalha em silêncio"[9]. Encontramos formulações semelhantes não só nas cartas de Hölderlin, mas também nas suas *Observações,* que desenvolvem o problema do limite (kantiano) entre entendimento e razão, entre experiência e ideia:

É um grande recurso da alma que trabalha secretamente o fato que ela evita, no ponto mais alto da consciência, a [própria] consciência, de forma que, antes que o deus presente a apanhe efetivamente, ela o encontra-contraria com palavras blasfematórias, obtendo assim a possibilidade viva e sagrada do espírito.[10]

Oito anos antes da publicação das traduções de Sófocles, numa carta a Immanuel Niethammer (editor de uma revista filosófica de Iena), Hölderlin já esboçara as grandes linhas de seu projeto estético, que procura uma justificativa teórica dos fundamentos do sentido estético e da imaginação poética:

Nas cartas filosóficas procurarei encontrar o princípio que me explica as divisões [distinções] a partir das quais nós pensamos e existimos, e que é, no entanto, capaz de fazer desaparecer a contradição [...] entre o sujeito e o objeto, entre o si-mesmo (*Selbst*) e o mundo, e, até, entre a razão e a revelação; [procurarei fazê-lo] de modo teórico, na intuição intelectual, sem recorrer ao auxílio de nossa razão prática. Para tanto, precisamos de sentido estético e eu chamarei minhas cartas filosóficas de "Novas Cartas Sobre a Educação Estética do Homem". Nessas, eu farei uma transição da filosofia à poesia e à religião.[11]

Hölderlin parte de Platão, mas vai além do idealismo platônico quando procura apresentar a experiência da beleza como acesso à "conexão mais infinita" situada além da necessidade da razão prática, do conhecimento e da dependência da intuição sensível[12]. No fragmento "Sobre a Religião", ele esboça os elos entre o entendimento finito e um saber independente desse tipo de necessidade: uma matriz que engloba as formas do conhecimento, da consciência e da consciência-de-si. Esta é, em si mesma, inacessível ao pensamento, mas é dela que surgem os

9 M. Franz, *Schelling Tübinger Platon Studien*, O "Ensaio Sobre a Poesia" é reproduzido em anexo, p. 284 s.
10 F. Hölderlin, DKV, v. 2, p. 915-916, e trad. port. K. Rosenfield, op. cit., p. 401.
11 Idem, DKV, v. 3, Carta de 24.02.1796.
12 Cf. o fragmento "Sobre a Religião", DKV, v. 2, p. 562.

RITMO, LINGUAGEM E TEMPO DA TRAGÉDIA   143

objetos do pensamento. Ela constitui o fundo (fundamento, *Grund*) do pensamento e da ação, fundo este que alimenta essas faculdades determinadas da alma com *Ahnungen*, "adivinhações". São lampejos que fazem adivinhar uma outra forma de saber, um saber mais abrangente que integra sensações, sentimentos e conhecimentos. Dieter Henrich sublinha o fato de que Hölderlin "supõe que há uma espécie de continuidade entre a unidade originária [de todas as coisas], que permanece inacessível ao entendimento humano, e a situação na qual se desdobra nosso conhecimento"[13]. Henrich considera este outro estado da "mais alta consciência que evita a consciência" como uma tonalidade afetiva ou musical (*Stimmung*) que sustenta certas figuras poéticas como "modos implícitos de saber, comportando ecos e timbres emocionais que devem ser vistos como um saber implícito [que diz respeito a] trajetórias de vida possíveis"[14].

Esse estado outro, que modifica qualitativamente a percepção, dá acesso a uma "conexão superior ou mais infinita" que nos extrai do foco estreito do conhecimento determinado[15]. Ele se faz imediatamente presente na ordenação rítmica.

O ritmo considera a linguagem não do ponto de vista de conceitos, proposições e conhecimentos determinados, mas do ponto de vista de um harmonioso conjugar-se de todas as coisas. Hölderlin desenvolve, a partir de sua reflexão sobre o ordenamento rítmico, seu esforço de ir "para além do limite kantiano". É o ritmo que assegura, nas *Observações,* a passagem da intuição sensível à intuição intelectual. O ordenamento rítmico das palavras, metáforas e imagens subverte o sentido da sintaxe argumentativa e dá ao mesmo texto múltiplos níveis de significação. A convergência e a coerência desses diferentes níveis (que se entrelaçam como cadeias significantes autônomas-e-relacionadas) situa-se além da consciência vigilante da vontade e da intenção racionais. Não há como conhecer o jogo quase sinfônico dessas camadas de sentido, mas sentimos as

13 D. Henrich, *Der Grund im Bewusstsein*, p. 549.
14 Ibidem, 519.
15 Cf. no mesmo sentido, o comentário de Heidegger sobre A Doutrina Kantiana do Belo e sua Interpretação Equívoca por Nietzsche e Schopenhauer, *Nietzsche*, v. 1, p. 129. Cf. também as observações sobre o "ir além de nós-mesmos" como elevar-se para além do cumprimento formal de normas, padrões e regras (ibidem, p. 133).

144 ANTÍGONA, INTRIGA E ENIGMA

consonâncias e dissonâncias de suas cadeias entrelaçadas. Elas nos atingem através de atmosferas e tonalidades: *Stimmungen*, estados de uma inteligência sensível. O termo alemão para esse sentir-pensar-querer é *Gemüt*. Ele confunde, num mesmo processo, sentir-pensar-querer, e o sentido etimológico de *Gemüt*, ânimo, é derivado do termo medieval *muot*, coragem[16]. No entender de Hölderlin, essa sensibilidade reflexiva constitui a "conexão superior" ou "mais infinita" que torna possível os vínculos harmoniosos entre as diversas faculdades, o conhecimento teórico, o prático e o estético.

A estranheza enigmática da tradução hölderliniana deve-se às suas múltiplas referências a redes de significação paralelas. A coexistência de ordens heterogêneas revela-se ao longo da trajetória heroica e lhe confere seu caráter paradoxal: vislumbre de linguagens e tempos incomensuráveis.

RITMO E "SENTIDO VIVO"

A teoria do trágico de Hölderlin pode ter grandes afinidades com o pensamento de Kant e com o idealismo alemão. Mesmo assim, ela surge também das particularidades da língua e do pensamento gregos. O poeta foi um dos primeiros a notar as repercussões que o ritmo fixo e inalterável do grego antigo tem sobre a consciência e o pensamento do locutor. A resistência que esse ritmo opõe à expressividade subjetiva, às intenções e emoções particulares, leva o locutor naturalmente a reconhecer que a língua possui, em si mesma, uma dimensão absoluta, um sentido que permanece inalterável e intocável pelos conhecimentos e intenções do sujeito humano.

Thrasyboulos Georgiades dedicou um estudo específico ao problema do ritmo, suas elucidações são esclarecedoras, especialmente no contexto de Hölderlin. Ele diz o seguinte sobre o ritmo fixo do grego antigo:

---

16 Para explicações sobre a etimologia do termo em Kant, cf. *Crítica do Juízo*, nota Valério Rohden, p. 48; Hölderlin tematiza a ideia no poema *Dichtermut*. Nietzsche atribui máxima importância ao *Mut* na sua *Genealogia da Moral* e Heidegger retorna ao tema em *Einführung in die Metaphysik*, p. 104, onde *phronein* significa: viver-sentir-pensar.

RITMO, LINGUAGEM E TEMPO DA TRAGÉDIA   145

Esta constelação da língua grega tem consequências notáveis. As palavras de uma frase grega estão enfileiradas umas ao lado das outras. Elas estão aí, firmes como esfinges [...] A língua grega lembra as máscaras da tragédia [...] É significativo que a língua grega não tenha termos para "expressão e ênfase" (*Ausdruck und Nachdruck*). O locutor grego ouve o que ele mesmo diz como um reino que o ultrapassa, totalmente independente de sua vontade e intenção [...] A capacidade específica de falar nunca encontrou, no grego antigo, plena adequação com a língua. Algo sempre lhe escapou: a rítmica autônoma e musical, o "tempo pleno" das sílabas e palavras [...] jamais se deixava apagar ou absorver pela capacidade humana de falar.[17]

Hölderlin apoia-se nessa experiência da Antiguidade, concebendo o ritmo – isto é, a configuração da linguagem no tempo – como fenômeno inexplicável e originário, que nada pode tornar compreensível. Na configuração trágica da linguagem, em particular, vibra o inominável, o imenso-e-inquietante (*das Ungeheure*), a potência eternamente viva da natureza. Essa potência, nossa vontade não pode dominar, nem dissolver, nem evitar. A linguagem não é, ou pelo menos não é totalmente, um meio para dominar e conhecer o mundo, a natureza. Enquanto metáfora viva, ela nos faz adivinhar a imensidão maravilhosa--e-inquietante do cosmos.

Na poesia de Sófocles, Hölderlin vê em ação as duas dimensões da linguagem. Nos diálogos e nas ações manifesta-se a exigência de compreender e de dominar o mundo mediante o conhecimento (*gnomê*). Neles encontramos apenas pequenos sinais precursores anunciando uma dimensão totalmente diferente. Esse "algo" (*Etwas*) que ressoa obscuramente na linguagem, anuncia o destino e encarna-se na figura de Tirésias, e na "palavra pura" do oráculo. É notável que Hölderlin compreenda o mito trágico não somente como um conflito entre homens e atos de fala humanos, mas como um defrontar-se do herói com uma dimensão da linguagem, do ser e do sentido que permanecem inacessíveis à sua vontade.

As duas dimensões da linguagem correspondem, nas *Observações Sobre Édipo*, aos dois "modos de proceder" da lógica

---

17 T. Georgiades, La Langue comme rythme, *Philosophie*, n. 12, p. 81-2, 84; Georgiades remete a Hölderlin e ao ensaio de Heidegger, Unterwegs zur Sprache, *Gesamtausgabe*, n. 12, p. 227-257.

poética: um opera com conceitos e representação, raciocínios e silogismos (discursos estabelecidos e compartilhados); o outro amplia a percepção e o pensamento, incluindo as dimensões da intuição e da adivinhação que conecta o conhecimento discursivo com o inominável[18].

Esses dois modos de proceder da lógica poética (evocados logo no início das *Observações Sobre Édipo*[19]) constituem o correlato das duas faces da linguagem. E Hölderlin pensa que a poesia – melhor: o ordenamento rítmico que imprime sua lógica peculiar ao poema – permite reunir essas duas faces incomensuráveis da linguagem. Graças a ela, os discursos formalizados da ciência e da filosofia, da lógica e da comunicação podem vislumbrar de novo a outra realidade da qual emergiram; a dimensão da palavra pura. Por isso, as *Observações* iniciam com o primeiro modo de proceder – o da representação dos fenômenos suscetíveis de serem conhecidos e ensinados (práticas sociais e científicas, religiosas e políticas, isto é, todo o imaginário histórico consolidado, que abrange também as convenções poéticas). O poeta precisa ser um homem do mundo, conhecer as representações, os sentimentos e os raciocínios de seu tempo, ele deve ser hábil ao usar os discursos segundo as regras e leis vigentes. Esse procedimento, Hölderlin o chama de "cálculo poético".

Mas a habilidade retórica não basta, nem é o essencial. O verdadeiro conteúdo da poesia é outro – o poeta diz expressamente: "depois deve-se ver como o conteúdo se relaciona com este [cálculo]", e ele pergunta-se "como a progressão e o que deve ser fixado – o sentido vivo, que não pode ser calculado –, são colocados em relação com a lei calculável"[20].

O sentido é "vivo" quando nos surpreende ao romper as relações instauradas pela convenção, ao mesmo tempo que

18 Cf. os comentários aos dois "modos de proceder" da lógica poética, F. Hölderlin, DKV, AOe, v. 2, p. 849; K. Rosenfield, *Antígona*, p. 395. Cf. também K. Rosenfield, *Antigone*, c. 4, 6, 7.
19 F. Hölderlin, DKV, v. 2, p. 849; K. Rosenfield, p. 395.
20 Cf. F. Hölderlin, DKV, v. 2, p. 535: "O modo de proceder do espírito poético não pode jamais levar [à oposição do puro e da forma, do individual e do universal]. É preciso que algo outro se encontre nele e é necessário que nele se verifique que este modo de proceder [...] é nada além da passagem do puro em direção a alguma coisa ainda a encontrar."

RITMO, LINGUAGEM E TEMPO DA TRAGÉDIA   147

conhece e respeita as normas aprendidas e os conceitos do entendimento que asseguram a compreensão. É essa paradoxal união das dimensões heterogêneas da linguagem que nos dá novamente a medida de um outro mundo sub e sobre-humano, de um além que nossa razão não domina. Para Hölderlin, a lógica poética põe face a face a racionalidade humana e seu avesso: a "potência eternamente viva"[21] que se revela apenas em rápidos lampejos, *Ahnungen*.

O primeiro modo de proceder, o "cálculo" (*ratio* em latim), recorta "sensações, representações e raciocínios" em um sistema formalizado (segundo categorias e formas do espaço-tempo humanos). Duzentos anos depois de Hölderlin, é quase um clichê dizer que vivemos e pensamos em conformidade com o imaginário determinado pelo contexto histórico, pelas condições formais do espaço-tempo físico no qual vivemos. Mas no classicismo de Weimar essa ideia da mobilidade das formas de representação era um *insight* pioneiro. Hölderlin familiarizou-se com essa ideia alguns anos antes, quando participou, em 1793, dos debates de Schiller e Goethe sobre as falácias do pensamento científico. Mas, diferentemente desses grandes mestres da cena intelectual, ele vê essa mobilidade imaginária emergindo de um fundo de sentimentos originários (entre os quais, ele registra não só a beleza e o sublime, mas também a gratidão) que ele considera como o fundamento de uma "religiosidade" natural – ou seja, uma dimensão que não depende das causas e necessidades, das categorias e formas de representação humanas.

Traduzir as tragédias de Sófocles era, para o poeta alemão, uma espécie de educação sentimental, intelectual e espiritual para além das suas próprias convenções culturais e convicções filosóficas e religiosas. Redescobrir o livre espaço de jogo do teatro grego exigia certa distância das próprias crenças (ocidentais, cristãs) e de suas formas de representação predominantemente alegóricas. A abordagem de Hölderlin é inovadora porque não trata os protagonistas como estáticas alegorias do Bem e do

---

21 Cf. F. Hölderlin, AA, DKV, v. 2, p. 921; K. Rosenfield, *Antígona*, p. 408: "As formas patrióticas [não servem] somente a que se aprenda a compreender o espírito do tempo, mas que ele seja apanhado, retido e sentido, uma vez que ele foi compreendido e apreendido."

148   ANTÍGONA, INTRIGA E ENIGMA

Mal, mas procura a significância da tragédia na trama rítmica das múltiplas trajetórias e na organização polifônica das diferentes vozes: Hölderlin registra não somente o sentido imediato de suas proposições, mas também as oscilações dos tons, isto é, o modo como os conteúdos são proferidos. Nas suas *Observações*, o poeta alerta que não basta compreender, de modo isolado, as "diversas sucessões (*Sukzessionen*)" de suas ações, pois o sentido da tragédia está "mais no equilíbrio (*Gleichgewicht*) do que nas puras sucessões (*Aufeinanderfolge*)" (DKV, v. 2, p. 850). O comentário combate as interpretações demasiadamente conceituais, as leituras que tão frequentemente isolam personagens e passagens, versos ou metáforas, para lhes atribuir uma fórmula interpretativa.

Mas na oposição da "sucessão" (*Sukzession, Aufeinanderfolge*) e do "equilíbrio" (*Gleichgewicht*) ressoa também a diferença entre a consecução e a simultaneidade. Hölderlin remete a duas noções distintas de tempo que operam simultaneamente na tragédia: de um lado, o tempo físico que corresponde à experiência empírica do homem, de outro, o Tempo sem tempo, eterno e absoluto, que permite vislumbrar a copresença de todas as coisas. Esse tempo pleno ou "torrencial" ameaça as distinções do tempo humano, tal como a organização rítmica e polifônica ameaça as deduções unilaterais, os estreitos nexos entre causa e efeito.

A essência da tragédia consiste na passagem (transporte) entre duas formas de percepção que correspondem a esses dois tempos distintos. É esse "transporte trágico" que confere equilíbrio (atemporal) à alternância das representações sucessivas (*Wechsel der Vorstellungen*). O transporte abole, portanto, as distinções e o entendimento assegurado pela sucessão (no tempo humano ou físico). Esse equilíbrio ocorre na medida em que o ritmo faz surgir uma conexão mais abrangente – e atemporal, não submetida à segmentação das alternâncias sucessivas – dos elementos no todo. Assim, paradoxalmente, a tragédia apresenta como sendo equivalentes e concomitantes os movimentos das duas formas de linguagem: a dos argumentos situados na sucessão temporal, bem como a linguagem pura dos oráculos do adivinho (movimento contrarrítmico). O que é acessível ao conhecimento e o que se subtrai ao domínio

RITMO, LINGUAGEM E TEMPO DA TRAGÉDIA 149

humano apresentam-se, ambos, simultaneamente e de modo equilibrado: "como tendo o mesmo peso" (*als gleichwiegend*).

O ritmo faz aparecer, junto com a alternância das representações, "a representação ela mesma", isto é, o que é essencial, independentemente da intenção e da compreensão do locutor (AOe, v. 1). A concepção hölderliniana do ritmo aplica as leis da métrica (que presidem ao ordenamento das sílabas) às unidades complexas do pensamento. O poeta vê as representações, os sentimentos, os argumentos como "sílabas" cujo sentido é duplamente condicionado (pelo entendimento e pela conexão superior).

TEMPO FÍSICO E TEMPO TRÁGICO: O SUBTEXTO ARISTOTÉLICO

Olhando de perto a dupla articulação do tempo no interior da lógica poética de Hölderlin, é impossível não lembrar de Aristóteles, cuja reflexão sobre o tempo move-se igualmente entre os dois planos da sucessão e da simultaneidade. No livro IV da *Física*, encontram-se passagens que assinalam uma segunda acepção do "tempo", situada para além do tempo físico. Esse outro tempo, diz o filósofo, não segue apenas o movimento, fazendo-se sempre outro nos momentos sucessivos, mas ele sustenta o que é sempre o mesmo, assegurando a copresença simultânea dos instantes[22]. Tanto nas *Categorias*, como na *Física* e na *Poética*, Aristóteles distingue, entre as diversas perspectivas sobre o tempo, dois aspectos principais: o tempo pode ser visto como quantidade descontínua (os momentos distintos e sucessivos do tempo físico) e como pura continuidade (Tempo Absoluto ou eternidade que assegura a coesão e a unidade do todo): "O tempo presente, com efeito, liga-se, simultaneamente, ao [tempo] passado e ao [tempo] futuro." (Aristóteles, *Cat.* 5 a 6)

De maneira análoga, Hölderlin utiliza a metáfora do "tempo torrencial" para referir-se a um "tempo" absoluto, além da fixação do sentido e da medida no tempo histórico e humano. O poeta fala do "espírito torrencial do tempo", que arranca o

---

22   Cf. Aristóteles, *Física*, IV, 11, 219 a 10 e 219 b 10.

150 ANTÍGONA, INTRIGA E ENIGMA

homem de sua esfera "sem poupá-lo" para que o espírito do tempo possa ser "sentido" novamente, em vez de ser simplesmente "compreendido e aprendido" (DKV, v. 2, p. 914-921). A passagem evoca a dupla experiência do tempo e da linguagem que tem lugar na tragédia. A irrupção dessa dupla experiência provoca a sensação subjetiva de uma perda trágica: o herói, no seu *élan* "excêntrico", é incapaz de "manter-se" na sucessão dos momentos da experiência (o tempo humano). Ele perde assim aquilo que é próprio à experiência humana e empírica, a história enquanto esforço (vão) de compreender/apanhar o absoluto (o Tempo) através dos vínculos que o entendimento introduz entre os momentos sucessivos do passado. Os ecos aristotélicos, que afloram nas formulações hölderlinianas, sublinham um problema assinalado, entre outros por Goldschmidt e Owen. Este último analisa a distinção entre o "agora" (*now*) e o "momento" (*moment*), assinalando que:

entre dois agoras, deve haver um tempo que dura e que não é composto de agoras [...] O paradoxo [aristotélico] da não realidade do tempo [deve] ser compreendido nos seus termos [de Aristóteles], como uma justaposição que faz contraste entre um presente que existe com o passado e o futuro não existentes[23].

Na tragédia, o desafio para a existência humana (e heroica) é, portanto, o de se manter no equilíbrio (no "meio") entre o modo de ser e de pensar finito (o silogismo) e um ser-e-saber "mais infinitos" (a intuição intelectual). Subtraído aos limites da sucessão, este saber faz irrupção no adivinhar da "palavra pura" (*Ahnung*) que engloba tudo – momentos e representações distintos – numa conexão superior do Tempo contínuo.

As fórmulas hölderlinianas sobre o "tempo torrencial" e toda a guirlanda de metáforas das *Observações* tornam-se bastante mais claras quando vinculadas ao paradoxo do tempo de Aristóteles. O ritmo (da tragédia) efetivamente suspende a progressão de um "antes" a um "depois" (da sintaxe e das representações). Essa suspensão evidencia um Tempo aquém e além do tempo da sucessão: um tempo-sem-tempo (continuidade). A arte de ritmar os acontecimentos metamorfoseia suas

23 G.E.L. Owen, *Logic, Science and Dialectic*, p. 305-306

RITMO, LINGUAGEM E TEMPO DA TRAGÉDIA 151

relações e seu sentido ao fazer bascular sua ordem sucessiva em copresença. Essa reviravolta do tempo físico (movimento dos acontecimentos) em tempo trágico baseia-se na reflexão aristotélica sobre as relações entre movimento e grandeza, tempo e instante (na *Física*). Vários críticos assinalaram, aliás, o emprego deliberadamente basculante do verbo *akoloutheîn*, cujo objetivo é de realçar a relação entre o "seguir" e o "acompanhar" – o verter do tempo físico no tempo trágico, que Hölderlin chama de "transporte trágico". Victor Goldschmidt observa essa oscilação do uso aristotélico do verbo e conclui: "O verbo *akoloutheîn* [...] não indica sempre uma relação de dependência em sentido único: ele pode designar tanto uma concomitância quanto uma consecução."[24]

Este verter da consecução para o acompanhar ou da sucessão em simultaneidade corresponde ao duplo aspecto da tragédia: o mito trágico é um relato dos acontecimentos e ações que se desdobram no tempo físico, porém dando acesso ao além da mera sucessão. A reviravolta trágica mostra, para além das coisas sempre mutantes, as secretas conexões do todo, a "conexão mais infinita" ou a presença atemporal e contínua das coisas efêmeras.

Além de uma referência explícita a Aristóteles nas *Observações* (citação de uma frase da enciclopédia bizantina *Suda*, que o apresenta como "o escriba da natureza, mergulhando sua pena em sentido"[25]), toda a gama lexical de Hölderlin gravita em torno da reflexão aristotélica sobre o tempo. A constelação dos termos da sucessão – *nacheinander hervorgehen* (produzir-se reciprocamente um depois do outro), *Aufeinanderfolge* (sucessão), *Succession* (sucessão-consecução) – é metamorfoseada em

---

24 V. Goldschmidt, *Temps physique et temps tragique chez Aristote*, p. 32, comenta a passagem de Aristóteles, assinalando que o verbo "[seguir] indica que uma noção é predicada de uma outra de tal forma que sendo esta posta, aquela deve ser posta também" – segundo Bonitz –, enquanto G. Granger propõe uma outra leitura: sendo a "consecução simétrica", o verbo deveria ser traduzido antes por "acompanhar" do que por "seguir". O autor cita a *Retórica*, I, 6, 1362 a 29-31 e a *Metafísica*, IV, 2, 1003 b 23-24, remetendo aos comentários de Bonitz (*Metafísica*, a, 1, 981 a 12) e de G. Granger, *A Teoria Aristotélica da Ciência*, p.189, que vão no mesmo sentido.

25 Hölderlin altera a frase levemente, substituindo eis noun (no sentido) por eunoun (belo ou bom sentido), imaginando o panegirista "mergulhando [na tinta] a pena de bom sentido" (AOE, DKV, p. 856). Para esclarecimento sobre a Suda, cf. A. Pauly; G. Wissowa, *Der Kleine Pauly*, p. 407 s.

152 ANTÍGONA, INTRIGA E ENIGMA

Gleichgewicht, gleichwiegend (equilíbrio, igualar dos pesos). O poeta parecia estar à procura de um pensamento mais abrangente e de lógicas alternativas que dessem conta da passagem da experiência sensível para o conceito. Com o mesmo objetivo, Hölderlin adapta também a dicotomia *organisch-anorganisch* ou *aorgisch* (orgânico-anorgânico). Esses termos, derivados da ideia das energias da natureza, eram corrente no pietismo suabo, e muito usado por pensadores como Herder e Schelling.

Mas o poeta imprime a essa terminologia modulações semânticas importantes. Distancia-se do uso habitual da época e torce o raio semântico de ambos os termos. Nas suas observações, o termo "orgânico" não se refere apenas aos organismos naturais, mas também ao princípio sensível-e-espiritual que organiza a arte. Da mesma forma, "aórgico" não é apenas a matéria sem vida, mas designa o modo não reflexivo, não representado da força natural, a violência desorganizada da natureza que ameaça a frágil vida e mente humanas[26]. Todas essas metáforas convergem para a ideia extremamente inovadora de um ser e de uma "inteligência" além do entendimento e da razão humanas. O que intriga Hölderlin não é o virtuosismo do pensador cujas ideias se movem no domínio seguro dos cálculos e sistemas estabelecidos, mas a coragem do poeta-pensador que avança para o extremo limite da racionalidade humana, expondo-se assim ao impensável, ao radicalmente outro que os cálculos racionais e lógicos não abrangem. O foco pouco convencional que ele obtém com essas alterações leva, num efeito dominó, a uma ampliação do vocabulário. Além de "pensar", "saber" e "conhecer" (*denken, wissen, erkennen*), Hölderlin introduz outras formas, mais amplas e incertas, de saber. O termo *Ahndung* aparece no texto sobre o "Procedimento do Espírito Poético". É um termo usado no século XVIII como análogo da razão e designa um conhecimento antecipado, e a capacidade de "manter na mente" (*Gedenken*) algo que se apresenta de modo vago na mente (quando usado com o dativo: *mir ahnt*); quando usado com o acusativo (*eine Tat oder Person ahnden*) significa lembrar (manter em evidência) a má ação de

---

26 Cf. T. Pfau, *Romantic Moods. Paranoia, Trauma, and Melancholy*, p. 168. Sobre o uso dos termos *organisch-aorgisch*, cf. J. Ritter; K. Gründer; G. Gabriel, *Historisches Wörterbuch der Philosophie*, v. 6, p. 1329.

RITMO, LINGUAGEM E TEMPO DA TRAGÉDIA

alguém com a intenção de punir. Em outras palavras, Hölderlin procura incluir no pensamento poético-filosófico processos mais amplos e ricos que a cognição *stricto sensu*. *Ahnen* (adivinhar) é um movimento sensível-e-pensante que retorna a algo anterior ao processo mental; ele procura a própria vida e o Ser enquanto matriz do qual o pensamento emerge. *Ahnen, Andenken, Gedenken* (adivinhar, rememorar) são operações nitidamente distintas do processo reflexivo conceitual no qual a sensação primordial e viva se purifica, é refletida e começa a se esvair[27]. Essas reflexões são como os signos precursores das formulações ousadas que Hegel usa na introdução à *Ciência da Lógica* (xiii). Nessa, a lógica é assim compreendida:

A lógica, desta maneira, deve ser apreendida como o sistema da razão pura, como o reino do pensamento puro. Este reino é a verdade ela-mesma, tal como ela é sem véu, em e para si; por essa razão, pode-se dizer: este conteúdo é a apresentação de Deus, tal como ele é na sua essência eterna, antes da criação da natureza e de um espírito finito.[28]

A inovação hölderliniana repousa, sem dúvida, sobre a sua concepção da linguagem como ritmo – concepção essa sugerida, por sua vez, pela reflexão acerca da especificidade do grego antigo. Nesse contexto, lembremos uma outra observação de Th. Georgiades, que diz:

colocar a questão da língua como [a do] ritmo esclarece [...] o fato de que o sentido se encontra como algo de atemporal (independente do tempo) e o homem como um ser efêmero. [...] Nomear é algo pura-mente incompreensível [...] Isto desconhece o tempo. É um fenômeno originário do espírito.[29]

O encontro com a poesia grega e a especificidade de seu ritmo predispôs Hölderlin a conceber diversas formas de pensar, cujo horizonte mais remoto é essa experiência – sempre epifânica – da dimensão absoluta da linguagem. Na impossibilidade de reproduzir esse traço peculiar do verso grego na língua alemã, ele procura recriar de outro modo o altivo recuo

27 Cf. J. Ritter et al., op. cit.,v. 1, p. 115-117.
28 Hegel, Wissenschaft der Logik, *Werke in zuanzig Bänden*, v. 5, p. 44.
29 T. Georgiades, La langue comme rythme, *Philosophie*, n. 12, p. 87.

154 ANTÍGONA, INTRIGA E ENIGMA

da linguagem e do sentido que se revela no ritmo grego. Sua versão trabalha contra a ilusória pretensão da consciência que procura dominar o sentido. Para o poeta, a plenitude de sentido é sempre um dom, a linguagem pura revela-se em momentos privilegiados e por um instante apenas. Na tragédia de Sófocles, Hölderlin redescobre, contra a confiança iluminista de sua cultura, as duas atitudes agonísticas em relação à linguagem e ao entendimento racional. Nos diálogos e nas ações, afirma-se a reivindicação racional, a sede de compreensão e controle intelectual (*gnomê, zethesis*): argumentos, convicções, brilhantes formulações retóricas. A lírica coral, no entanto, desenvolve as dúvidas e os vislumbres de um outro horizonte de sentido, que está fora do alcance da consciência e do conhecimento racional. O poeta alemão foi o primeiro a registrar essa segunda voz estranha que acompanha e ressoa no todo. Ela se afirma com a incompreensibilidade do oráculo. A palavra de Tirésias irrompe sem explicações ou raciocínios, abrindo espaço para essa dimensão outra do destino inalterável, que permanece obscuro ao entendimento humano. Para os homens, este apenas se deixa adivinhar em "signos" que ultrapassam o entendimento finito.

O CONFLITO TRÁGICO COMO RITMO ATLÉTICO DE CORPOS

Eis uma das razões pelas quais Hölderlin lê a tragédia não apenas como um conflito entre as personagens e seus atos de fala, mas como um encontro do herói com uma dimensão remota da linguagem e com a incomensurabilidade do ser: encontro com aquilo que, na palavra, se anuncia de modo inquietante e incompreensível. Esse "algo" supremamente significativo, que aparece com tanta frequência na poesia hölderliniana, é a essência mesma da palavra. Seu fundo enigmático está fora do alcance voluntário do homem. O paradoxo do destino de Antígona é que a heroína não sucumbe a circunstâncias ou causas objetivas, mas a um "algo" quase impossível de definir[30].

---

30 É significativo que Aristóteles não se refere a uma falha determinada, mas a "alguma" falha, como se fosse impossível definir a *hybris*, Cf. *Poética*, 53 a 7-11.

RITMO, LINGUAGEM E TEMPO DA TRAGÉDIA

Assim, a tradução hölderliniana não enfatiza o conflito moral entre os dois heróis, e diminui a importância dos argumentos em favor do impasse insolúvel de Antígona e Creonte. Ele encontra uma imagem surpreendente que capta de modo mais preciso o dilema da princesa e do regente de Tebas. Compara-os com dois "corredores" correndo em trajetórias "perfeitamente paralelas e equilibradas", lutando *não um contra o outro*, mas um *ao lado do outro*, contra o "Tempo":

A configuração de tais personagens é comparável, como em Antígona, ao combate atlético dos corredores, no qual o primeiro que tem necessidade de tomar fôlego se choca contra seu adversário, perdendo, enquanto se pode comparar a luta de Édipo com o pugilato e a de Ajax com a esgrima.[31]

É preciso colocar "Tempo" entre aspas, pois o que aparece no horizonte dessa luta é "o espírito do mundo selvagem e não escrito, o espírito do mundo eternamente vivo e dos mortos"[32]. Trata-se, portanto, de um Tempo radicalmente alheio ao tempo humano, da eternidade, do Tempo pleno, não segmentado e divino.

Nessa presença emerge um sentido radicalmente outro que se encontra fora do domínio e das possibilidades humanas – um Outro maravilhoso e terrível (*ungeheuer, deinos*) anunciando-se em certos detalhes aparentemente obscuros[33]. A estranheza da tradução é presença sensível dessa alteridade incomensurável. O totalmente Outro, por fim, aparece na forma da morte[34] que anula o signo, isto é, reduz o herói a nada (Hölderlin recorre à expressão matemática = 0, igual a zero)[35].

---

31 F. Hölderlin, AA, v. 2, DKV, v. 2, p. 920; K. Rosenfield, *Antígona*, p. 408.

32 F. Hölderlin, AA, v. 2, DKV, v. 2, p. 918; K. Rosenfield, *Antígona*, p. 406.

33 Lembremos apenas alguns dos exemplos comentados acima: "Tua palavra tinge-se vermelha", AH 21, Ismênia chama a irmã de "Selvagem", AH 49, e pontua seu excesso passional pelos mortos: "Quente pelos frios sofre tua alma", AH 90, e o Coro menciona que ela descende da "raça crua de um pai cruel", AH 489.

34 F. Hölderlin, AA, v. 3, DKV, v. 2, p. 917 (p. 963): a apresentação trágica repousa sobre o que "o deus imediato, inteiramente Um com o homem, se apreende no entusiasmo infinito"; assim, "Deus é/está presente sob a forma da morte", ao mesmo tempo que "se cliva de maneira sagrada (em oposições na consciência que suspende a consciência)".

35 F. Hölderlin, DKV, v. 2, p. 561. O originário, o fundo escondido da natureza, não pode se apresentar na sua força (insuportável para o homem). Dado que não há signo adequado para essa potência infinita, ela se apresenta "colocando= o [igual a zero]" o signo (colocando o signo = 0?).

156 ANTÍGONA, INTRIGA E ENIGMA

A tarefa do poeta – e do tradutor – é de fazer acontecer a momentânea abertura do princípio da sucessão que sustenta a rígida rede dos cálculos humanos. Muitos poetas antes e depois de Hölderlin defrontaram-se com a dificuldade de descrever o estado outro, que viabiliza esse acesso. Musil refere-se a um "abalo", Aristóteles o capta na disposição alterada dos sentimentos trágicos, ressaltando a enigmática surpresa do "*thaumastón*". Todas as descrições enfatizam a ausência de cálculos e silogismos, o cessar dos esforços cognitivos. O que suspende a necessidade inscrita na sucessão das representações e dos argumentos não é "nenhum querer, nenhum pensar", mas um inverter-se e esvair-se de todos os valores, que reaparecem numa outra inesperada configuração. É nisso que a leitura hölderliniana difere do modo mais flagrante das abordagens de Hegel e da maioria dos intérpretes de Sófocles: se estes focam a ação e os argumentos de Creonte e Antígona, Hölderlin lê a tragédia a partir do seu fundo lírico e poético. A linguagem poética difere dos conteúdos manifestos cujo sentido o entendimento procura delimitar e definir. Ela vai além das significações registradas, para horizontes ainda não traçados: seus sentidos permanecem "algo a ser fixado" (*etwas Festzusetzendes*[36]), e este algo não pode ser isolado em tal ou tal proposição, nem fixado em determinadas palavras – ele aparece apenas no ritmo do todo.

"A significação das tragédias pode ser compreendida mais facilmente a partir do paradoxo", escreve Hölderlin em um dos fragmentos redigidos durante as traduções de Sófocles[37]. O originário, o fundo oculto de toda natureza não pode manifestar-se na sua força insustentável (isto é, insustentável para o *homem*), pois essa força tem uma "natureza hostil ao homem" e não encontra um signo adequado na linguagem humana. Assim, ela manifesta-se no modo de ser que lhe é próprio: através do efeito devastador que anula o signo que é o homem (na figura trágica)[38]. O imenso-e-maravilhoso (*das Ungeheuere, deinos*) aparece

36 F. Hölderlin, DKV, v. 2, p. 849; K. Rosenfield, *Antígona*, p. 395.
37 Segundo Schmidt, F. Hölderlin, DKV., 2, p. 561 e 1252-6, "A significação da tragédia" data de 1802-1803.
38 É o herói "fracamente trágico" (e não, como dá a entender a tradição francesa "A moderação trágica das épocas sem viço") que segue o tempo e se deixa arrancar para a "selvageria não escrita, espírito do mundo dos mortos" (F. Hölderlin, DKV, v. 2, p. 914 e 960).

RITMO, LINGUAGEM E TEMPO DA TRAGÉDIA

na sua inquietante beleza como acontecimento formidável-e-
-monstruoso que caracteriza a relação fatal e infeliz que o homem
mantém com sua própria sensibilidade, seus conhecimentos
técnicos e suas capacidades racionais: o avesso dos hábitos cul-
tivados, da linguagem familiar e dos costumes civilizados.

O ordenamento rítmico faz surgir a inquietante estranheza
irrompendo nos conhecimentos que asseguram normalmente
as relações e as trocas (os diálogos como signo do comércio
social). Ser atingido por essa outra dimensão significa entrever o "sentido vivo" (*den lebendigen Sinn*), isto é, o eco da vida
eterna e inesgotável que constitui a outra dimensão da linguagem – a que ultrapassa as significações que nosso entendimento
atribui às coisas de nosso mundo.

Hölderlin acentua consideravelmente os elementos estranhos e selvagens que se encontram (como alusões, ambiguidades
e resíduos enigmáticos) no texto grego de Sófocles, como sombras sob a brilhante superfície racional. Antes de Nietzsche, o
poeta alemão parece querer forçar a consciência moderna e a
convicção embotada por pressupostos racionais a abrir-se ao
risco de um abalo que poderia vir a desconcertar o entendimento, levando-o a um estado outro. Esse risco faz parte do
"entusiasmo", do ser apanhado pelo inesperado e o incompreensível – o "deus do mito", que os antigos veem em obra, em certos
efeitos da surpresa –, por exemplo, na ideia do *thaumastón*,
que Aristóteles evoca na *Poética*. Não se trata de uma surpresa
banal (a que Kant chamaria de *Verwunderung*), mas de um abalo
capaz de abolir algo de nossas convicções normais. Essa surpresa
admirativa (*Bewunderung*) constitui o fundamento da vida espiritual, do equilíbrio entre a vontade de dominar racionalmente
e a abertura de deixar surgir algo que podemos apenas entrever
e que se oferece para além da compreensão[39].

Os signos de uma dimensão inquietante e "outra" que, desde
o início da tragédia, acompanha as representações e os raciocínios dos protagonistas, manifesta-se, de modo mais puro, na
"palavra pura" de Tirésias, do "guardião das forças da natureza".
Mas, na representação trágica, é o próprio herói que faz surgir

---

39 Não é por acaso que Heidegger cite Hölderlin quando reflete sobre o conceito
    kantiano do "favor" e critica a interpretação equívoca que Schopenhauer e
    Nietzsche fazem do pensamento de Kant (cf. M. Heidegger, *Nietzsche*).

este "saber" oculto do oráculo, que permanece inatingível no conhecimento e na experiência normais. Em Édipo, a aceleração dos raciocínios do herói, muito cedo, faz surgir essa dimensão inquietante. Ela se presentifica assim, de modo quase trivial, sem ter, aparentemente, o menor peso dramático, no modo de escutar: Édipo ouve e, sem querer, dirige as outras personagens (Creonte, Tirésias) a estabelecer relações entre signos e acontecimentos que não são necessariamente conectados – pelo menos não ao nível do entendimento comum. No entanto, é precisamente esse modo de escuta (passivamente ativa ou ativa para além das intenções deliberadas) e de interrogação, que desencadeia, desde o início, o entusiasmo. O ser do herói é apanhado pelo espírito torrencial do tempo. Para assegurar seu peso fundamental a este "detalhe" estilístico e rítmico da enunciação, sustenta Hölderlin, ele deve ser "protegido" (isto é, deve ser pontuado) pela intervenção da palavra sagrada de Tirésias. O oráculo do vate provoca a "cesura", o movimento "contrarrítmico" que impede que a sucessão rápida das representações borre os pequenos signos através dos quais anuncia-se a reviravolta: a copresença do compreensível e do incompreensível que precipita Édipo na "ira da curiosidade" (*zornige Neugier*).

Em *Antígona*, o ritmo das representações segue um esquema oposto. Tirésias aparece muito tarde e sua palavra acentua aquilo que aparecera, depois dessa cena, em detalhes aparentemente triviais e "concentrados" (*gedrungen*) pela rápida sucessão dos acontecimentos. Hölderlin não concebe a intervenção de Tirésias como um discurso que contribui para a significação moral, religiosa ou política do conflito trágico, mas como uma palavra que é "pura" na medida em que ela encarna o incomensurável da "potência natural que, de modo trágico, arranca o homem à sua esfera, ao centro de sua vida interior, deslocando-o em direção a um outro mundo, e o precipita na esfera excêntrica dos mortos" (DKV, v. 2, p. 851). Como a natureza, "eterna inimiga do homem, porque ela o arrasta para além deste mundo"[40], a linguagem e o tempo, que deveriam assegurar a medida e o acesso do homem a si mesmo e à cultura, comportam o risco de projetar o homem para além de si mesmo.

---

40   M. Blanchot, L'Espace littéraire, p. 371.

A Genealogia e os Mitos Tebanos

Os mitos articulam a diferença entre natureza e cultura, seus enredos estruturam a ordem da sociedade humana pontuando as desordens que a ameaçam. Na Grécia, como no mundo todo, eles entretecem os destinos humanos com as linhagens dos deuses. Já antes dos tempos de Homero, e ainda na época clássica, as grandes famílias reinantes fundam seu poder em ritos e mitos que contam a pré-história da civilização: a construção do universo pelos deuses ctônicos (os universos da terra e das águas profundas) e dos uranianos (os deuses de cima, que têm sua residência nas alturas etéreas do Olimpo); os casamentos de deuses com mortais; as aventuras dos fundadores de cidades. Graças à proteção e ao parentesco divinos, esses transmitem aos seus filhos qualidades necessárias para construir comunidades. A força dos *daímones* subterrâneos favorece o vigor e a sobrevivência; o ardil de Prometeu inspira constância e esperança; a sabedoria dos olímpicos os capacita a ordenar a vida humana, a instaurar boas leis que asseguram a transmissão pacífica do poder de pai para filho. Os ciclos trágicos tematizam os erros e acertos desse processo civilizatório.

Assim, a história de Tebas começa bem antes da instalação do herói Cadmo na terra tebana (cf. a árvore genealógica). O rio Ínaco, poderosa divindade que garante a irrigação e a fertilidade, tem uma filha, Io, cobiçada por Zeus. Dessa união nascem vários filhos e netos, entre eles Agenor (filho de Libie e Poseidon, deus do Oceano). É com Cadmo, filho de Agenor, que começa a fundação da cidade maldita. Devido a um crime a ser purificado, Cadmo parte da sua terra natal, a Fenícia. Em certos relatos míticos, a razão da partida é um crime de sangue, em outros Cadmo vai em busca da irmã raptada, Europa, e erra pela Hélade (as ilhas e o continente grego) até chegar com seus companheiros a uma terra abençoada e fértil. Mas a fonte do país, sob o domínio de Ares, deus da guerra, é guardada por um Dragão que devora os companheiros de Cadmo. O herói fenício enfrenta o monstro e o mata. Sozinho e no mais extremo desamparo, ele invoca um oráculo. Este lhe ordena que arranque os dentes do dragão e os semeie na Terra (a deusa Gaia). A Terra produz monstros híbridos – "homens" que brotam do solo como plantas. Esses monstros são chamados de espartos – *spartoí* significa, em grego, os semeados. Nascem adultos, armados e ferozes, e o menor estímulo (uma pedra jogada por Cadmo) faz com que eles se precipitem uns sobre os outros, exterminando-se mutuamente até sobrarem apenas cinco sobreviventes: Équion, Pêloro, Ctônio, Hiperênor, Udaio, seres distintos em selvageria e desmedida. Estes monstros representam a força pulsante e cruel da Terra da qual nasceram, desconhecem a boa ordem da filiação humana (com mãe e pai). Gerados pelas forças cósmicas, a natureza ilimitada desses antepassados das grandes linhagens tebanas desempenha um papel híbrido na história mítica da cidade. De um lado, sua selvageria contradiz a condição limitada do rei humano e contraria seus esforços de civilização, de outro, eles lhe oferecem o vigor combativo que lhe garante a afirmação. Cadmo recebe como esposa Harmonia, filha de Afrodite (deusa do amor) e de Ares (deus da guerra), e os filhos que nascem dessa união ritual serão casados com os descendentes dos monstros "semeados". A busca de equilíbrio entre opostos faz parte do mito como um todo: a união de Cadmo com Harmonia é um casamento exemplar. Assistem às núpcias os filhos do céu (Apolo e Hermes, entre outros), os sons da lira de Hermes fazem surgir as muralhas de Tebas, a lira de Anfião faz crescer a cidade entre os

A GENEALOGIA E OS MITOS TEBANOS

161

rios Dirce e Ismeno. Anfião casa com Níobe, filha de Tântalo, e eles têm uma prodigiosa prole. Mas o orgulho desmedido de Níobe (herança dos *spartoí*) ofende a deusa Leda, cujos filhos, Artemisa e Apolo, abatem com flechadas os sete filhos e as sete filhas. Imagem da esterilidade, Níobe é metamorfoseada em rocha, no monte Sípilo.

OS LABDÁCIDAS:
A LINHAGEM DOS SOBERANOS DE TEBAS

As linhagens que Cadmo lega à sua cidade têm um enorme desafio: sustentar a tensão da fundação selvagem. O filho e as quatro filhas dele com Harmonia (Polidoro, Sêmele, Ino, Agave e Autonoe) casaram com os descendentes dos Espartos, o que lhes assegura a legitimidade de habitar a terra sobre a qual repousa a cidade: Polidoro desposa Nicteis (filha de Nicteu e neta de um dos espartos sobreviventes, Ctônio), ao passo que Ágave e Équion são os ancestrais da linhagem de regentes da qual nascerá Creonte.

A realeza legítima de Tebas descende do filho de Cadmo, Polidoro, e prolonga-se na linhagem dos labdácidas com Lábdaco, Laio e Édipo, terminando com os quatro filhos deste (Etéocles e Polinices, Antígona e Ismênia). Existiam mitos e tragédias (hoje perdidas) que representavam os destinos destes heróis.

Laio

Quase nada se sabe de Lábdaco, mas seu filho entrou na mitologia como um dos grandes malditos; há pinturas de vasos e relatos sobre a paixão de Laio por Crísipo, o jovem filho do rei Pélops. Este acolheu Laio quando o reino de Lábdaco estava ameaçado pelos sombrios usurpadores Nicteus e Licos (o Noturno e o Lobo). Quando adulto, Laio sucumbe à paixão homossexual por Crísipo, rapta o menino e o retém no seu palácio. Em desespero, Crísipo se enforca. A homossexualidade, aceita entre os gregos dentro de limites bastante estreitos (o respeito da relação heterossexual com a esposa e o cumprimento da procriação), ofendeu, no caso da paixão desmedida e violenta de Laio, dois deuses: Apolo e Hera. O primeiro lança a maldição sobre ele: se procriar, morrerá da mão de seu filho. Numa noite de embriaguez, Laio transgride a proibição e gera Édipo.

Édipo

O recém-nascido é rejeitado três dias depois de nascer. Mas o pastor encarregado de expô-lo na natureza selvagem para que sofra a morte certa o entrega a outro pastor, que oferece o menino ao rei de Corinto. Políbio e Mérope o criam como se fosse o próprio filho. Mas, num banquete, um convidado lança dúvidas na alma de Édipo. Como seus pais não o convencem, ele parte para consultar o oráculo de Delfos, mas Apolo recusa a resposta sobre a paternidade, dizendo apenas que ele matará seu pai e desposará sua mãe. Édipo decide não retornar a Corinto, a fim de evitar o destino assombroso. Viajando a pé, encontra a comitiva de Laio a caminho de Delfos. O arauto do rei lhe ordena que ceda o caminho; Édipo reluta, o rei o atinge com seu chicote e, irritado com a humilhação, Édipo abate o velho de cabelos brancos e seu pequeno séquito. Chega a Tebas e salva a cidade assolada pela Esfinge, solucionando o enigma proposto pela Esfinge que quer saber qual ser que anda com quatro pés de manhã, com dois ao meio-dia e com três de noite[1]. Édipo adivinha tratar-se do homem, que rasteja na infância, anda ereto na idade adulta e se apoia na bengala na velhice. Sua sabedoria salvadora é recompensada com a mão da rainha Jocasta, viúva de Laio. Com a mãe-esposa, gera quatro filhos. Depois da descoberta do incesto e do parricídio, o cego Édipo suporta mal as humilhações da vida e reage com ira excessiva. Ferido por uma leve falta de seus filhos, ele amaldiçoa Etéocles e Polinices: os dois disputarão entre si o reino e se matarão.

---

1 Para detalhes sobre os mitos mais antigos de Tebas e a Esfinge, cf. F. Vian, *Les Origines de Thèbes*, p. 206-214: "Há um ser de dois pés e também de quatro e também de três. Único entre todos os seres da terra do ar e do mar, ele muda sua forma. Quando ele anda com o maior número de pés, sua velocidade é a menor."

A GENEALOGIA E OS MITOS TEBANOS

Etéocles e Polinices

A tragédia de Ésquilo, *Sete Contra Tebas*, representa a história dessa matança fratricida. Para evitar a discórdia, os irmãos concordaram em se revezar no trono de Tebas. Quando acaba o primeiro ano de Etéocles, entretanto, este não entrega o poder. Polinices parte para o exílio, conquista a mão de uma princesa argiva, filha do rei de Argos, reúne sete príncipes aliados, que partem para a reconquista de Tebas das Sete Portas. Numa luta normal, os chefes de guerra, comandando na ala forte, à direita da falange, nunca se encontrariam, já que a ala forte, à direita, luta contra a ala fraca, à esquerda da falange oposta. Mas, em Tebas, sempre se espera um círculo vicioso: como as muralhas de sete portas formam um círculo, as falanges opostas se fecham em círculo, de forma que a ponta da esquerda se encontra com a da direita. É assim que os dois irmãos se veem obrigados a lutar um contra o outro na sétima porta: nessa luta, eles cumprem a maldição paterna e poluem, mais uma vez, o solo tebano com o sangue de íntimos parentes.

A tragédia de Ésquilo põe em relevo os aspectos horripilantes dessa luta noturna, e Eurípides, em *As Fenícias*, representa outro horror que ocorre durante a noite que precede a abertura do episódio de *Antígona*. Tirésias, prevendo o perigo da destruição de Tebas, revela a Creonte um oráculo: a cidade pode ser salva se o filho de Creonte, Meneceu, for sacrificado. Heroico, esse descendente dos Espartos oferece sua vida e se precipita na fossa do Dragão.

CREONTE E HÊMON: DESCENDENTES DE UMA LINHAGEM DE REGENTES E CONSELHEIROS DO TRONO

Creonte pertence a uma das grandes linhagens que descendem dos Espartos, mas não tem as mesmas prerrogativas da realeza legítima. Ágave, a filha de Cadmo e Harmonia, gera com o Esparto Équion o infeliz filho Penteu, que ela mesma dilacerará num estado de loucura sagrada, possuída por Dioniso. O episódio terrível é tema de uma das tragédias mais conhecidas de Eurípides, *As Bacantes*. Filho e neto de Penteu são Oclaso e Meneceu, dos quais sabemos quase nada, a não ser que o último tem dois filhos: Creonte e sua irmã Jocasta, a infeliz mãe e esposa de Édipo.

Descendentes de Ágave, filha de Cadmo, os antepassados de Creonte e Hêmon integram uma linhagem de conselheiros de reis e de regentes. Os mitos sempre deixam aflorar a tensão que existe entre os reis legítimos e os regentes. Em *Antígona*, o problema do estatuto de Creonte – general em comando – e da sua legitimidade se coloca desde o início. Tem ele realmente direito ao trono? Ou não seria Antígona – como era costume na Atenas do século quinto a.C., porém não nos tempos arcaicos – uma filha *epíklêros*: a filha de um rei que morre sem descendência masculina deve ser casada num regime jurídico específico – o epiclerado – com o parente mais próximo (no caso de Antígona, este seria Hêmon) para gerar um filho para seu pai morto. Nesse tipo de casamento, o homem e sua família devem renunciar à descendência, o filho é gerado no lar do sogro morto e como herdeiro deste.

Glossário

ARES: deus da guerra. Marte da mitologia romana.

BACO: ver Dioniso

CTÔNICO: o que pertence às profundezas da terra (Gaia), como oposto a uraniano: pertencente ao céu (Uranos), ao ar e às alturas luminosas.

DEUSES CTÔNICOS (de baixo), – uranianos, olímpicos (de cima): *A Teogonia*, de Hesíodo, relata a luta dos antigos deuses telúricos, gigantes e titãs das profundezas insondáveis da terra e do mar contra os (futuros) deuses olímpicos, cuja morada está nas alturas celestes. Zeus vence a luta e reorganiza o cosmos. Ele e seus aliados olímpicos (de cima) são os protetores da organização política e religiosa das cidades (as novas leis dos homens), ao passo que os deuses de baixo (Erínias, Hades, Ares) protegem a pureza do solo e dos laços de sangue, fixados por costumes imemoriais.

DIONISO: mais que seu correspondente romano, Baco, o deus grego é associado às dimensões do estranho, inquietante e inabitual. O estado alterado da embriaguez, da paixão amorosa ou das flutuações marítimas são apenas algumas das facetas dessa maravilhosa-e-terrível estranheza.

DIRCE: nome de um dos rios irrigando Tebas.

DUAL: forma numérica exclusiva da língua grega; expressa um pertencimento íntimo dos dois termos, que exclui a individualidade de cada um deles enquanto entidade separada.

EPICLERADO: instituição da época clássica que permite à filha de um chefe falecido, sem descendência, parir um herdeiro para o pai dela. Nesse caso, o rito matrimonial se inverte, a noiva permanece na casa de seu pai, seu marido migra para a casa dela, a fim de engendrar um descendente da linhagem de sua esposa. O noivo aceita renunciar à sua própria descendência.

ÊXODO: último hino e episódios que encerram a tragédia.

HYBRIS: desmedida desordeira, excesso de força, vontade ou potência que faz o homem sair dos limites da civilização. Na tragédia, essa vontade de ir além do normal, de ultrapassar o vulgar, leva o herói a realizar ações notáveis nas quais um erro fatal se torna inevitável.

INCESTO: não representa uma transgressão pontual no registro da sexualidade, mas um desregramento de todo o sistema do parentesco e, consequentemente, da sociabilidade. Os nomes e graus de parentesco não significam mais nada quando um "pai" é, ao mesmo tempo, irmão de seus filhos e filho de sua esposa. Essa confusão linguística repercute nas representações do tempo e do espaço, pois as gerações anteriores e posteriores misturam-se inextricavelmente, disputando estatutos e lugares simbólicos.

ISMENO: rio de Tebas.

HADES: o mundo dos mortos.

LABDÁCIDAS: linhagem que descende de Lábdaco e Laio, isto é, Édipo e seus filhos.

LAPIDAÇÃO: morte por apedrejamento. A sanção que Creonte tem em mente para quem ouse transgredir seu decreto é uma das mortes mais vis e horrendas. Praticada pela própria comunidade, em praça pública, ela tem como condição a mais profunda indignação do coletivo e o ódio compartilhado contra o condenado.

GLOSSÁRIO

MESCALISMOS: mutilação do cadáver. Essa prática encontra-se em diversos documentos históricos, embora contrarie a boa ordem divina e possa ofender os humanos e os deuses. No entanto, a mutilação do cadáver é uma desonra suplementar que procura enfraquecer o espírito (*numen*) do defunto, inviabilizando sua ação a partir do Hades.

MIASMA: poluição causada por uma transgressão. Diferentemente da culpa cristã (falha subjetiva e interiorizada), o miasma constitui uma impureza e uma perturbação objetivas que independem da intenção e da consciência ou deliberação do agente. As consequências do miasma não se restringem, portanto, ao agente causador, mas ameaçam todo o solo, a família e a cidade onde ocorreu.

NUMEN: o espírito protetor de um ancestral defunto, cuja força manifesta-se de forma benéfica ou maléfica.

PÁRODO: primeiro hino do Coro, que entra em cena cantando e dançando.

PHILÍA: "amizade", designa vínculos subjetivos e objetivos – afetos entre membros da família e entre esposos, assim como as alianças políticas entre clãs, cidadãos ou cidades. A *philía* grega tem, então, um leque semântico muito amplo, seu sentido oscilando entre amor, amizade e aliança social e política.

PARENTESCO: ordem das relações da família e do clã, assegurada pela lei fundamental da proibição do incesto. Esta instaura limites simbólicos que garantem aos membros da comunidade seus lugares e suas honras respectivos. Com o incesto, essas relações se complicam para além das possibilidades expressivas da linguagem cotidiana. Antígona, por exemplo, tem, devido ao casamento de Jocasta com seu próprio filho, mais patrimônio genético ("sangue") da linhagem de Jocasta e Creonte do que de sua "própria" linhagem labdácida. É incorreto chamá-la de "prima" de Hêmon, mas nenhuma linguagem dispõe de nomes adequados para designar corretamente seu verdadeiro estatuto.

Siglas e Bibliografia

SIGLAS DAS REFERÊNCIAS MAIS FREQUENTES

1. Siglas das referências aos versos citados. Citamos *Antígona* sempre com as siglas (A) e (AH), para permitir ao leitor uma mais fácil orientação.

(A)   A sigla A seguida do número do verso assinala a numeração convencional das edições tradicionais dos poetas trágicos. As traduções de Jebb, Kitto, Mazon, Wickoff e de outros tradutores listados na bibliografia numeram os versos segundo uma convenção razoavelmente uniforme. Consequentemente, a sigla A permitirá fácil orientação (com poucas variações) nas principais edições (Oxford, Les Belles Lettres etc.). No Brasil, apenas a edição da Topbooks segue essa numeração convencional.

(AH)   Esta sigla remete à numeração na versão de Hölderlin, que acrescentou mais de sessenta versos ao longo da sua tradução.

(I)   Em alguns raros casos remeteremos ao texto grego (do manuscrito Iuntina) que Hölderlin usou como base de sua tradução.

170 ANTÍGONA, INTRIGA E ENIGMA

2. Siglas e referências aos comentários, ensaios e fragmentos de Hölderlin

(AA) Anmerkungen zur Antigonä / (obsA) Observações Sobre Antígona

(AOe) Anmerkungen zum Oedipus / (obsÉ) Observações Sobre Édipo: esses apontamentos crítico-teóricos do tradutor encontram-se em todas as obras completas de Hölderlin. Citamos a partir da edição do Deutscher Klassiker Verlag (DKV), v. 2 (cf. abaixo)

2.1 Existem três edições principais das obras de Hölderlin, que citaremos com o nome do autor e as respectivas siglas:

DKV   Friedrich Hölderlin. *Sämtliche Werke und Briefe*. Jochen Schmidt (Hrsg.). Frankfurt: Deutscher Klassiker Verlag, 1992. 3 v.

FA   Friedrich Hölderlin. *Sämtliche Werke*. D.E. Sattler. (Hrsg.) Frankfurt: Stroemfeld/Roter Stern, 1988. Esta edição no volume 16 contém o texto grego do manuscrito Iuntina usado por Hölderlin.

StA   Friedrich Hölderlin. *Sämtliche Werke*. Friedrich Beissner (Hrsg.). Stuttgart: Grosse Stuttgarter Ausgabe, Kohlhammer, 1943-1985.

EDIÇÕES ESTRANGEIRAS DE *ANTÍGONA*

Sophocles, *Antigone*, Mark Griffith (ed.). Cambridge: Cambridge University Press. 1999.

_____. *Antigone*. Trad. H. D. F. Kitto. Oxford: Oxford University Press, 1994.

_____. *Antigone*. Trad. Elizabeth Wyckoff. Chicago: Chicago University Press, 1954.

_____. *The Plays and Fragments. Antigone*. Trad. e notas de R. C. Jebb. Cambridge: University Press, 1900.

*

Sophocle. *Antigone*. Trad. Jean e Mayotte Bollack. Paris: Minuit, 1999. 3 v.

_____. *Antigone*. Trad. Paul Mazon, Introdução, notas, posfácio de N. Loraux. Paris: Les Belles Lettres, 1997.

_____. *Antigone*. Trad. Paul Mazon. Paris: Les Belles Lettres, 1958.

*

Sophokles. *Antigone*. Trad. W. Schadewaldt. Frankfurt: Insel, 1974-1995.

SIGLAS E BIBLIOGRAFIA

Sophokles. *Antigona. Berlin:* E. Bruhn, 1913.
*
Sofocle. *Antigone.* Éd. R. Rossanda. Milan: Feltrinelli, 1978.
*
Sophoclis Tragoediae Septem, cum Interpretationibus uetustis et ualde utilibus. Francoforti MDLV, conhecido como Juntina e utilizado por F. Hölderlin na sua tradução de Sófocles, editado por Michael Franz, Michael Knaupp e D. E . Sattler: F. Hölderlin. *Sämtliche Werke.* Frankfurter Ausgabe, Stroemfeld/Roter Stern, 1988. v. 16.
*
Sófocles. *Antígona.* Trad. Friedrich Hölderlin. Ed. D. E. Sattler. Sämtliche Werke, "Frankfurter Hölderlin Ausgabe", Stroemfeld/Roter Stern, 1988. v. 16.

EDIÇÕES BRASILEIRAS DE *ANTÍGONA*

Sófocles. *Antígone.* Trad. Trajano Vieira. São Paulo: Perspectiva, 2009.

Sófocles. *Antígona.* Trad. Lawrence Flores Pereira. Introdução e notas Kathrin H. Rosenfield. Rio de Janeiro: Topbooks, 2006.

Sófocles. *Antígona.* Trad. Donaldo Schüler. Porto Alegre: L&PM, 1999.

Sófocles. Antígone. Trad. Guilherme de Almeida. *Três Tragédias Gregas.* São Paulo: Perspectiva, 1997.

Sófocles. *Antígona.* Trad. M. H . da Rocha Pereira. Brasília: Editora UnB, 1997.

Sófocles. *A trilogia tebana.* Trad. Mário da Gama Kury. Rio de Janeiro: Zahar, 1989.
*
F. Hölderlin. Antígona: Ato I, Cena I. Trad. port. de Haroldo de Campos. *Três Tragédias Gregas.* São Paulo: Perspectiva, 1997.

BIBLIOGRAFIA GERAL

ARISTOTLE. *Complete Works.* Jonathan Barnes (ed.). Princeton: Princeton University Press, 1991.

ARISTOTE. La Poétique. Trans. Dupont-Roc and Lallot. Paris: Seuil, 1980.

BACON, Helen H. The Shield of Eteocles. In: SEGAL, Erich. (ed.). *Oxford Readings in Greek Tragedy.* New York: Oxford University Press, 1983.

BAILLY, Anatole. *Dictionnaire Grec – Français.* Paris: Hachette, 1950.

BEAUCHET, Ludovic. *Histoire du droit de la république athénienne.* Paris: Chevalier-Marescq, 1897.

BEAUFRET, Jean. *Hölderlin et Sophocle.* Paris: G. Monfort, 1983.

BEISSNER, Friedrich. *Hölderlins Übersetzungen aus dem Griechischen.* Stuttgart: Metzier, 1961.

BELFIORE, Elizabeth S. *Tragic Pleasures: Aristotle on Plot and Emotion.* Princeton: Princeton University Press, 1992.

BENARDETE, Seth. A Reading of Sophocles Antigone I, II, III. *Interpretation 4,* n. 3, spring 1975.

172 ANTÍGONA, INTRIGA E ENIGMA

BENNETT, Larry; TYRRELL, William Blake. Sophocles' *Antigone* and Funeral Oratory. *American Journal of Philology*, n. 111, 1990.

BENJAMIN, Walter. *Gesammelte Schriften*. Frankfurt: Suhrkamp, 1980. 12 v. (GS)

_____. *Ursprung des deutschen Trauerspiels*. (GS, I,1)

_____. Zwei Gedichte von Friedrich Hölderlin. (GS, II,1)

_____. *Die Aufgabe des Übersetzers*. (GS, IV, 1)

_____. *Schicksal und Charakter*. (GS, II, 1)

BENVENISTE, Émile. *Problèmes de linguistique générale*. Paris: Gallimard, 1966. 2 v.

_____. *Les Origines de la formation des noms en indo-européen*. Paris: Adrien-Maisonneuve,1935.

BINDER, Wolfgang. Hölderlin und Sophokles. *Friedrich Hölderlin*. Frankfurt: Suhrkamp, 1987.

BLANCHOT, Maurice. *L'Espace litteráire*. Paris: Gallimard, 1968.

BÖSCHENSTEIN, Bernhard. Frucht des Gewitters. *Zu Hölderlins Dionysos als Gott der Revolution*. Frankfurt: Insel, 1989.

_____. Hölderlins 'Oedipus' – Hölderlins 'Antigone'. *Hölderlin und die Moderne*. Tübingen: Attempto, 1995.

BOLLAK, Jean; BOLLAK, Mayotte; SOPHOCLE. *Antigone*. Paris: Minuit, 1999.

BRISSON, Luc. *Introduction à la philosophie du mythe. Sauver les mythes*. Paris: Vrin, 1996. v. I.

_____. *Platon, les mots et les mythes*. Paris: Seuil, 1982.

_____. *Le Mythe de Tirèsias*. Leiden: E.J. Brill, 1976.

_____. *Divination et rationalité*. Paris: Seuil, 1974.

BULTMANN, Rudolf. Polis und Hades in der Antigone des Sophokles. *Glauben und Verstehen II*. Tübingen: Mohr, 1958.

BURKERT, Walter. *Antike Mysterien*. Munich: C.H. Beck, 1994.

_____. *Wilder Ursprung: Opferritual und Mythos bei den Griechen*. Berlin: Wagenbach, 1990.

_____. *Greek Religion: Archaic and Classical*. Oxford: Blackwell, 1985.

_____. *Griechische Religion der archaischen und klassischen Epoche*. Stuttgart: Kohlhammer, 1977.

BURTON, Reginald William Boteler. *The Chorus in Sophocles' Tragedies*. Oxford: Clarendon, 1980.

BUSHNELL, Rebecca W. *Prophesying Tragedy: Sign and voice in Sophocles' Theban Plays*. Ithaca: Cornell University Press, 1988.

BUXTON, Richard G.A. *Persuasion in Greek Tragedy*. Cambridge/New York: Cambridge University Press, 1982.

CALAME, Claude. *Thésée et l'imaginaire athénien*. Lausanne: Payot, 1996.

CAMPOS, Haroldo de. *A Arte no Horizonte do Provável*. São Paulo: Perspectiva, 1978.

COURTINE, Jean-François. De la métaphore tragique. *Revue philosophique de Louvain*, v. 81, feb. 1983.

DARMON, Jean Pierre. Structures de la parenté. *Dictionnaire des mythologies*. Paris: Flammarion, 1981. 2 v.

DASTUR, Françoise. *Hölderlin, le retournement natal: tragédie et modernité & nature et poésie*. Paris: Encre Marine, 1997.

DERRIDA, Jacques. *De l'esprit: Heidegger et la question*. Paris: Galilée, 1987.

_____. *Glas*. Paris: Galilée, 1974.

DÉTIENNE, Marcel. *Apollon le couteau à la main*. Paris: Gallimard, 1998.

SIGLAS E BIBLIOGRAFIA

_____. *Dionysos mis à mort*. Paris: Gallimard, 1998.

_____. *Dionysos à ciel ouvert*. Paris: Hachette, 1986.

_____. *L'Invention de la mythologie*. Paris: Gallimard, 1981.

DIELS, Hermann Alexander; KRANZ, Walther. *Die Fragmente der Vorsokratiker.* Berlin: Weidmann, 1906. 2 v.

DILLER, Hans. Sophokles. *Wege der Forschung,* n. 95, Darmstadt, 1967.

_____. Göttliches und menschliches Wissen bei Sophokles. *Gottheit und Mensch in der Tragödie des Sophokles.* Darmstadt: Wissenschaftliche Buchgesellschaft, 1963.

_____. Über das Selbstbewusstsein der sophokleischen Personen. *Wiener Studien,* t. LXIX.

DODDS, Eric Robertson. *The Ancient Concept of Progress and Other Essays on Greek Literature and Belief.* Oxford: Clarendon, 1973.

_____. *The Greeks and the Irrational.* Berkeley: University of California Press, 1959.

DOVER, Kenneth James. *Greek Popular Morality in the Time of Plato and Aristotle.* Oxford: Blackwell, 1974.

DÜSING, Klaus. Die Theorie der Tragödie bei Hölderlin und Hegel. In: JAMME, Christoph; PÖGGELER, Otto. (éd.). *Jenseits des Idealismus: Hölderlins letzte Homburger Jahre.* Bonn: Bouvier, 1988.

_____. Aesthetischer Platonismus bei Hölderlin und Hegel. In: JAMME, Christoph; PÖGGELER, Otto. (éd.). *Homburg von der Höhe in der deutschen Geistesgeschichte:. Studien zum Freundeskreis um Hegel und Hölderlin.* Stuttgart: Klett-Cotta, 1981.

EASTERLING, Patricia E. Anachronism in Greek Tragedy. *Journal of Hellenic Studies, n. 105,* 1985.

EBERLEIN, Erich. Über die verschiedenen Deutungen des tragischen Konflikts in der Tragödie *Antigone* des Sophokles. *Gymnasium,* n. 68, 1961.

ELSE, Gerald Frank. *The Madness of Antigone.* Heidelberg: Winter, 1976.

ÉSQUILO. *Prometeu Acorrentado.* São Paulo: Abril Cultural, 1982.

EUBEN, J. Peter. *Greek Tragedy and Political Theory.* Berkeley/Los Angeles: University of California Press, 1986.

FÉDIER, François. (trans.). Remarques sur Œdipe et remarques sur Antigone. In: HÖLDERLIN, Friedrich. *Œuvres.* Paris: Gallimard, 2000. (Pléiade)

FESTUGIÈRE, André Marie Jean. *Études de religion grecque et hellenistic.* Paris: Vrin, 1972.

_____. *Études de philosophie grecque.* Paris: Vrin, 1971.

FÖRSTER, Eckart. I Regard Reason as the Beginning of the Understanding. Séminar at the Federal University of Rio Grande do Sul, Brazil, mar. 1998.

_____. Da geht der Mann dem wir alles verdanken: Eine Untersuchung der Beziehung Goethe-Fichte. *Revista de Philosophie Política: Nova Série,* Porto Alegre, v. 3, 1998.

_____. "To Lend Wings to Physics Once Again": Hölderlin and the "Oldest System-Programme of German Idealism". *European Journal of Philosophy,* London, v. 3, n. 2, aug. 1995.

FRANK, Manfred. *Vorlesungen über die Neue Mythologie.* Frankfurt: Suhrkamp, 1982-1983. 2 v.

FRÄNKEL, Hermann. *Early Greek Poetry and Philosophy.* New York: Irvington, 1984.

174   ANTÍGONA, INTRIGA E ENIGMA

FRANZ, Michael. *Schellings Tübinger Platon-Studien*. Göttingen: Vandenhoeck und Ruprecht, 1996.

FRITZ, Kurt von. Haimons Liebe zu Antigone. *Antike und Moderne Tragödie*. Berlin: W. de Gruyter,1962.

FRONTISI-DUCROUX, Françoise. Figures du masque en Grèce ancienne. In: VERNANT, Jean-Pierre; VIDAL-NAQUET, Pierre. *Mythe et tragédie* II. Paris: Maspéro, 1995.

_____. *Le Dieu-masqué: Une figure du Dionysos d'Athènes*. Paris/Rome: La Découverte/Ecole française de Rome, 1991.

_____. Homère et le temps retrouvé. *Critique*, n. 348, may 1976.

_____. *Dédale, mythologie de l'artisan en Grèce ancienne*. Paris: Maspéro, 1975.

GENTILI, Bruno. *Poetry and Its Public in Ancient Greece: From Homer to the Fifth Century*. Baltimore: The Johns Hopkins University Press, 1988.

GEORGIADES, Thrasybulos. La Langue comme rythme. *Philosophie*, n. 12, autumn 1986.

GERNET, Louis. *Anthropologie de la Grèce antique*. Paris: Maspéro, 1968.

_____. Épiclérat. *Revue des études grecques*, v. 34, 1921.

GERNET, Louis; BOULANGER, André. *Le Génie grec dans la religion*. Paris: La Renaissance du livre, 1932.

GOETHE, Johann W. von. *Sämtliche Werke*. Frankfurt: Deutscher Klassiker, 1989. [SW] v. 25, 14, 39.

_____. *As Afinidades Eletivas*. São Paulo: Nova Alexandria, 1992.

_____. *Briefwechsel mit Friedrich Schiller*. Gedenkausgabe, Bd. 20 (ed. Ernst Beutler). Zürich: Artemis, 1950.

GOFF, Barbara E. (ed.). *History, Tragedy, Theory: Dialogues on Athenian Drama*. Austin: University of Texas Press, 1995.

GOHEEN, Robert F. *The Imagery of Sophocles' Antigone: A Study of Poetic Language and Structure*. Princeton: Princeton University Press, 1951.

GOLDHILL, Simon. *Reading Greek Tragedy*. Cambridge: Cambridge University Press, 1986.

GOLDSCHMIDT, Victor. *Temps physique et temps tragique chez Aristote*. Paris: Vrin, 1982.

GOMME, Arnold W. The Position of Women in Athens in the Fifth and Fourth Centuries. *Classical Philology*, v. 20, jan. 1925.

GRANGER, Gilles-Gaston. *La Théorie aristotélicienne de la science*. Paris: Aubier, 1988.

GRIFFITH, Mark. *Antigone*. Cambridge: Cambridge University Press, 1999.

HEGEL, Georg F. W. *Vorlesungen über die Ästhetik*. In: *Werke in zwanzig Bänden*, v. 13-15. Frankfurt: Suhrkamp, 1970. 20 v.

_____. *Wissenschaft der Logik. Werke in zwanzig Bänden*, v. 5 Frankfurt: Suhrkamp, 1970.

_____. *Phänomenologie des Geistes*. v. 3. [Trad. bras.: *Fenomenologia*. São Paulo: Vozes, 1970.]

_____. *Vorlesungen über die Geschichte der Philosophie*, III. Frankfurt: Suhrkamp, 1981. v. 20.

HEGEL, Hannelore. *Isaak von Sinclair zwischen Fichte, Hölderlin und Hegel: Ein Beitrag zur Entstehungsgeschichte der idealistischen Philsophie*. Frankfurt: Vittorio Klostermann, 1971.

HEIDEGGER, Martin. *Einführung in die Metaphysik*. Tübingen: Max Niemeyer, 1966.

SIGLAS E BIBLIOGRAFIA 175

_____. *Nietzsche*. Frankfurt: Klostermann, 1997.

HEISTERSHAGEN, T. *Ganzheit – Einheit – Differenz: Systematische Rekonstruktion im Blick auf das Spätwerk Hölderlins*. Unpublished doctoral examination. Göttingen, 1986.

HENRICH, Dieter. *The Course of Remembrance and Other Essays on Hölderlin*. Palo Alto: Stanford University Press, 1997.

_____. *Der Grund im Bewusstsein:Untersuchungen zu Hölderlins Denken (1794-1795)*. Stuttgart: Klett-Cotta, 1992.

_____. *Danken zur Dankbarkeit: Festschrift für Robert Spaemann*. Acta Humaniora, 1987.

HERINGTON, John. *Poetry Into Drama: Early Tragedy and the Greek Poetic Tradition*. Berkeley/Los Angeles: University of California Press, 1985.

HERDER, Johann Gottfried. *Frühe Schriften 1764-1772*. Frankfurt: U. Gaier, 1985.

_____. *Werke*. Munich: Wolfgang Pross, 1984-87. 2 v.

HERÓDOTO. *História*. Rio de Janeiro: Jackson, 1964.

HESIOD. *Theogony*. Trad. Glenn Most. 2 v. Cambridge: Harvard University Press, 2006. (Loeb Classical Library)

HOEY, T.F. Inversion in the Antigone: a Note. *Arion*, n. 9, 1970.

HOMERO. *Odisseia*. São Paulo: Edusp/Ars Poetica, 1992.

HUMBERT, Jean. *Syntaxe grecque*. Paris: Klincksieck, 1960.

JACOBS, Carol. Dusting Antigone. *Modern Language Notes: Comparative Literature*. Baltimore: The Johns Hopkins University Press, v. 111, n. 5, 1996.

JÄEKEL, Walter. Die Exposition in der Antigone des Sophokles. *Gymn*, n. 68, 1961.

JEANMAIRE, Henry. *Dionysos: Histoire du culte de Bacchus*. Paris: Payot, 1985.

JEBB, Richard C. *The Plays of Sophocles: III The Antigone*. Cambridge: University Press, 1902.

JOLY, Henry. *Le Renversement platonicien: Logos, episteme, polis*. Paris: Vrin, 1985.

KAFKA, Franz. *Amerika*. Frankfurt: Fischer, 1976.

KAMERBEEK, Jan C. *The Plays of Sophocles - Commentaries: III The Antigone*. Leiden: Brill, 1959.

KANT, Immanuel. *Crítica do Juízo*. Trad. Valério Rohden. Rio de Janeiro: Forense, 1993.

_____. *Kritik der Urteilskraft*. Frankfurt: Suhrkamp, 1977.

_____. *Kritik der reinen Vernunft*. Hamburg: Felix Meiner, 1956.

KNOX, Bernard. *Word and Action: Essays on the Ancient Theater*. Baltimore: The Johns Hopkins University Press, 1986.

_____. *Oedipus at Thebes: Sophocles' Tragic Hero and His Time*. New Haven: Yale University Press, 1985. [trad. bras.: *Édipo em Tebas: O Herói Trágico de Sófocles Seu Tempo*. Tradução de Margarida Goldsztajn. São Paulo: Perspectiva, 2002.

_____. *The Heroic Temper*. Berkeley: University of California Press, 1966.

KOCZISZKY, Eva. *Hölderlins mythische Figuren*. Würzburg: Königshausen & Neumann,1998.

KURZ, Gerhard. Winkel und Quadrat: Zu Hölderlins später Poetik und Geschichtsphilosophie. KURZ, G. et al. (eds.). *Hölderlin und die Moderne: Eine Bestandaufnahme*. Tübingen: Attempto, 1995.

_____. *Mittelbarkeit und Vereinigung: Zum Verhältnis von Poesie, Reflexion und Revolution bei Hölderlin*. Stuttgart: Metzler, 1975.

176   ANTÍGONA, INTRIGA E ENIGMA

KURZ, Gerhard; LAWITSCHKA, Valérie; WERTHEIMER, John. (ed.). *Hölderlin und die Moderne: Eine Bestandaufnahme*. Tübingen: Attempto, 1995.

LACAN, Jacques. *Seminário VII: A Ética na Psicanálise*. Rio de Janeiro: Zahar, 1988.

_____. *Le Séminaire VII: L'Éthique dans la psychanalyse*. Paris: Seuil, 1986.

LACOUE-LABARTE, Philippe. *Hölderlin, Antigone de Sophocle*. Paris: Christian Bourgeois, 1998.

LEFEBVRE, Jean-Pierre. Les Yeux de Hölderlin. *Hölderlin, L'Herne*, Paris, n. 57, 1989.

LESKY, Albin. *Die tragische Dichtng der Hellenen*. Göttingen: Vandenhoeck und Ruprecht, 1972.

LÉVI-STRAUSS, Claude. *Mythologiques*. Paris: Plon, 1962-1971. 4 v.

_____. *La Pensée sauvage*. Paris: Plon, 1962.

_____. *Anthropologie Structurale*. Paris: Plon, 1958.

LIDDELL, Henry George; SCOTT, Robert. *Greek - English Lexicon*. Oxford: Clarendon Press, 1996.

LORAUX, Nicole. *La Voix endeuillée: Essai sur la tragédie grecque*. Paris: Gallimard, 1999.

_____. Introduction; La Main d'Antigone. In: SOPHOCLE. *Antigone*. Paris: Les Belles Lettres, 1997.

_____. *Né de la Terre: Mythe et Politique à Athènes*. Paris: Seuil, 1996.

_____. *L'Invention d'Athènes*. Paris: Payot, 1993.

_____. *Les Expériences de Tirésias*. Paris: Gallimard, 1989.

_____. *Façons tragiques de tuer une femme*. Paris: Hachette, 1985.

_____. Cité grecque, le mythe dans la cité: La Politique athénienne du mythe. In: BONNEFOY, Yves (dir.). *Dictionnaire des Mythologies e des religions des sociétés traditionnelles et du monde antique*. Paris: Flammarion, 1981. 2 v.

_____. *Les Enfants d'Athéna*. Paris: Maspero, 1981.

LOSSAU, Manfred. Hölderlin's Sophokleschöre. *Hölderlin-Jahrbuch*, v. 30, 1996-1997.

LUPAS, Liana; PETRE, Zoe. *Commentaire aux "Sept contre Thèbes" d'Eschyle*. Bucarest/Paris: Editura Academici/Les Belles Lettres, 1981.

MCCALL, Tom. The Case of the Missing Body. *Le Pauvre Holterling*, Frankfurt, n. 8, 1988.

MEZZADRI, Bernard. Étéocle pris au piège du cercle. *Les Tragiques grecs, Revue Europe*, Paris, jan.-feb. 1999.

_____. L'Inquiétante modernité de la tragédie grecque. *Les Tragiques grecs, Revue Europe*, Paris, jan.-feb. 1999.

_____. *Autour d'Arès: Quelques aspects du dieu de la guerre et de son domaine en Grèce ancienne*. Thesis at l'École Pratique des Hautes Études. Paris, 1993. Chap. X.

MIKALSON, Jon D. *Ancient Greek Religion*. Oxford: Blackwell, 2005.

MOSSÉ, Claude. *Les Institutions grecques*. Paris: Armand Colin, 1996.

MÜLLER, Gerhard. *Sophokles' Antigone*. Heidelberg: Carl Winter Universitätsverlag, 1967.

_____. Überlegungen zum Chor der Antigone. *Hermes*, n. 89, 1961.

MUSIL, Robert. *Tagebücher*. Ed. Adolf Frise. Reinbek bei Hamburg: Rowohlt, 1976. 2. v.

NAGY, Gregory. *Greek Mythology and Poetics*. Ithaca/New York: Cornell University Press, 1990.

SIGLAS E BIBLIOGRAFIA   177

____. *Pindar's Homer: The Lyric Possession of an Epic Past.* Baltimore: The Johns Hopkins University Press, 1990.

NIETZSCHE, Friederich. *Die Geburt der Tragödie, Werke.* Darmstadt: Wissenschaftliche Buchgesellschaft, 1982.

NUSSBAUM, Martha Craven. *The Fragility of Goodness.* Cambridge: Cambridge University Press, 1986.

OUDEMANS, Theodorus C.W.; LARDINOIS, André P.M. *Tragic Ambiguity: Anthropology, Philosophy and Sophocles' Antigone.* Leiden: Brill, 1987.

OVID. *Metamorphoses.* Trad. A.D. Melville; introdução e notas E.J. Kenney. Oxford/New York: Oxford University Press. 2008.

OWEN, Gwilym Ellis Lane; NUSSBAUM, Martha Craven. *Logic, Science and Dialectic: Collected Papers in Greek Philosophy,* London: Duckworth, 1986.

PARKER, Robert. *]: pollution and purification in early greek religion.* Oxford: Clarendon, 1983.

PAULY, August; WISSOWA, Georg. *Paulys Realencyclopädie der classischen Altertumswissenschaft,* Neue Bearbeitung beg. von G. Wissowa.Stuttgart: J.B. Metzler, 1894–1980.

____. *Der Kleine Pauly: Lexikon der Antike in fünf Bänden.* München: DTV, 1979.

PERROTTA, Gennaro. *Sofocle.* Milan: G. Principato, 1935.

PFAU, Thomas. *Romantic Moods: Paranoia, Trauma, and Melancholy, 1790–1840.* Baltimore: The Johns Hopkins University Press, 2005.

PINDAR. *The Odes.* Trad. C.N. Bowra. Harmondsworth: Penguin, 1982.

PLATÃO. *O Banquete.* São Paulo: Nova Cultural, 1987.

REHM, Rush. *Marriage to Death: The Conflation of Wedding and Funeral Rituals in Greek Tragedy.* Princeton: Princeton University Press, 1994.

REINHARDT, Karl. *Sophocle.* Paris: Minuit, 1971.

____. *Sophokles.* Frankfurt: Klostermann, 1933.

RITTER, Joachim; GRÜNDER, Karlfried; GABRIEL, Gottfried. *Historisches Wörterbuch der Philosophie.* Darmstadt: Wiss Buchges, 2007.

ROSENFIELD, Kathrin. *Oedipus Rex: The Story of a Palace Intrigue.* Aurora/Colorado: Davies Group, 2013.

____. *Antigone: Sophocles' Art, Hölderlin's Insights.* Aurora/Colorado: Davies Group, 2010.

____. *Antigone: De Sophocle à Hölderlin.* Paris: Galilée, 2003.

____. *Hölderlins Antigone und Sophokles Paradoxon. Poetica,* München, v. 3-4, 2001.

____. *Antígona: De Sófocles a Hölderlin.* Porto Alegre: L&PM, 2000.

____. *Getting Into Sophocles's Mind Through Höderlin's Antigone. New Literary History,* University of Virginia, v. 30, n. 1, 1999.

ROSENZWEIG, Franz. *Der Stern der Erlösung.* Haia: Nijhoff, 1976.

ROSSANDA, Rossana. Antigone ricorrente. In: Sophocles. *Antigone.* Milano: Feltrinelli, 1978.

ROUSSEL, Pierre. Les Fiançailles d'Hémon et d'Antigone. *Revue des études grecques,* XXXV, 1922.

SCHADEWALDT, Wolfgang. Hölderlins Übersetzung des Sophokles. *Über Hölderlin, Aufsätze von Th. v. Adorno, F. Beissner etc.* Frankfurt: Insel, 1970.

____. *Hellas und Hesperien.* Zürich: Artemis, 1960.

____. Sophokles' Aias und Antigone. *Neue Wege zur Antike,* VIII, 1929.

178 ANTÍGONA, INTRIGA E ENIGMA

SCHNEIDER, Johann Gottlob. *Griechisch-Deutsches Wörterbuch: beym Lesen der griechischen profanen Scribenten zu gebrauchen.* 3 ed. Leipzig: Hahn, 1819.

SEGAL, Charles. *Dionysiac Poetics and Euripide's Bacchae.* Princeton: Princeton University Press, 1997.

_____. *Sophocles Tragic World: Divinity, Nature, Society.* Cambridge: Harvard University Press, 1995.

_____. *La Musique du sphinx.* Paris: La Découverte, 1987.

_____. *Interpreting Greek Tragedy: Myth, Poetry, Text.* Ithaca: Cornell University Press, 1986.

_____. *Tragedy and Civilization: An Interpretation of Sophocles.* Cambridge: Harvard University Press, 1981.

SEGAL, Erich (ed.). *Oxford Readings in Greek Tragedy.* Oxford: Oxford University Press, 1983.

SNELL, Bruno. *Die Entdeckung des Geistes: Studien zun Entstehung des europäischen Denkens bei denGrieche.* Hamburg: Claassen & Goverts, 1948.

SÓFOCLES. *Édipo Rei.* Trad. Trajano Vieira. São Paulo: Perspectiva, 2001.

SOUZA, Eudouro de. Leitura de *Antígona. Revista da Universidade de Brasília,* 1978.

STEINER, George. Les *Antigones.* New Haven: Yale University Press, 1996.

TUCÍDIDES. *História da Guerra do Peloponeso.* Brasília: Editora UNB, 1982.

TURK, Horst; NICKAU, Klaus; LÖNKER, Fred. Hölderlins Sophoklesübersetzung, *Hölderlin-Jahrbuch,* Tübingen, n. 26, 1988-1989.

VERNANT, Jean-Pierre. *La Mort dans les yeux: Figures de l'Autre en Grèce ancienne.* Paris: Hachette, 1998.

_____. *L'Individu, la mort, l'amour.* Paris: Gallimard, 1989.

_____. *Mythe et pensée chez les Grecs.* Paris: Maspéro, 1981. 2 v.

VERNANT, Jean-Pierre; DÉTIENNE, M. *La Cuisine du sacrifice en pays grec.* Paris: Gallimard, 1979.

VERNANT, Jean-Pierre; FRONTISI-DUCROUX, Françoise. *Dans l'œil du Miroir.* Paris: Odile Jacob, 1997.

VERNANT, Jean-Pierre; VIDAL-NAQUET, Pierre. *Mythe et tragédie en Grèce ancienne.* Paris: Maspéro/La Découverte, 1972-1995. 2 v.

VIDAL-NAQUET, Pierre. Le Mythe à l'épreuve de la cité. *Les Tragiques grecs, Revue Europe,* Paris, January-February, 1999.

_____. *Le Chasseur noir: Formes de pensée et formes de société dans le monde grec.* Paris: Maspéro, 1983.

_____. Préface. In: SOPHOCLE, *Tragédies.* Paris: Gallimard, 1962.

_____. Le Chant du cygne d'Antigone: À propos des vers 883-884 de la tragédie de Sophocle. In: MACHIN, Albert; PERNÉE, Lucien. *Actes du Colloque Internacional.* Aix-en-Provence, 1993.

VIAN, Francis. *Les Origines de Thèbes: Cadmos et les Spartes.* Paris: Klincksieck, 1963.

_____. *La Guerre des Géants: Le Mythe avant l'époque hellénistique.* Paris: C. Klincksieck, 1952.

WALDOCK, Arthur J.A. *Sophocles the Dramatist.* Cambridge: Cambridge University Press, 1966.

WILAMOWITZ, Tycho von. *Die dramatische Technik des Sophokles.* Zürich: Weidmann, 1969.

WILAMOWITZ-MOELLENDORF, Ulrich von. *Griechische Verkunst.* Berlin: Wissenschaftliche Buchgesellschaft, 1921.

SIGLAS E BIBLIOGRAFIA

WILLIAMS, Bernard. *Shame and Necessity*. Berkeley: University of California Press, 1993.

_____. *Ethics and the Limits of Philosophy.* Cambridge: Harvard University Press, 1985.

WINKLER, John; ZEITLIN, Froma I. (eds.). *Nothing to do with Dionysos? Athenian Drama in Its Social Context*. Princeton: Princeton University Press, 1990

WINNINGTON-INGRAM, Reginald Pepys. *Studies in Aeschylus*. Cambridge: Cambridge University Press, 1983.

_____. *Sophocles: An Interpretation.* Cambridge: Cambridge University Press, 1980.

ZEITLIN, Froma I. *Under the Sign of the Shield: Semiotics and Aeschylus'Seven against Thebes*. Rome: Dell'Ateneo, 1982.

ZINGANO, Marco. Katharsis poética em Aristóteles. *Revista Síntese Nova Fase,* Belo Horizonte, v. 24, n. 76, 1997.

A GRÉCIA ANTIGA NA PERSPECTIVA

A Tragédia Grega, Albin Lesky (D32)
Um Ofício Perigoso, Luciano Canfora (D292)
Mito e Tragédia na Grécia Antiga, Jean-Pierre Vernant e Pierre Vidal-Naquet
    (E163)
A Cultura Grega e a Origem do Pensamento Europeu, Bruno Snell (E168)
Édipo em Tebas, Bernard Knox (E186)
Eros na Grécia Antiga, Claude Calame (E312)
Antígona, Intriga e Enigma, Kathrin H. Rosenfield (E342)
Três Tragédias Gregas, Guilherme de Almeida e Trajano Vieira (S22)
Édipo Rei de Sófocles, Trajano Vieira (S31)
As Bacantes de Eurípides, Trajano Vieira (S36)
Édipo em Colono de Sófocles, Trajano Vieira (S41)
Agamêmnon de Ésquilo, Trajano Vieira (S46)
Antígone de Sófocles, Trajano Vieira (S49)
Lisístrata e Tesmoforiantes, Trajano Vieira (S52)
Os Persas de Ésquilo, Trajano Vieira (S55)
A República de Platão, J. Guinsburg (org.) (T19-I)
Górgias, de Platão, Daniel R. N. Lopes (org.) (T19-II)
A Música Grega, Théodore Reinach (SM12)

Este livro foi impresso na cidade de São Bernardo do Campo,
nas oficinas da Bartira Gráfica e Editora, em agosto de 2016,
para a Editora Perspectiva